Derek und Julia Parker

ASTROLOGIE

URSPRUNG · GESCHICHTE
SYMBOLIK

WILHELM HEYNE VERLAG
MÜNCHEN

HEYNE SACHBUCH
01 / 7297

Inhalt

Vorwort

Vor Jahren erregte in einer Buchhandlung in New York ein Band über Astrologie meine Aufmerksamkeit, zuerst ganz einfach durch seine ebenso originelle wie geschmackvolle Aufmachung. Sein Titel ›The Compleat Astrologer‹. Ich kaufte ihn und war schnell auch vom Text fasziniert. Mit leichter Feder, aber gutfundiert geschrieben, intelligent ausgesuchte Illustrationen, die den Text ergänzten, machten diesen Band zu einer gelungenen Einführung in die Astrologie.

So stieß ich erstmals auf die Namen Derek und Julia Parker, die damals hierzulande noch unbekannt waren. Systematisch kaufte ich mir deren Bücher, die inzwischen von deutschsprachigen Verlegern entdeckt worden sind. ›The Question of Astrology‹ von Derek Parker, worin er dem Phänomen Astrologie in all seinen historischen, soziologischen und psychologischen Aspekten nachgeht, erschien auch auf deutsch, allerdings unter dem banaleren Titel ›Astrologie ohne Geheimnis‹.

Wie dem auch sei, die Parkers, die ich inzwischen auf internationalen Astrologie-Kongressen kennengelernt habe, bahnten sich einen Weg in den deutschen Sprachraum. Was nichts schaden kann, denn dieses Paar ist ein Glücksfall! Zwar gibt es einige gute Astrologen auch in der Schweiz, Deutschland und Österreich, doch zumeist schreiben diese in einem Stil, der abschreckt: sei es durch seine ›teutonische‹ Schwerfälligkeit, für Laien oder Anfänger kaum verständlichen Jargon oder durch esoterische Exaltiertheit.

Es ist eine angelsächsische Tradition, auch ›schwere‹ Themen klar verständlich darstellen zu können. Und genau das gelingt den Parkers immer wieder auf erstaunliche Weise.

Was ja kein Wunder ist: Derek ist ein angesehener Journalist mit literarischen Talenten, dem typisch britischen Hang zum skeptischen ›understatement‹, Julia eine begabte Astrologin, die – wie sie auch in ihren Auftritten an Kongressen beweist – sich klar und verständlich ausdrücken kann.

Als mir der Panorama Verlag ›A History of Astrology‹ zur fachlichen Beurteilung übergab, reagierte ich spontan sehr positiv. Ich erachtete das Erscheinen dieses Standardwerkes in deutscher Sprache für sehr wichtig. Denn eine solche Geschichte der Astrologie fehlte bislang hierzulande. Wohl erschienen vor Jahren ausgesprochen gute und seriöse ›Klassiker‹, wie etwa von Wilhelm Knappich ›Geschichte der Astrologie‹, oder von Hellmuth M. Böttcher ›Sterne, Schicksal und Propheten. Dreißigtausend Jahre Astrologie‹ – doch das war eher ›Fachliteratur‹, mit denen der Normalleser ohne besonders innige Beziehung zum Thema Mühe hatte.

›Astrologie – Ursprung, Geschichte, Symbolik‹ füllt somit eine echte Marktlücke, denn es führt den an Astrologie interessierten Zeitgenossen auf die erwähnte ›typisch‹ angelsächsische Weise an das Thema heran. Der historische Bogen spannt sich von Mesopotamien über Ägypten, Griechenland und Rom, den Arabern und Juden bis ins europäische Mittelalter und dann bis in die Gegenwart. Immer wieder liest man heute, daß Astrologie zu einem eigentlichen massenpsychologischen Phänomen geworden sei. Wissenschaftler protestieren gegen diesen ›Einbruch der Irrationalität‹ in unser Leben, der Papst ist beunruhigt, daß immer mehr Gläubige zum Astrologen statt zum Beichtvater gehen. Hätten diese Wissenschaftler und auch der Papst dieses Buch gelesen, so wüßten sie um die historische Konstanz der Astrologie, die ganz einfach zum ältesten Kulturgut der Menschheit gehört. Schon römische Priester, jüdische Rabbiner, moslemische und christliche Geistliche im Mittelalter stießen ähnliche Stoßseufzer aus wie Johannes Paul II. Und wie alle Kulturen, alle Wissenschaften, alle Glaubensbekenntnisse hat auch die Astrologie im Laufe der Jahrtausende Blütezeiten erlebt und den Niedergang gekannt. Wie überall gibt es auch in der Astrologie echte Könner, Bluffer und Scharlatane. Es ist faszinierend, zu sehen, wie sich dies als roter Faden durch alle historischen Epochen zieht.

Dieses Buch bietet einen Überblick über das wechselvolle Schicksal der Astrologie und der Astrologen. Laien und Astrologie-Kenner werden es mit Genuß lesen. Daß es streckenweise vielleicht etwas zu sehr auf englische Astrologen konzentriert ist, und besonders die französischen und auch deutschen gelegentlich am Rande stehen läßt, ist verständlich. Doch dies sollte eher ein Ansporn an andere Autoren sein, dem Beispiel von Julia und Derek Parker nachzueifern und ebenso kluge und leicht lesbare Geschichten der Astrologie mit Schwerpunkt auf ihre eigenen Kulturkreise zu verfassen.

Zürich, im Juli 1984   Dr. Willy Guggenheim

1 In grauen Vorzeiten

Wie, wo, wann hat die Astrologie ihren Anfang genommen? Wie, wo, wann und warum hat der Mensch zum erstenmal zu glauben begonnen, daß Sonne, Mond und sichtbare Planeten einen Einfluß auf seinen Charakter, sein Leben, die Gesundheit seiner Herden, den Ausfall seiner Ernte, das Wetter – ja eigentlich auf jeden Lebensaspekt auf Erden ausübten?

Die Antwort muß lauten: Fast im gleichen Augenblick, da er eines intelligenten Gedankens fähig war, denn da wurde es ihm klar, daß die Sonne als Wärmequelle und als Licht jedwedes Leben beherrschte; daß mit dem Mond Ebbe und Flut kamen, daß dieser auch auf andere natürliche Kreisläufe Einfluß nehmen, daß er das emotionelle Gleichgewicht verändern konnte.

Das bot die Grundlage für eine astrologische Theorie. Interessanterweise stammen einige der frühesten überlebenden astrologischen Errungenschaften aus dem Mittleren Osten, wo um die Zeit von etwa 15000 v.Chr. die ersten Landwirtschaftssysteme geschaffen wurden – Gärtner haben ja von jeher erkannt, daß das Vormittags- und Nachmittagslicht von unterschiedlicher Beschaffenheit sind und daß der Zeitpunkt, zu dem Pflanzen gesetzt, Gewürzkräuter ausgedünnt werden, Einfluß auf ihr Wachstum und Gedeihen zu haben scheint.

Im Ganzen gesehen muß das Entstehen der Astrologie auf die natürliche Ehrfurcht des Menschen gegenüber den magischen, seltsamen Lichtern zurückzuführen sein, die dort oben am Himmel dahinfuhren und als Götter angesehen wurden. Aus dem dichten Nebel, der die Urgeschichte unseres Gegenstandes verbirgt, haben sich eine Anzahl von Keilschrifttafeln in unsere Zeit hinübergerettet – Ziegel- und Steintafeln mit dreieckigen oder keilförmigen Schriftzeichen bedeckt –, welche die allereinfachsten astronomischen Phänomene festhalten: Mondfinsternisse, bestimmte Planetenbewegungen, die als Vorboten von Hungersnöten oder Krieg oder Frieden oder Überfluß ausgelegt wurden.

Im Babylonien des 18. und 17. vorchristlichen Jahrhunderts herrschte eine wahre Schwemme von Aberglauben, viele Omina (Vorzeichen) spielten eine Rolle und wurden der Nachwelt überliefert – die Bisse bestimmter Tiere, Träume, Flugformationen von Vögeln, das Aussehen Neugeborener (»Wenn eine Frau ein Kind mit kleinen Ohren zur Welt bringt, wird das Haus ins Verderben stürzen«) wie auch solche verwunderlichen Dinge wie das Erscheinen eines Schweins mit Palmfasern im Maul in jemandes Haus. Astronomische Phänomene waren nur eines der Mittel, deren sich der Mensch bei seinen Versuchen bediente, die Zukunft vorauszusagen, aber es war sehr weit verbreitet. Beschäftigung mit den ganz frühen Formen der Astrologie ist bei verschiedenen Frühzivilisationen zu finden, und zwar nicht nur im Mittleren Osten von Anatolien bis nach Persien, sondern auch im Fernen Osten und in den Inka-, Maya- und mexikanischen Zivilisationen, wo die mit nacktem Auge erkennbaren Planeten – Merkur, Venus, Mars, Jupiter und Saturn – Göttern mit verschiedenen Namen und Individualitäten gleichgesetzt wurden und wo ihre Bewegungen vor dem Hintergrundmuster der Sterne selbstverständlich Sinn und Bedeutung hatten.

Langsam verschafften sich Astronom-Astrologen mehr und mehr Wissen über die Planeten und gingen dazu über, nicht nur Verfinsterungen, sondern auch den

Eine babylonische Tafel von etwa 870 v.Chr. zeigt den Sonnengott Schamasch in seinem Heiligtum sitzend. Zwei Diener halten ein Sonnensymbol aufrecht, während ein Priester und eine Göttin einen König zum Empfang geleiten. Über dem Kopf des Sonnengottes sind Symbole des Mondes, der Sonne und der Göttin Ischtar (der Planet Venus). Schamasch galt bei den damaligen Verträgen als der Schiedsrichter; der Mond, der »Himmel und Erde erleuchtete«, wurde angerufen, um die Feinde des Vertragmachers mit Pest und Elend heimzusuchen; während Venus, sollte der Feind den Vertrag nicht einhalten, dafür sorgen würde, »daß eure Frauen vor euren Augen am Busen eurer Feinde liegen...«

14

Bewegungsmodus von Planeten zu beobachten – wie sie zuweilen stockten, zuweilen sich rückwärts zu bewegen schienen, manchmal scheinbar zusammentrafen und wieder auseinandergingen. Und gleichzeitig mit ihren Beobachtungen arbeiteten sie an den Voraussagen, die sie an die Planetenbewegungen knüpften. Zu Zeiten von Ammisaduqua, dem zehnten König der Ersten Dynastie, im 17. vorchristlichen Jahrhundert, wur-

Babylonische Grenzsteine (dieser ist von etwa 12 v.Chr.) zeigen oft Abbildungen eines Skorpions. Dieser hier ist vielleicht ein astrologisches Symbol des Tierkreiszeichens Skorpion, der in frühen Zeiten als Zeichen des Krieges galt. Es ist aber auch möglich, daß der abgebildete Skorpion lediglich einen Fluch symbolisiert (gegen diejenigen gerichtet, die die Grenze mißachten). Am Oberteil des Steins sind jedoch weitere astrologische Symbole.

den nur ganz grobe Voraussagen gemacht. Dagegen bargen die königlichen Bibliotheken der assyrischen Herrscher in Niniveh, Calah (Nimrud) und Aschur im 8. und 7. Jahrhundert sowie die Tempelbüchereien der hauptsächlichen babylonischen Städte eine Sammlung von 7000 astrologischen Voraussagen, auf 70 Tafeln verewigt, in ihren Regalen. (Analog den Eröffnungsworten der ersten Voraussage wurde diese Sammlung unter dem Namen *Enuma Anu Enlil* bekannt.)

Der Grund dafür, daß diese Weiterentwicklung der astrologischen Theorie gerade im Mittleren Osten und nicht, sagen wir, bei den amerikanischen Indianern in Wisconsin oder etwa bei den Azteken stattfand, die gewiß ein ebenso brennendes frühzeitiges Interesse an diesem Gegenstand hatten, liegt darin, daß die Babylonier bessere Astronomen und Mathematiker waren; sie entwickelten bereits einen Kalender und waren um 500 vor Christus schon auf dem besten Weg, den Tierkreis zu erfinden, jenes unentbehrliche Element zur Personifizierung der Astrologie.

Jahrhundertelang grübelten die Babylonier über die Nachthimmelmuster nach, bis sie endlich einen Kalender produzierten, der immerhin so verläßlich war, daß sie Sonnen- und Mondfinsternisse voraussagen und ›rückwärts‹ arbeiten konnten, um die Himmelsereignisse der Vergangenheit herauszubekommen. Anscheinend fingen sie das so an, daß sie einfach die Dauer von Tag und Nacht, dann den Auf- und Untergang des Mondes sowie das Erscheinen und Wiederverschwinden der Venus errechneten. Bei den allerersten Kalendern beginnt ein neuer Monat beim ersten neuen Mondaufgang. Da aber der Zeitabstand zwischen Neumonden unregelmäßig ist – im Durchschnitt 29 Tage, 12 Stunden, 44 Minuten und 3 Sekunden –, war es äußerst schwierig, einen Kalender so einzurichten, daß jeder Monat mit dem neuen Mond begann, jedes Jahr jedoch mit der Frühjahrs-Tagundnachtgleiche. (Um das zu erreichen, muß man alle zwei, drei Jahre einen Extramonat einschieben – und selbst dann differiert man alle acht Jahre um anderthalb Tage mit der Wirklichkeit.)

Die Einzelheiten früher Kalender und ihrer Entwicklung sind verzwickt. Soviel aber kann man sagen: Das Problem wurde von den Babyloniern mit ziemlicher Exaktheit gelöst (und das, man vergesse nicht, ohne den Beistand mechanischer Uhren!). Seitdem hat es weitere Komplikationen und Evolutionen gegeben. Julius Cäsar mußte eigens einen Astronomen aus Alexandria holen, um das Durcheinander zu entwirren, in das der römische Kalender geraten war, und sein Julianischer Kalender kam schließlich um nicht weniger als elf Tage aus dem Zeittakt, so daß England sich 1752 genötigt sah, auf den Gregorianischen Kalender umzusteigen (1582 von Papst Gregor im restlichen Europa eingeführt), der elf Tage aus dem Jahr herausschnitt.

Um Mitternacht des 2. September schloß sich der 14. September an, und es gab Straßenkrawalle, weil die Leute glaubten, von den Behörden um elf Tage ihres Lebens betrogen zu werden.

Sobald es einen Kalender gab, konnten durch Beobachtung und Anwendung der Mathematik planetare Bewegungen vorausgesagt werden. Der nächste Schritt war die Erfindung des Tierkreises.

Dieser wurde in erster Linie als Mittel zur Zeitmessung ersonnen. Er besteht aus einem Kreis, um den herum sich zwölf Sternbilder befinden, von denen ein jedes ein Segment von 30 Grad der Ekliptik darstellt, der vorgestellten Bahn, welche die Sonne auf ihrer Reise um die Erde zu beschreiben scheint. Da diese Reise rund 365 Tage dauert, kamen die Astronomen in Babylon, Ägypten und China unabhängig voneinander auf die Idee, die Ekliptik in 360 Grade einzuteilen, die leicht in zwölf Sektionen aufzuspalten sind.

Praktisch mußte der Kreis irgendwo seinen Anfang nehmen. In früheren Zeiten begann er verschiedentlich bei bestimmten Fixsternen – beim Aldebaran oder Bullauge zum Beispiel, oder bei Regulus, dem hellsten Stern im Löwen. In der modernen Astrologie fängt er bei der Frühlings-Tagundnachtgleiche an – dem Punkt, an dem die Sonne zur Frühlings-Tagundnachtgleiche der nördlichen Erdhalbkugel am 20., 21. oder 22. März jedes Jahres den Äquator von Süden nach Norden zu überqueren scheint.

Aber nicht nur, daß die Tagundnachtgleiche niemals zwei Jahre hintereinander an der gleichen Stelle eintritt – , ihr Ort scheint sich auch langsam um den Himmel herum zu bewegen, wobei eine Umkreisung 28 800 Jahre in Anspruch nimmt (ein als ›Vorrücken der Nachtgleichen‹ bekanntes Phänomen). Es rührt daher, daß die Erde bei ihrer Rotation wabbelt wie ein sich verlangsamender Kreisel; dadurch beschreibt der Pol eine

Vergleichstabelle der Tierkreiszeichen

	Babylonien	China (entsprechende Monate)	Indien/ Griechisch	Sanskrit
Widder	hunga (Mietling)	ch'un fên (Frühl. Tag- u. Nachtgleiche) ch'ing ming (klar und hell)	Krios	Mescha (Widder)
Stier		ku yü (Getreideregen) li hsia (Sommeranfang)	Tauros	Vrischa (Stier)
Zwillinge	mastabba. galgal (Grosse Zwillinge)	hsiao man (Getreide füllt sich) mang chung (Getreide in der Ähre)	Didumoi	Mithuna (Paar)
Krebs		hsia chih (Sommersonnenwende) hsaio shu (milde Wärme)	Karkinos	Karkata (Krebs)
Löwe	ur. gul. la (Löwe)	ta shu (Große Hitze) li ch'iu (Herbstanfang)	Leõn	Simha (Löwe)
Jungfrau	ab. sin (Furche)	ch'u shu (Ende der Hitze) pai lu (weißer Tau)	Parthenos	Kanya (Jungfrau)
Waage	zibanitu (Horn, später Waage)	ch'iu fên (Herbst- Tag- u. Nachtgleiche) han lu (kalter Tau)	Zugos (Joch)	Tula (Waage)
Skorpion	gir.tab (Skorpion)	shuang chiang (Rauhreif fällt) li tung (Winteranfang)	Skorpion	Vrischika (Skorpion)

kreisförmige Bewegung, wobei er rückwärts durch den Tierkreis hindurchgeht. Ähnlich ist es, wenn man den Tierkreis von einem Festpunkt aus mißt (sagen wir dem ersten Grad Widder). Dann ist *er* es, der sich langsam rückwärts bewegt. Auf jeden Fall ist dies das System, das von den meisten modernen Astrologen verwandt wird; es wird der tropische Tierkreis genannt. Manche heutigen Astrologen gebrauchen auch, so

	Babylonien	China (entsprechende Monate)	Indien/ Griechisch	Sanskrit
Schütze	PA. BIL. SAG. (?)	hsiao hsüeh (wenig Schnee) ta hsüeh (viel Schnee)	Toxotēs (Bogenschütze)	Dhanus (Bogen)
Steinbock	suhur. mas (Ziegenfisch)	tung chih (Wintersonnenwende) hsiao han (etwas kalt)	Aigokerōs (ziegengehörnt)	Makara (Meeresungeheuer)
Wassermann	GU. LA (Riese?)	ta han (bitterkalt) li ch'un (Frühlingsanfang)	Hydrokhoös (Wassertopf)	Kumbha (Topf)
Fische	zibatti (Schwänze)	yu shui (Regenwasser) ching chih (erregte Insekten)	Ikhthues	Mina (Fische)

Ferner:

Plejaden	zappu (Haarbüschel)
Hyaden	Gu. an. na (Himmelsstier)
Orion	Sib. zi. an. na. (Himmelshirt)
Perseus	Sugi (Wagenlenker)
Aurige	gamlu (Scimitar)
Praesepe	La. lul (Krebs?)
südl. Fisch	sim. mah (große Schwalbe)
nördl. Fisch	aninitum (eine Gottheit)

wie ihre Vorfahren, den feststehenden oder siderischen Tierkreis, der von den Sternen her gemessen wird (jedoch auch nicht ganz so fest steht, wie es klingt, denn er bewegt sich gleichfalls – um einen Tag in jeweils 72 Jahren!).

Das Vorrücken der Tagundnachtgleiche beschert den Astrologen ein Problem. Der Aldebaran, der in früheren Zeiten auf fünfzehn Grad im Stier stand, ist jetzt vorgerückt, so daß er sich bei 8 Grad in den Zwillingen befindet, und jemand, der vor Jahrhunderten mit der Sonne im Stier geboren wurde, mag gut und gern im Jahre 1985 mit der Sonne auf genau demselben Punkt in Relation zur Erde geboren sein, doch wäre er, in heutiger populärer Sprache ausgedrückt, ›Zwilling‹ und nicht ›Stier‹. Jahrhundertelang haben Gegner dies als Waffe gegen die Astrologen verwandt, ohne sich darüber klar zu sein, daß die Astrologie lediglich in volkstümlicher Betrachtung mit den Konstellationen ›der Sterne‹ etwas zu tun hat, wie man es in Astrologie-Spalten zu lesen bekommt. Astrologen dagegen sind, mit wenigen Ausnahmen, mit den Bewegungen von Sonne, Mond und Planeten innerhalb des Sonnensystems befaßt. Sie beschreiben diese in Relation zu ihrem Hintergrund. Dieser Hintergrund mag sich verändern, nicht aber die Positionen der Planeten der Erde gegenüber – und nur auf die kommt es an.

Eine Zeitlang nahm man an, daß der Tierkreis, so wie wir ihn kennen, aus

Babylon stammte. Jüngste Erkenntnisse aber machen es klar, daß er ein Ergebnis babylonischer, ägyptischer und assyrischer Astronomie ist. Der Widder beispielsweise, das Symbol des Aries, ist ägyptischer Herkunft. Taurus, der Stier, kommt aus Babylon, wo er Gud.anna hieß. Leo, der Löwe, ist ägyptischen Ursprungs (in Babylon nannte man das gleiche Sternbild den Großen Hund). Manche Zeichen kamen in zwei verschiedenen Ländern zu symbolischem Leben: So waren die Gemini-Zwillinge identisch mit den babylonischen Mastabba.galgal, höchstwahrscheinlich aber auch mit den Zwei Sternen Ägyptens. Und Cancer, der Krebs, war babylonisch, existierte aber als Zwei Tauben in Ägypten, und später wurde aus ihm die Schildkröte der griechischen und chinesischen Astrologie. Die den Zeichen zugeordneten Symbole reichen weit in die Geschichte zurück: Stier und Skorpion sind als Darstellung von Frühling und Herbst auf einer Stele (Gedenkstein) Nebuchadnezzars I zu sehen, der im 12. vorchristlichen Jahrhundert regierte.

Wie kamen die Sternbilder zu ihren Namen? Offensichtlich waren die meisten nicht auf Anhieb in ihrem Bildsinn verständlich. Wer wollte behaupten, daß er bei Ansicht des Sternmusters, aus dem, sagen wir, Taurus (also der Stier) zusammengesetzt ist, dieses automatisch mit dem Aussehen eines Stiers in Verbindung bringen würde? Auf der anderen Seite erscheint es wiederum sehr möglich, daß Gemini wegen des sehr hellen Zwillingspaars in ihrem Sternbild zum Zeichen Zwillinge wurde; das Himmelsbild des Skorpions weist einen Schwanz auf, der dem eines Skorpions zu gleichen scheint; desgleichen könnte man sich vorstellen, daß das Sternenmuster des Leo irgend jemanden an die Umrisse eines Löwen erinnert haben mochte.

Andere Ideenverbindungen wieder kamen aus anderen Gründen auf, landwirtschaftlichen vielleicht (bei Vollmond in der Jungfrau z. B. konnten die Babylonier das Reifen des jungen Getreides erwarten), oder sind aus den dunklen Bereichen des kollektiven Unterbewußtseins erwachsen; und einige wenige Tierkreiszeichen mögen einfach so entstanden sein, daß ein Astronom in grauer Vorzeit einer Konstellation ein Muster seiner eigenen Vorstellung aufgedrückt hat, einfach weil er sie irgendwie benennen mußte, und ein Name, der sich mit einem Mythos verbindet, prägt sich am besten dem Gedächtnis ein.

Der erste babylonische Tierkreis, von dem wir Kenntnis haben, hatte achtzehn Sternbilder: zehn von den zwölf, die wir heute noch gebrauchen, und dazu noch die Plejaden, Hyaden, Orion, Perseus, Auriga, Praesepe und die südlichen und nördlichen Fische. Diese sind auf den mu.APIN-Tafeln aus den königlichen Bibliotheken Assyriens als ›Sternbilder‹ beschrieben, »welche im Pfade des Mondes stehen und deren Region die Monde monatlich durchqueren und die sie berühren«.

Schon um das Jahr 1000 v.Chr. gab es einen Tierkreis, wenn auch nicht den uns heute bekannten. Der Achtzehn-Bilder-Tierkreis war noch zwischen dem 6. und 3. Jahrhundert v.Chr. in Gebrauch. Wir können nicht mit Bestimmtheit sagen, wann der Zwölf-Bilder-Tierkreis aufkam: wir wissen lediglich, daß das sehr langsam und zögernd vor sich ging, denn selbst bei Beginn der christlichen Epoche war der Tierkreis, wie wir ihn kennen, noch nicht fest eingeführt, wenn auch die ersten Erwähnungen, daß er für astrologische Zwecke verwandt wurde, aus dem 5. Jahrhundert in Babylon und dem 3. Jahrhundert in Ägypten stammen.

Auch der Begriff des Großen Jahres entstand früh und existiert noch heute. Die ihm zugrunde liegende Idee ist, daß bei Weltenbeginn sämtliche Planeten ihre Reise von 0 Grad im Widder aus antraten und dereinst zu dieser Position zurückkehren werden – ob sie damit das Weltende signalisieren oder den Eintritt des Goldenen Zeitalters, richtet sich danach, ob der betreffende Astrologe Optimist oder Pessimist ist.

Jedes Zeitalter soll etwas unter 26 000 Jahre lang andauern (wobei es natürlich einen Zusammenhang mit dem ›Vorrükken der Nachtgleichen‹ gibt); das Zeitalter des Stiers soll 4139 v.Chr. begonnen haben, das des Widders etwa um 1953 v.Chr., das der Fische gegen 220 n.Chr., und das Wassermann-Zeitalter soll um das Jahr 2375 herum einsetzen. Diese Zahlenangaben sind natürlich nur ungefähr; niemand weiß, wann das Wassermann-Zeitalter beginnt – vielleicht hat es das schon getan, denn die Astrologen behaupten, daß der Übergang von einem Zeitalter zum nächsten wahrscheinlich etliche Jahrhunderte in Anspruch nimmt.

Es ist vielleicht von Interesse, daß bei Beginn des Stier-Zeitalters der Widdergott Amun in Ägypten auf der Höhe seiner Macht war; das Christentum, das in seinen frühen Jahren den Fisch zum Symbol hatte, wie man ihn so häufig in die Katakombenwände Roms eingeritzt gefunden hat, begann sich im 2. Jahrhundert n.Chr. in der Welt auszubreiten, als das Zeitalter der Fische seinen Anfang nahm; und angesichts des auf uns zukommenden Wassermann-Zeitalters scheinen die organisierten Religionen einem Glauben an Wissenschaft und Weltregierung als dem Rettergespann der Menschheit zu weichen.

Aber wie stand es mit der Astrologie außerhalb des Mittleren Ostens? Ihre Entwicklung in Indien ist noch schwieriger aufzuspüren, als das in Babylon der Fall ist, denn die Frühgeschichte der Astronomie und Astrologie in Indien liegt nicht nur im Dunkel, sie ist auch häufig gefälscht: zumindest können wir das annehmen, wenn wir die immer noch allseits abgegebene Versicherung lesen, das erste astronomische Lehrbuch

Indiens, das *Surya Siddhanta*, sei im Jahre 2 163 102 v.Chr. veröffentlicht worden.

Liegen auch die Ursprünge der Astrologie im Dunkel, so sind doch die Einflüsse auf die indischen Astrologen klarer ersichtlich. Alexandria z.B. übte im 6. vorchristlichen Jahrhundert einen starken Einfluß aus, als zu Lebzeiten der weltberühmten altindischen Astronomen Aryabhata, Varaha Mihira und Brahmagupta zahlreiche griechische Fachausdrücke ihren Weg in die indische Terminologie fanden. Und es hat den Anschein, als sei der Begriff des Tierkreises über Alexandria nach Indien gelangt, denn eine Zeitlang verwandten die indischen Astrologen zwei verschiedene Sorten von Benennungen für die Sternbilder – einmal eine unmittelbare Transkription des griechischen Wortes und einmal eine Übersetzung ins Sanskrit. So wurde aus dem griechischen Tauros zunächst Taurusi, dann aber, auf Sanskrit, Vrischa (der Stier), während das griechische Leon sich zu Leya wandelte und dann mit Simha (der Löwe) übersetzt wurde.

Es ist erstaunlich, daß der Weg der Astrologie nach Indien nicht über Persien, dem östlichen Nachbarn Babyloniens und Tor nach Samarkand und China, erfolgt ist. Doch war in frühen Jahrhunderten das persische Interesse an den Planeten ganz anders geartet als das der Babylonier. Ihr einziger Beitrag zur Geschichte des Tierkreises dürfte die ›Erfindung‹ der vier Elemente Feuer,

Ein Tang-Spiegel trägt den chinesischen ›Tierkreis‹, der nur teilweise dem westlichen verwandt ist. Die Tiere scheinen nach einem System ausgesucht zu sein: Im April und Mai migrieren die Tiger; Schlangen kommen Ende Winter aus der Erde; Schweine wurden im August hinausgetrieben, um den Boden zu zertrampeln und zu düngen.

Erde, Luft und Wasser gewesen sein, die später von Ptolemäus in das astrologische Schema eingebracht wurde. Doch war es Persien, in dem der Mithraismus entstand – eine Religion, die zwischen den Jahren 100 v.Chr. und 400 n.Chr. ihre Blütezeit hatte und in hohem Grade für die Verbreitung der Astrologie im ganzen römischen Imperium verantwortlich werden sollte. Als Soldatenreligion trug der Mithraskult den Glauben an die Wirkungskraft der Planeten bis zu den fernsten Außenposten, Londinum (London) eingeschlossen. Die Tierkreiszeichen waren in jedem *Mithräum* zu finden, oft im Kreise um die geschnitzte Darstellung eines Stieropfers herum angebracht.

Weder im Persischen noch im Arabischen hat es je einen Unterschied zwischen den Bezeichnungen für Astrologie und Astronomie gegeben; gebrauchen die klassischen Texte den Ausdruck Munajjimūn, ist in den meisten Fällen beides gemeint (und das ist in der ganzen Welt so). Die islamische Astronomie stammt aus griechischen, indischen und persischen Quellen – von Dorotheus aus Sidon, Ptolemäus, Antiochos aus Athen, Vettius Valens und Teukros, gemeinsam mit sassanidischen Werken, die oft Übersetzungen griechischer und indischer Texte in die Pahlavisprache (die Hauptsprache Persiens zwischen dem 7. und 3. vorchristlichen Jahrhundert) waren. Die islamische Astrologie entwickelte sich relativ spät.

Immerhin fanden sich die Moslems von Natur aus zu dem Gegenstand hingezogen. (Es scheint, daß der Koran mit seinen vielfachen astrologischen Bezugnahmen dazu angeregt hat – zum Beispiel: »ER ist es, DER für dich die Sterne angeordnet hat, damit du inmitten der Finsternis des Landes und des Meeres deinen Pfad nach ihnen ausrichtest.«) Moslemische Astrologen stellten individuelle Horoskope und schrieben astrologische Weltgeschichten (die bekanntesten davon waren von Māscha'allāh und Abū Ma'schar al'Balkhī), aber ihr Hauptinteresse lag in kosmologischer Symbolik – in der Astrologie, denn das verschaffte dem Menschen Mittel und Wege, seinen eigenen Platz im Kosmos zu finden und die ›Realität‹ zu erkennen, die außerhalb seines Erdenlebens lag.

先生算卦很靈
題相在不能合行
不揀順事定育成
龍免不合
牛馬不合
羊鼠不合
雞犬不合
豬猴不合
合不虎蛇

Die Chinesen haben eine Liste mit zwölf Tieren, die ihre Jahre markieren: Ein Kind wird im Jahre des Ebers, der Ratte, des Ochsen, des Tigers, des Kaninchens, des Drachen, der Schlange, des Pferdes, des Schafes, des Affen, des Hahns oder des Hundes geboren – das sind abwechselnd ›positive‹ und ›negative‹ Zeichen (der Eber ist ›negativ‹); die ersten drei Zeichen sind ›Wasser-‹, die nächsten drei ›Holz-‹, die darauffolgenden drei ›Feuer-‹ und die letzten drei ›Metallzeichen‹. Sie werden oft als Kreis dargestellt (aus dem Jahre 2317 v.Chr. soll ein ›Tierkreis‹ aus 28 Sternbildern stammen), aber wenn auch zwischen den westlichen Tierkreiszeichen und den chinesischen Tieren vage Ähnlichkeiten zu entdecken sind, so lohnt es sich kaum, die letzteren genauer zu analysieren. Der westliche Tierkreis wurde

Ein chinesischer Astrologe berät einen Klienten, umgeben von den Tieren, die die Jahre versinnbildlichen – das des Hahns, des Hundes, des Ebers usw. Die Tiere können auch die zwölf Doppelstunden des Tages darstellen (wenn ihre Reihenfolge umgekehrt ist; der Jahreskreis wird gegen den, der Tageskreis im Uhrzeigersinn gezählt).

in China im 17. Jahrhundert v.Chr. bekannt – Jesuiten hatten ihn mitgebracht –, vielleicht sogar schon vorher durch Reisende auf den zentralasiatischen Karawanenstraßen.

Die frühesten chinesischen Astrologen stützten sich nicht auf die Ekliptik (Sonnenbahn), sondern auf die Zirkumpolarsterne: Das chinesische Imperium sah sich als das irdische Gegenstück zum Mittleren Himmelskönigreich, der Region, in der die Sterne niemals untergehen. Tatsächlich bleiben die Zirkumpolarsterne das ganze Jahr über sichtbar. Der Kaiser, der den Polarstern repräsentierte, saß bei der Audienz mit dem Blick nach Süden; und seine Astrologen bedienten sich eines obskuren Systems mit vier ›Palästen‹. Erst im 1. Jahrhundert v.Chr. erhielt die Ekliptik einen Namen im Chinesischen. Er lautete ›Die Gelbe Straße‹ im Gegensatz zum Äquator, der ›Die Rote Straße‹ hieß.

Man hat zuweilen angenommen, daß die Astrologie zumindest nicht vor der Zeit des Kolumbus nach Amerika gelangt ist. Historiker vermuten, daß der Bischof von Chiapas spanisch importierte Astrologie meinte, als er schrieb, »Teile der Quiche, einem frühen peruvianischen Stamm, glauben daran, daß die menschliche Geburt vom Lauf der Sterne und Planeten bestimmt wird; sie beobachten, zu welchem Zeitpunkt des Tages und des Monates ein Kind geboren wird, und sagen dessen Lebensbedingungen und -geschicke voraus.«

Aber auch vor Kolumbus hat es sicherlich schon eine Art von Astrologie in Mexiko gegeben, auch wenn sie auf einem völlig andersgearteten System fußte als dem in Europa gebräuchlichen: Toltekische Astronomie zum Beispiel teilte die Welt in fünf ›Richtungen‹ ein – Nord, Süd, Ost, West und Mitte, von denen die ersten vier dem Stier, dem Löwen, dem Adler und dem Mann unterstanden. Diese weisen eine gewisse Parallele zu den festen europäischen Tierkreiszeichen Stier, Löwe, Skorpion und Wassermann auf, die lange Zeit später mit den Symbolen der vier Apostel – Lukas (der Stier), Markus (der Löwe), Johannes (der Adler) und Matthäus (der Mann oder Wassermann) in Verbindung gebracht wurden.

Die Astrologie war nur eine Voraussagemethode von vielen im vorchristlichen Babylonien. In diese Lehmnachbildung einer Schafsleber sind verschiedene Omina und magische Formeln eingeprägt, die zu Versuchen benutzt wurden, die Zukunft vorherzusagen.

Das Geheimnis, wie die Sternbilder im Tierkreis zu eigenen charakteristischen Eigenschaften gekommen sind – warum also Astrologen begannen, die Zwillinge mit Lebhaftigkeit und Vielseitigkeit, den Widder mit Mut und Eigensucht, die Waage mit Charme und Ungezwungenheit in Verbindung zu bringen, ist unergründlich. Die Verbindungen, die die frühe Menschheit zwischen den Planeten und bestimmten menschlichen Charaktereigenschaften herstellte, sind leichter zu verstehen: Die in all ihrem majestätischen Glanz erstrahlende Sonne war sicherlich das sichtbare Hauptsymbol für Herrschertum und Adel, bombastisch, überheblich; ebenso kann ohne weiteres die Verknüpfung von

Tafel 1

Tafel 2

Kudurri von Nazimaruttasch, König von Babylon, etwa 1300 v.Chr., hier mit planetarischen Symbolen und einem Skorpion zusammen abgebildet, beschäftigte sich, wie viele seiner Zeitgenossen, gern mit Omina. Er schrieb an seinen Bruder, Belrimanni, um anzufragen: »Eine Wolke schob sich vor den Mond, gerade als ich ihn beobachtete. Hat die Mondfinsternis stattgefunden? Bitte schicke mir einen genauen Bericht... schreibe mir deine Meinung...«

Mond mit Mutterschaft auf dessen Einfluß auf die weibliche Periode und auf das weibliche Element, Wasser, zurückgeführt werden – die Flüsse und Meere mit ihren regelmäßigen Gezeiten. Man kann sogar annehmen, daß die Verkoppelung von Mars mit Aggression von dessen verhältnismäßig feurig-rotem Anblick am hellen Nachthimmel herrührt, und die der Venus mit Schönheit und Liebe von ihrer klar leuchtenden Stetigkeit. Wie aber kommt Jupiter zu seiner Gleichsetzung mit Optimismus und Gerechtigkeit, Saturn zu praktischem Sinn und Vorsicht?

Diese Charakteristiken traten schon sehr früh in Erscheinung. Im Jahre 235 v.Chr. verkündete ein Astrologe seinem Klienten: »Kommt dein Kind zur Welt, wenn Venus im Kommen und Jupiter gegangen ist, wird seine Gattin stärker sein als er« – Venus, die mit Unentschlossenheit und Trägheit, Jupiter, der mit Güte, Treue, Sorglosigkeit verbundene. Derselbe Astrologe brachte den Löwen mit Reichtum und Macht in Verbindung, den Krebs mit Wasser, den Stier mit Stärke im Kampf. Mit all diesen einfachen Gleichsetzungen würden moderne Astrologen bis zu einem gewissen Grade übereinstimmen.

Die Astrologen meinen, daß die Assoziationen von Tierkreiszeichen und Planeten mit bestimmten Charaktereigenschaften empirisch entstanden sind: daß es im Laufe der Jahrhunderte ersichtlich wurde, daß die Menschen sich mehr verliebten, wenn Venus den Himmel beherrschte, daß sie mehr zur Gewalt neigten, wenn Mars aktiv war; daß, wenn bestimmte Planeten zur Geburtsstunde eines Babys in den Zwillingen waren, es zu einem redseligen, quecksilbrigen und voreiligen Kind heranwachsen würde. Es gibt gewiß genügend Hinweise dafür, daß die Entwicklungen der Astrologietechniken nicht durch übersinnliches Rätselraten, ja nicht einmal durch das symbolisch Unbewußte, sondern (so wie in der Wissenschaft) durch Beobachtung und sorgsame Aufzeichnung zustande gekommen sind.

Wie dem auch sei, sobald Zeichen und Planeten erst einmal ihre Charaktereigenschaften angenommen hatten, der Tierkreis entworfen und ein zuverlässiger Kalender erfunden worden war, war auch die letzte Zutat des Horoskops, wie wir es kennen, sowie der modernen Astrologie gegeben. Die simplen Omina früherer Zeiten sollten bald ausführlicheren Voraussagen weichen: anfangs noch recht einfachen, dann aber immer komplizierter werdenden, bis sie himmelweit von so primitiven Feststellungen entfernt waren wie etwa: »Wird ein Kind bei Mondaufgang geboren, so wird sein Leben heiter, vortrefflich, geregelt und lang sein.« Astrologen würden in der Lage sein, Tausende von Worten über Persönlichkeit, Charakter, Möglichkeiten, Gesundheitszustand und Triebkräfte eines neugeborenen Kindes zu Papier zu bringen.

2 Der Nimbus der Planeten

Die als Götter angesehenen Planeten haben in der Welt der Prophetie und Weissagungen schon so früh eine Rolle gespielt, daß sich Beweise ihres Einwirkens auf die babylonische Geschichte schwer finden lassen. Selbst wo man auf Spuren davon stößt, bleiben sie höchst fragwürdig, soweit es sich um Daten vor dem 10. vorchristlichen Jahrhundert handelt.

Aus Abschriften von Abschriften von Manuskripten aus der Bibliothek des Königs Sargon von Akkade, der etwa zwei Jahrtausende v.Chr. in Babylonien herrschte, geht hervor, daß er seinen Astrologen befahl, für den Beginn wichtiger · Vorhaben günstige Augenblicke herauszufinden, und zweifellos enthielt seine Bibliothek Sammlungen von astralen Voraussagen. Aber erst dreitausend Jahre danach, im mu.APIN, einer Zusammenfassung der astronomischen Kenntnisse jener Zeit, nähern wir uns dem Bereich der Tatsachen und nicht mehr der bloßen Mutmaßungen; hier finden wir Aufzeichnungen über echte Beobachtungen der Planetenbewegungen auf drei Bahnen – dem Wege des Anu, des Gottes des nördlichen Himmels, dem des Enlil, des Gottes des Luftkreises [Atmosphäre] (die Bahn, welche die Griechen die Ekliptik und später den Zodiak [Tierkreis] tauften), und schließlich den des Ea, des Gottes der Tiefe. Das mühselige Zusammensuchen all der Fakten, die Eingang in diese Tafeln gefunden haben, muß Jahrhunderte in Anspruch genommen haben: Es gibt Andeutungen über einen Satz Tafeln, aus der Zeit von Hammurapi, sechzehnhundert Jahre zuvor, welche die Bewegungen der Venus wiedergeben – vielleicht schon damals zum Zweck der Auslegung bestimmter Vorzeichen in Gebrauch.

Über die allerersten Astrologen, von denen wir Kenntnis haben, wurde im 7. vorchristlichen Jahrhundert in der Regierungszeit Esarhaddons (681 – 668) und seines Nachfolgers Assurbanipal berichtet. Esarhaddon beschäftigte Akkullanu, Balasi, Ischtarschumeresch, Nabunadinschum und Nabua-heriba; zu Assurbanipals astrologischen Beratern gehörte Adadschumusur, Mar-Ischtar und Beluschezib. Die Astrologen arbeiteten in Werkstätten und Studierstuben, die zum Tempel des Ea, des Gottes der Orakel und Erfinders der Schreibkunst, gehörten. Bei seinem Regierungsantritt beauftragte Esarhaddon sie, die beste Zeit für ihn zu berechnen, zu der er mit der Wiederherstellung der Götterstatuen

Assurbanipal, der 669 v.Chr. König von Assyrien wurde, war, wie alle Staatsoberhäupter, eifrig bemüht, die Mittel der Vorhersage zu erhalten und zu vermehren. Er brachte die große astronomische Bibliothek von Nabu aus Calah nach Niniveh und half so, die zur Verfügung stehenden Kenntnisse der babylonischen und ägyptischen Astronom-Astrologen zu verschmelzen. Großer Altertumsforscher, der er war, bewahrte er auch auf fünfzehn Tafeln die Aufzeichnungen der astrologischen Monatsrituale auf.

und dem Wiederaufbau ihrer Heiligtümer beginnen solle. Aber auch persönlichere Dinge wollte er von ihnen wissen: War die Zeit für einen Besuch seines Sohnes bei ihm günstig? (sein Vorgänger war von seinem Nachkommen ermordet worden); würde die bevorstehende Sonnenfinsternis Gefahr für ihn bergen? Diese einfachen Fragen gehören zu den ersten überlieferten Erkundigungen privater Art.

Das Gewicht, das Esarhaddon den Auslegungen der Planetenbewegungen durch seine Astrologen beimaß, entsprang aus dem Gefühl der Ehrfurcht, welches er den Planeten selbst entgegenbrachte. Die Einleitung seines berühmten Vertrages mit einem medischen König beginnt:

»In Anwesenheit der Planeten Jupiter, Venus, Saturn, Merkur, Mars, Sirius und in Anwesenheit von Assur, Anu, Enlil, Ea, Sin, Schamasch...«

So gibt man den Planetengöttern den Vortritt vor den alten Landesgöttern – sogar vor Schamasch, der Sonne, und Sin, dem Mond.

Natürlich mußten so prestigebeladene Persönlichkeiten wie diese Götter am Himmelszelt die wichtigsten Ressorts in ihren Herrschaftsgebieten unter sich haben. Diodorus berichtet, daß die Babylonier die fünf Planeten die ›Deuter‹ nannten, denn sie entschieden über das Schicksal von Einzelwesen wie von ganzen Völkern. Die planetaren Voraussagen, die erhalten geblieben sind, betreffen natürlich Könige und Regenten, doch hat zugegebenermaßen mindestens ein Planetengott auf die Geburt auch des geringsten Erdenbürgers Einfluß gehabt – und Diodorus berichtet, daß die Babylonier die Wirkungen von vierundzwanzig Sternen, ›Die Richter der Welt‹ genannt, und dreißig Sternen mit dem Titel ›Berater-Götter‹ in ihre Berechnungen mit einbezogen. Welches diese Sterne waren, und ob es sich um vierundfünfzig verschiedene handelte, oder derselbe Stern in manchen Fällen eine Doppelfunktion ausübte, entzieht sich unserer Kenntnis.

Es muß bezweifelt werden, ob die Babylonier – ja vielleicht sogar ob ihre Herrscher – viel von den Knifflichkeiten der Astrologie wußten, die von ihren Astrologen-Priestern praktiziert wurde. Durch die Mythen und Legenden ihrer Zivilisation bekamen sie einen flüchtigen Einblick in die astrologische Überlieferung, vor allem durch *Das Epos von Gilgamesch*, dem Herrscher von Sumer, von dem ein Fragment auf zwölf Tafeln aus der Bibliothek Assurbanipals in Niniveh überlebt hat. Jedes seiner zwölf Abenteuer bezieht sich auf ein Tierkreiszeichen: Im Zeichen des Skorpions trifft er auf einen Skorpion-Mann, gelangt im Steinbock an die ›Wasser des Todes‹, befragt im Stier ein Halb-Mensch-halb-Stierwesen, Ea-bani genannt, und in der Jungfrau macht die Göttin Ischtar ihm

einen Heiratsantrag. Beim Anhören dieser Geschichten lernten die Babylonier,
auch ihr eigenes Leben als eine Suche
nach der Unsterblichkeit anzusehen,
parallel mit der des Sonnengottes auf seiner Reise durch die Sternbilder.

Die frühesten individuellen Voraussagen wurden ohne Zuhilfenahme des
Tierkreises gemacht, und wenn sie einen
König betrafen, legte man sie als für das
gesamte Königreich gültig aus: Ein
Unglücksmonat für den Monarchen
bedeutete einen Unglücksmonat für den
Staat. Immerhin sind auch einige plum-
pe persönliche Voraussagen für nicht-
königliche Individuen erhalten geblieben: Der Text eines babylonischen
Omens aus der zweiten Hälfte des zweiten Jahrtausends weissagt nach dem
Geburtsmonat eines Kindes bestimmte
Ereignisse – wirklich plump: so plump
wie die astrologischen Taschenbücher
unserer Tage, die einem erzählen, wie
jemandes Kind beschaffen sein wird,
wenn er oder sie ›unter‹ dem-und-dem
Sternzeichen geboren ist.

Das früheste überlebende Horoskop,
das sich jetzt in der Bodleian Bibliothek
in Oxford befindet, stammt aus dem
Jahre 410 v.Chr. Es war für den Sohn von
Schuma-usar, dem Sohn des Schuma-
iddina, Nachkomme von Deke bestimmt, der geboren wurde, als »der
Mond sich unterhalb des Horns des Skorpions befand, Jupiter in den Fischen,
Venus im Stier, Saturn im Krebs, Mars
in den Zwillingen war. Merkur, der

untergegangen war... war... unsichtbar.« Eine Auswertung für dieses Kind fehlt; ein moderner Astrologe würde sagen, daß es sinnlich und zärtlich gewesen sei, besitzgierig und eifersüchtig, mit starken Instinkten und Emotionen ausgestattet, daß es einen ausgeprägten Sinn für patriarchale Tradition, finanziellen Scharfsinn und Ehrgeiz sowie eine Neigung zu periodischer Rastlosigkeit besessen habe und möglicherweise außerstande gewesen sei, auf längerer Zeit eine Arbeit konsequent und regelmäßig durchzuführen. Ein späteres Horoskop, für den 4. April des Jahres 253 v.Chr., enthielt, wenn es auch stark beschädigt war, eine astrologische Auswertung: »Es wird ihm an Wohlstand fehlen... sein Essen wird für seinen Hunger nicht ausreichen. Der Reichtum, den er in der Jugend besaß, wird nicht bleiben. Seine Tage werden lang sein. Sein Weib, das Leute in seiner Anwesenheit verführen werden, wird...« Und hier bricht die Geschichte leider ab.

Es sei hinzugefügt, daß diese frühesten Horoskope nicht in der bekannten Art des ›modernen‹ Horoskops in einen Kreis eingezeichnet waren, der eine Himmelssternkarte in einem bestimmten Augenblick und Ort darstellt; auch nicht in der alten quadratischen Form, die bis zum 17. Jahrhundert und sogar heutzutage noch anzutreffen ist. Es waren lediglich Listen mit den Stellungen der Planeten.

Das Wort Horoskop kommt übrigens vom griechischen *hōroskópos*, mit welchem das Tierkreiszeichen gemeint ist, das zu einem gegebenen Augenblick am östlichen Horizont aufsteigt (von *hōra*, Zeit, und *skopós*, Beobachter).

Im 3. Jahrhundert v.Chr. verfügten die Astrologen bereits über einen richtigen Almanach, in dem die Positionen des Mondes und der Planeten in regelmäßigen Abständen über eine Spanne von Jahren sowie die Konjunktionen von Sonne und Mond zu finden waren. Das wies auf eine Ordnung in einer sonst ungeordneten, unzusammenhängenden Welt hin, eine Ordnung, der es nachzueifern galt; die Planetenbewegungen am Himmel hatten eine Bedeutung, die der Mensch verstand und die zu seinem Leben in Beziehung standen – warum sonst sollten sich die Planeten überhaupt bewegen? Sie konnten doch nicht Produkte eines Zufalls sein. Diese Theorie war von enormer politischer Tragweite und wird die folgenden zweitausend Jahre hindurch in Europa immer wieder als Argument für Ordnung in der menschlichen Gesellschaft angeführt.

Der Gedanke, daß der Einfluß der Planeten alles durchdrang und daß ein zuverlässiger Deuter dieses Einflusses von unabschätzbarem Wert war, wurde in den Jahrhunderten unmittelbar vor Christi Tod von den Chaldäern weit verbreitet. Die Bezeichnung sollte eigentlich stets in Anführungsstriche gesetzt werden. Wahrscheinlich war Chaldäa eine babylonische Provinz, deren Bewohner bald zur Elite des ganzen Landes

Ein auf Papyrus geschriebenes babylonisches Horoskop vom 1. April 81 n.Chr. Man war sehr genau mit den Begriffen ›glücklich‹ und ›unglücklich‹ (ein Tag konnte in drei Teile geteilt werden, jeder davon einzeln als ›glücklich‹ oder ›unglücklich‹ bezeichnet). Oft aber waren die Voraussagen auch differenzierter. »Verlasse (heute) dein Haus nicht, von keiner Seite, und treibe keinen Geschlechtsverkehr mit Frauen. ... Wer an diesem Tag geboren ist, wird von übertriebenem Geschlechtsgenuß sterben« oder, vier Tage später: »wer an diesem Tag geboren ist, wird Alters sterben.«

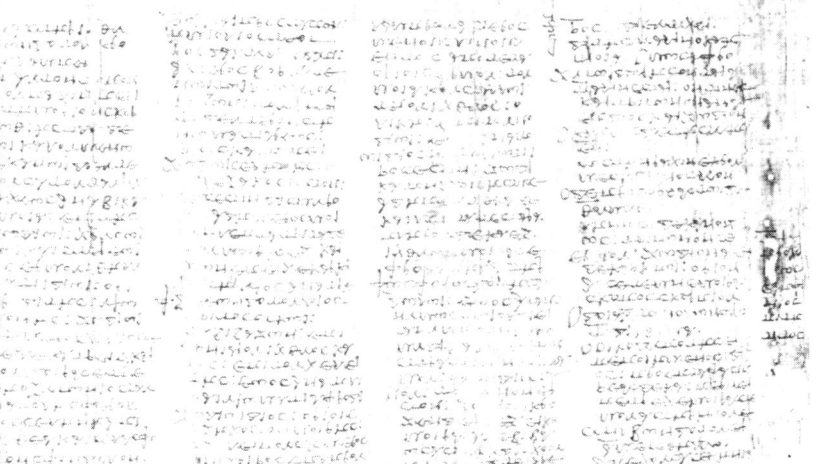

wurden, dessen führende Schicht sie bereits im 8. Jahrhundert v.Chr. mehr oder weniger beherrschten. Schließlich wurden ›Babylonien‹ und ›Chaldäa‹ austauschbare Benennungen; aber irgendwie nahm das Wort ›Chaldäer‹ die Bedeutung ›Astrologe‹ an. Im Buch Daniel z. B. war mit ›Chaldäer‹ immer ebendies gemeint – oder aber Mathematiker, Astronom, Zauberer oder Magier!

Viele führende Astrologen waren tatsächlich Chaldäer, andere kamen zweifellos aus anderen babylonischen Regionen oder anderen Teilen des Mittleren Ostens. Selbst Länder, die nicht als an der Astrologie besonders interessiert galten, steuerten etwas dazu bei. Persien zum Beispiel brachte El Hakim, auch Gjamasp genannt, hervor, einen Hofastrologen des halblegendären Königs Hystaspes von Iran im 6. Jahrhundert v.Chr., der ein Buch schrieb, in dem er die Einwirkung der Konjunktionen des Jupiter und Saturn auf die Weltgeschichte untersuchte. *Judicia Gjamaspis* wies Voraussagen auf, die als Vorhersicht der Geburt Christi und der Entstehung des Islam angesehen worden sind.

In Indien waren gewisse Voraussagen schon im 6. Jahrhundert v.Chr. möglich, wie wir aus den Werken von Varah Mihira ersehen, dessen astronomisches Lehrbuch *Brihat Samhita* die Meinung vertritt, es gäbe am Himmel so viele und komplizierte Vorbedeutungen zu sehen, daß jeder Astrologe mindestens drei Gehilfen beschäftigen solle und daß »der König, der einem in Horoskopie und Astronomie ausgebildeten, in allen Sparten und Zusatzfächern bewanderten Gelehrten nicht die gebührende Hochachtung entgegenbringt, ins Unglück stürzen wird«.

Doch waren es hauptsächlich die Chaldäer, die anderen Nationen die Astrologie vermittelten und ihren Wirkungskreis erweiterten. Beispielsweise erklärten sie als erste, daß nicht nur ein einzelner Mensch, sondern eine Stadt ihren ›Geburtsmoment‹ haben könne, so daß ein Astrologe mit seinem Rat die Grundsteinlegung in einem glückbringenden Augenblick veranlassen könne, um so der Stadt ein Horoskop zu geben, das Sicherheit und Wohlstand gewährleiste. Einen der ersten Fälle, in denen ein

Astrologe seinen Rat in dieser Sache anbietet, finden wir im Jahre 312 v.Chr., als Seleukos I die Stadt Seleukia am Tigris gründete. Seleukos war ein überzeugter Anhänger der Astrologie, im krassen Gegensatz zu seinem Hauptwidersacher Antigonos, der die Prophezeihung in den Wind schlug, Seleukos würde ihn auf dem Schlachtfeld töten – was jener dann auch (301 v.Chr.) tat. Als er den Bau Seleukias plante, ließ er sich von einer Anzahl Chaldäer beraten. Diese waren, gleich den Babyloniern, gegen die Idee der neuen Stadt, die, wie sie (mit Recht) befürchteten, über kurz oder lang Entvölkerung und Niedergang für Babylon bedeuten würde. Sie errechneten deshalb den ungünstigsten Zeitpunkt für die Grundsteinlegung der neuen Stadt und berieten Seleukos dementsprechend. Er gab seine Anordnungen; aber seine Bauarbeiter waren auf den Bau der Stadt so erpicht, daß sie vor der angesetzten Zeit damit begannen und damit der Stadt ein besonders günstiges Horoskop verschafften!

Das Geburtsdiagramm von Seleukia ist verlorengegangen. Wohl aber hat das einer anderen von Seleukos' Städten, Antiochia, überlebt – errechnet auf den 22. Mai des Jahres 300 v.Chr. – desgleichen die von Konstantinopel, Alexandria, Gaza, Caesarea; zuweilen finden sich Teilwiedergaben davon auf Münzen dieser Städte eingraviert.

Von Babylonien brachten die Chaldäer die Astrologie nach Ägypten und, was noch wichtiger ist, nach Griechenland. Die immense Bedeutung, die in Ägypten den Mythen über die Himmelsgötter, den Reisen und Abenteuern von Sin, dem Mondgott, Schamasch, dem Sonnengott, oder Ischtar, der Personifikation der Venus, beigemessen wird, hat zu der Meinung geführt, daß dieses Land einen großen Beitrag zur Entstehung der Astrologie geleistet haben müsse. Tatsächlich aber erwachte sein Interesse an den Planeten ziemlich spät – wenn man von einer Verehrung der Venus absieht, die jedoch mehr als ein Stern des Morgens und des Abends denn als ein Planet angesehen wurde.

Der Eindruck, daß die Ägypter eine lange astrologische Wissensüberlieferung hätten, ist vielleicht dadurch entstanden, daß sie auf die ältere Tradition Babyloniens eifersüchtig waren. Als im Jahre 260 v.Chr. Berosus (unterstützt von Diodorus und Cicero) behauptete, die chaldäischen astrologischen Texte seien annähernd eine halbe Million Jahre alt, konterten ägyptische Astronomen mit der Behauptung, daß ihre Texte mindestens aus dem Jahre 630 000 v.Chr. stammten.

Genau wie bei den anderen fortgeschrittenen Zivilisationen war sicherlich ein frühzeitiges Interesse an astronomischen Geschehnissen vorhanden. Schon ägyptische Texte aus dem 13. Jahrhundert v.Chr. zeigen Vertrautheit mit dem Standort der Sterne; aber die Ägypter waren mehr darauf versessen, einen brauchbaren Kalender auszuknobeln, als irgendeiner astrologischen Bedeutung nachzugehen. Für ihre Voraussagen bedienten sie sich anderer Arten von Vorzeichen: der Schrei eines neugeborenen Kindes zum Beispiel, oder sein Aussehen. Wandte es die Augen der Sonne zu, so bedeutete das frühen Tod. Auch aus Träumen wurde geweissagt, und Geister wurden beschworen.

Darüber zu diskutieren, welchen Platz die Pyramiden in der Entwicklung der Astrologie in Ägypten eingenommen haben, ist müßig. Sicherlich stimmt es, daß manche der Pyramiden, wenn nicht alle, für astronomische Zwecke gebaut wurden – zumindest mit dem Gedanken an die Astronomie; und da Astronomie von Astrologie nicht zu unterscheiden war, hat es keinen Sinn, abzustreiten, daß beispielsweise die Große Pyramide, die rund 2500 v.Chr. erbaut wurde, einen Platz in der astrologischen Geschichte einnimmt. Aber welchen?

Unzählige Theorien sind vorgebracht worden, um die Pyramiden zu erklären und ihre Geheimnisse zu enthüllen. Schon 1883 wurde behauptet, sie seien als astronomische Observatorien und Sternenuhren errichtet worden. Jahre danach wurde die Ansicht laut, die Ägypter, welche die Große Pyramide bauten, müßten gewußt haben, daß die Erde rund und an den Polen abgeflacht sei, daß sie die genaue Länge des Jahres hätten ausrechnen können, daß sie ein System der kartographischen Projektion entwickelt hätten. Die Behauptung, daß das erste Horoskop im Jahre 2767 v.Chr. in Ägypten gestellt worden sei, ist fragwürdig, wenn es auch ein Diagramm dieses Datums gibt, das einen bestimmten Zeitaugenblick darstellt. Dieser steht jedoch, soviel wir wissen, nicht zu der Geburt oder dem Leben einer bestimmten Person in Beziehung, sondern ist eine frühe Bestätigung des Gedankens, daß ein bestimmter Zeitpunkt individuelle Bedeutung hat (ein Gedankengang, den im 20. Jahrhundert der Psychologe C.G. Jung wiederholt hat). Die Existenz des Diagramms beweist, daß die alten Ägypter imstande waren, den Himmel genau zu beobachten; zu diesem Zweck haben sie vielleicht die Pyramiden benutzt.

Bei Öffnung des Grabes von Ramses II fand man zwei Kreise aus Gold, die in 360 Grade eingeteilt und mit Symbolen der auf- und untergehenden Sterne versehen waren. Das spricht dafür, daß er an aufsteigenden Graden interessiert war – dem Grad der jeweils zu einer bestimmten Zeit über dem östlichen Horizont aufsteigenden Sonnenbahn, ein wichtiges Moment in der Astrologie. Ramses II – Ozymandias, der Erbauer des Tempels von Abu Simbel – regierte von etwa 1292 – 1225 v.Chr.; und das Grab von Ramses V enthielt Papyri mit astrologischen Winken für jede Stunde jedes Monats des Jahres.

Es gibt auch Beweise dafür, daß die Astrologen im Ägypten des dreizehnten

An der Decke des Grabes von Seti I (etwa 1300 v.Chr.) stellt ein Stier den Großen Bären dar. An anderer Stelle sind die sieben Sterne im Umriß des vorderen Stierbeines sichtbar. Stier wie Vorderbein werden mit Horus, dem Fährmann, in Verbindung gebracht, welcher in engem Zusammenhang mit den Planeten steht: »Er steigt mit den unvergänglichen Sternen zum Himmel auf...«

Zeichnungen am Grabe Ramses' VI von Ägypten beweisen, wie weit die Ägypter schon in der astronomischen Beobachtung vorangeschritten waren. Vor einem punktierten Liniengitter sind Sterne eingezeichnet, einige davon mit Namen (teilweise falschen, denn der Künstler, der das Bild herstellte, wußte nicht immer, was er eigentlich darstellen sollte).

Tafel 3

Jahrhunderts v.Chr. die vier feststehenden Zeichen des Tierkreises kannten (die Astrologen teilen die Zeichen in *Quadruplizitäten* oder *Qualitäten* ein – kardinale, fixe und bewegliche). Im Sarkophag Setis' I (ca. 1317 v.Chr.) wurden die vier Krüge, in denen sich die Eingeweide befanden, von vier Gottheiten beschützt, welche mit einem Menschenkopf (Mestha), einem Hundekopf (Hapi), einem Schakalkopf (Tuamutef) und einem Habichtskopf (Quebhsennuf) dargestellt waren. Mit diesen waren zweifellos die vier feststehenden Tierkreiszeichen gemeint, mit Mestha als Wassermann, Hapi als Löwen, Tuamutef als Stier und Quebhsennuf als Skorpion. Das aber ist kein Anzeichen dafür, daß es sich um fortgeschrittene Astrologie handelte: die vier Sonnen des Horus waren die Götter astronomischer Mythen mit astrologischen Assoziationen.

Und doch hat Ägypten zur Frühgeschichte der Astrologie einen Beitrag geleistet: die Erfindung der Dekane, durch Aufteilung des Sonnenbahnkreises in sechsunddreißig Sektionen, so daß drei Dekane oder Sektionen von je 10 Grad auf jedes Sternbild kommen. Sie wurden zum erstenmal auf einem Sargdeckel des Mittleren Königreichs entdeckt, auf dem der Himmel mit den Namen der Dekane in Kolumnen abgebildet ist. Um diese Zeit gab es noch keinen Tierkreis: die Dekane waren mit den Sternbildern in Beziehung gebracht, und erst in hellenistischer Zeit kamen sie in

Ein Schriftgelehrter überreicht König Heinrich VI von England ein Werk von Ptolemäus. Die *Tetrabiblos*, die das astrologische Wissen zu Ptolemäus' Zeiten (erste Hälfte des 2. Jahrhunderts n.Chr.) zusammenträgt und einordnet, wurde von Astrologen weit über tausend Jahre lang als Lehrbuch benutzt.

Verbindung mit dem Tierkreis und bekamen echte astrologische Bedeutung. Wie es scheint, wurden sie konzipiert, weil die Ägypter glaubten, daß jeder Zeitmoment seine eigene Gottheit über sich haben müsse.

Ein Sarg aus Theben (aus dem 2. Jahrhundert n.Chr.) zeigt die ägyptische Göttin Nut, von den Tierkreiszeichen umringt. Nut, die Himmelsgöttin, personifizierte das Himmelsgewölbe.

In einer an seinen Sohn gerichteten Betrachtung hat Stobaeus, der im 5. Jahrhundert v.Chr. wertvolle Auszüge aus Werken griechischer Autoren sammelte, die Behauptung aufgestellt, daß die Dekane

»von hoch oben ihren Einfluß auf Körper ausüben. Wie sollten sie da nicht auch auf uns einwirken, auf jeden einzelnen und auf die Menschheit als Ganzes? So könnten wir, mein Kind, von allen Katastrophen von Weltausmaß, die durch Kräfte herbeigeführt werden, welche von ihnen ausgehen, als Beispiele anführen – beachte meine Worte – den Wechsel von Königen, den Aufstand von Städten, Hungersnöte, Pestilenz, das Fluten und Zurückfluten des Meeres, Erdbeben. Nichts von alledem, mein Kind, geschieht ohne die Einwirkung der Dekane.«

Später sollten die Dekane in der medizinischen Astrologie besonderen Wert erhalten, als die verschiedenen Krankheiten für bestimmte Dekane spezifisch wurden (Magenbeschwerden zum Beispiel dem Einfluß des ersten Dekanats der Jungfrau zugeschrieben wurden).

Trotz dem Interesse an Sternstellungen waren die ägyptischen Astrologen nicht entfernt so fortgeschritten wie ihre babylonischen Kollegen. Ihre Mathematik war sogar noch schwerfälliger, und der Tierkreis gelangte vergleichsweise spät zu ihnen – der erste, von dem wir erfahren, war etwa um 221 v.Chr. in die Decke einer Halle nördlich von Esna eingraviert worden. Zwischen den ersten überlebenden ägyptischen Tierkreisen (in Esna und in der Osiris-Kapelle in Denderah, die etwa zur Zeit Christi erbaut wurde) und denen in Babylonien bestehen nur geringe Unterschiede; zweifellos ist der Tierkreis unmittelbar von dort nach Ägypten gelangt.

Und welchen Nutzen hat man in Ägypten aus der Astrologie gezogen? Gewiß, es gab Voraussagen für Pharaonen und Land: »Eine Überschwemmung wird nach Ägypten kommen«; »viele Männer werden sich gegen den König

Eines von zwei Horoskopen an der Decke eines Grabes in Ahtribis, mit dem Datum 14. Februar 177 n.Chr.

erheben«; »Saatgut und Getreide werden einen hohen Preis haben«; »Die Beerdigung eines Gottes wird Ägypten in Anspruch nehmen.« Alle diese Prophezeiungen wurden aufgrund von Bewegungen des Hund-Sternes Sothis gemacht – »Wenn Sothis aufgeht, wenn der Mond im Schützen ist«, oder »Wenn Sothis aufgeht, wenn Merkur in den Zwillingen ist«, und so weiter.

Ein anderer Papyrus, aus der römischen Epoche, macht Voraussagen für einzelne, die auf der Anwesenheit von Venus und Merkur in den ›Häusern‹ des Horoskops zur Geburtsstunde basieren. (Die ›Häuser‹ sind zwölf Unterteilungen des Horoskopkreises, die sich auf bestimmte Lebensbereiche beziehen. Die Methode wurde von den Babyloniern erfunden und wird noch heute angewandt, obgleich die Astrologen über das System der Hausaufteilung verschiedener Ansicht sind.)

Die Astrologie spielte in der formalen Religion eine Rolle, und oftmals keine untergeordnete. Clement von Alexandria, ein hervorragender christlicher Schriftsteller, der um etwa 150 n.Chr. zur Welt kam, beschreibt eine ägyptische religiöse Prozession aus seinen eigenen Tagen, wenn auch mit überlieferten und altertümlichen Elementen:

»Zuvörderst geht der Vorsänger, zwei von Hermes' Büchern in Händen, von denen das eine Gottes Hymnen, das andere Vorschriften für den Königlichen

Hof enthält. Ihm folgt der Horoscopus, ein Kenner der vier astrologischen Bücher des Hermes. Dann kommt der Hierogrammatäus oder Heilige Schriftgelehrte mit Federn auf dem Kopf und Buch und Stab in der Hand, dem es oblieget, in den Hieroglyphen sowie der Kosmographie, Geographie, der Anordnung der Sonne, des Mondes und der fünf Planeten wohl bewandert zu sein...«

Die ›vier astrologischen Bücher des Hermes‹ stammten aus jener legendären Sammlung alter Texte, den Hermetischen Büchern. Diese waren, wie es hieß, vom ägyptischen Gott Thoth zusammengetragen worden, der später bei den Griechen unter dem Namen Hermes Trismegistos verehrt wurde, und noch später bei den Römern als Merkur. Gewährsleute sprechen von zweiundvierzig Bänden solcher Texte; andere Historiker gingen weiter – Seleukos behauptete, es seien zwanzigtausend Bände gewesen, und Manethon schoß den Vogel ab: Er hatte 36525 gezählt.

Die Texte, gleich wie viele es nun waren, enthielten Wissen über Religion, Kunst, Wissenschaft, Geometrie, Alchimie, Astronomie, Astrologie und zahlreiche andere Gegenstände. Sie wurden als heilig angesehen, und nur die allerhöchsten ägyptischen Priester durften sie berühren. Leider hat bisher noch niemand das Grab Alexanders des Großen entdeckt, in welches Kaiser Severus den

Der runde Tierkreis, der 1798 von Napoleon an der Decke des Tempels der Göttin des Himmels, Hat-Hor, im ägyptischen Denderah gefunden wurde und sich jetzt im Louvre befindet. Anfangs hielt man ihn für unermeßlich alt, tatsächlich aber wurde der Tempel selbst erst unter der Regierung des römischen Kaisers Tiberius erbaut, und der Tierkreis wurde auf den 16. April des Jahres 17 n.Chr. angesetzt.

letzten vollzähligen Satz mit eingeschlossen haben soll. Vielleicht spielte
der hohe Grad der Verehrung, die man
den Texten entgegenbrachte, eine
wesentliche Rolle dabei, daß sie nicht
überlebten. Sie waren so heilig, daß nur

ganz wenige Zutritt zu ihnen hatten, und vielleicht gab es einen Zeitpunkt, zu dem diese Wenigen alle gestorben waren, ohne sichergestellt zu haben, daß der ihnen anvertraute Schatz der Nachwelt zugänglich gemacht würde. Nichtsdestoweniger hat das Fehlen jeder echten Kenntnis der Texte nicht verhindern können, daß eine gewaltige Literatur über sie entstanden ist, und es hat niemals Zweifel darüber gegeben, daß eine umfangreiche Sammlung überkommener Weisheit, ganz gleich, wie sie zustande gekommen sei, bestimmt auch ein gutes Maß an alten Theorien über Astrologie enthalten hätte. Hermes soll ein eigenes astrologisches System erfunden haben, und unter den Hermetischen Büchern befand sich anscheinend auch eines über medizinische Astrologie, ein anderes über die Dekane (einschließlich eines detaillierten Katalogs, der bis vor 150 v.Chr. zurückreichte), eines über Tierkreis-Pflanzen und eines über die astrologischen Grade. Hermes' Schriften sind von vielen späteren Astrologen freigebig zitiert worden, einschließlich Trasyllus, dem vielleicht einflußreichsten aller Astrologen des kaiserlichen Rom, Antiochos von Athen und Sarapion, einem Schüler des griechischen Astronomen Hipparchos.

In welchem Umfang Teile der Originaltexte überlebt haben – und offensichtlich *gab* es Originaltexte, gleichgültig ob sie von Hermes selbst niedergeschrieben waren oder nicht –, läßt sich schwer sagen; gewagte Behauptungen sind aufgestellt worden (und das nicht nur von den Alten). Fragmente sehr früher astrologischer Texte sind uns auf dem Umweg über die Griechen erhalten geblieben. Im 5. Jahrhundert n.Chr. tauchte ein aus dem Griechischen übersetzter lateinischer Text, *Liber Hermetis*, auf, der eine wirre Mischung von Theorien über die Dekane, Konjunktionen, die Bedeutung bestimmter Planeten in bestimmten Tierzeichen sowie Ratschläge in persönlichen Dingen enthielt – wie man den Todestag, nützliche oder schwierige Tage, Heirat, Lebensdauer voraussagen kann. Der Text scheint von einem sehr frühen Original herzurühren. Er beschäftigt sich vor allem mit den Dekanen: der dritte Dekan in den Zwillingen ist für Muskelschmerzen verantwortlich, der erste in der Jungfrau bestimmt über den Magen, der erste im Krebs über das Herz und so weiter. In diesem Text hat auch der Astrologische Mann seinen ersten Auftritt: Auf das Abbild des Körpers ist der Tierkreis, in geradegebogener Form, transponiert – das erste Zeichen, Widder, beim Kopf, das letzte, Fische, bei den Füßen. Dazwischen fallen die verschiedenen Körperteile jeweils unter ein Tierkreiszeichen, entsprechend deren Reihenfolge. Ein System, das heute noch in Gebrauch ist, wenn auch mit einigen Änderungen. Die Waage z. B. ›regiert‹ nach heutiger Ansicht die Nieren, während sie bei Hermes das Gesäß beeinflußte.

Ein Abschnitt aus dem *Liber Hermetis* eignet sich vorzüglich, um die allgemeine Einstellung zur Astrologie zusammenzufassen, so wie sie war, als die Chaldäer sie als ein zum System erhobenes Ganzes an die Griechen weitergaben:

»Der Mensch wird von den Wissenden eine Welt genannt, weil er mit der Natur der Welt völlig übereinstimmt. Tatsächlich schießt im Augenblick der Empfängnis ein ganzer Komplex von Strahlen aus den sieben Planeten heraus, die auf jeden Teil des Menschen einwirken. Und das Gleiche geschieht zur Geburtsstunde, nach Maßgabe der Stellungen der zwölf Sternbilder. So wird der Widder der Kopf genannt, und die Sinnesorgane des Kopfes verteilen sich auf die sieben Planeten. Das rechte Auge bekommt die Sonne, das linke der Mond, die Ohren Saturn, das Gehirn Jupiter, die Zunge und das Halszäpfchen Merkur, Riechen und Schmecken Venus, alle Blutgefäße Mars.

Befindet sich nun im Augenblick der Empfängnis oder Geburt einer der Sterne in schlechtem Zustand, so wird in dem Körperteil, der diesem Stern entspricht, ein Gebrechen verursacht. Zum Beispiel hat ein Mensch vier Hauptteile: Kopf, Brustkorb, Hände, Füße. Einer davon ist im Augenblick der Empfängnis oder bei der Geburt irgendwo dadurch erkrankt, daß es seinem himmlischen Schutzherrn selbst schlecht ging; ein Auge, die beiden

Augen, ein Ohr, die beiden Ohren, oder wiederum die Zähne haben Schaden erlitten, oder die Sprache ist verschwommen: der Strahl eines übelwollenden Planeten ist gekommen, um einen dieser Teile zu treffen, ihn zu beeinträchtigen, zu verderben.«

Interessant ist, daß der anonyme oder die anonymen Schreiber anscheinend glaubten, daß die Position der Planeten nicht nur im Augenblick der Geburt eines Kindes beobachtet werden sollte, sondern auch im Augenblick der Empfängnis. Die ganze astrologische Geschichte hindurch hat es darüber Meinungsverschiedenheiten gegeben. Der Geburtsaugenblick läßt sich natürlich leichter festhalten; den genauen Moment der Konzeption hingegen zu kennen, ist praktisch unmöglich. Wenn auf der anderen Seite jedoch die persönliche Astrologie auf der faktischen Einwirkung der Planeten auf das entstehende Embryo basiert, so ist doch sicherlich der Augenblick der Konzeption zum Zeitpunkt, an dem die Einwirkung stattfindet, näher als der Augenblick der Geburt. Die Darstellung des Menschen aber als Mikrokosmos und als Welt, oder sogar als Universum, als Makrokosmos, ist von so gut wie allen Astrologen seit 400 n.Chr. gutgeheißen worden.

Die Hermetischen Texte, insoweit wie wir uns ihren Gesamtgehalt vorstellen können, haben der westlichen Welt die Astrologie nicht nur als eine Weissagungsmethode vorgestellt, sondern auch als ein religiöses Konzept der Welt und des Platzes, den der Mensch darin einnimmt. Sie sollte untrennbar mit der griechischen Philosophie verknüpft und nicht nur für Philosophen und Herrscher, sondern auch für den Mann auf der Straße von wachsender Bedeutung werden.

3 Durch die griechische Tür

Alexander der Große, so belehrt uns die Geschichte, wurde als Sohn König Philipps II von Mazedonien geboren. Die Legende jedoch will wissen, daß der wahre Vater des Knaben ein König von Ägypten namens Nektanebus war, zu dessen Haupterrungenschaften die Kunst gehörte, riesige Armeen aus dem Nichts zusammenzutrommeln. Im Jahre 356 v.Chr. setzten ihn die Planeten davon in Kenntnis, daß seine Feinde, ungeachtet der Tüchtigkeit seiner Truppen, über ihn triumphieren würden, und so packte er seine Koffer und begab sich, schwer verkleidet, nach Mazedonien, wo er sich als Astrologe niederließ und sich am Hof beliebt machte. In Abwesenheit des Königs transportierte sich Nektanebus mit Hilfe von Wachspuppen und anderen magischen Mitteln ins Schlafzimmer der Königin, in der Gestalt des Gottes Ammon, dessen Schmeichelreden Olympias natürlich nicht anders konnte, als zu erliegen. Sie wurde schwanger. Als die Zeit gekommen war, kam Nektanebus in ihr Zimmer und stellte an ihrem Bett eine Tafel aus Gold, Silber und Akazienholz auf, die auf einem Dreifuß stand und aus drei Gurten bestand. Einem mit Zeus darauf, umgeben von den sechsunddreißig Dekanen; dann einem, der die zwölf Tierkreiszeichen trug; und auf dem innersten waren Sonne und Mond. An diesen brachte er acht Edelsteine an, die die Stellungen der Planeten anzeigten. Er flehte sie an, nicht niederzukommen, ehe diese nicht günstig seien – und als sie das waren, wurde mit Blitz und Donner Alexander geboren. Es wird uns nicht berichtet, wie König Philipp reagierte, als er bei der Rückkehr die Bescherung entdeckte; und es gibt auch andere Darstellungen, bei denen es heißt, er und die Königin hätten lediglich einen Astrologen angestellt, um die Zukunft des neugeborenen Kindes zu künden. Aber von Alexanders späteren Erfolgen erzählt uns ja die Geschichte in aller Ausführlichkeit.

Nektanebus soll Alexanders Lehrer geworden sein. Als Lehrbuch habe ihm *Das Geheimnis der Geheimnisse* gedient, ein Buch von Aristoteles, das später verlorenging. Unter anderem verbreitete es Kenntnis und Ansehen der Astrologie. Doch brachte es Nektanebus wenig ein, denn als das Kind zwölf Jahre alt war, stieß es den Astrologen von einem Felsenriff, um zu beweisen, daß er seine eigene Todesstunde nicht habe voraussagen können. Doch scheint das Buch den späteren Weltfeldherrn mit einer ganzen Reihe nützlicher Ratschläge versehen zu haben – , wie etwa, daß er nie ein Abführmittel nehmen solle, außer, wenn der Mond im Skorpion, der Waage oder den Fischen sei, und daß er von schwerer Verstopfung befallen werde, sollte er so unklug sein, das Laxativ zu nehmen, während der Mond sich im Steinbock befinde.

Man hat es immer als erwiesen angesehen, daß Alexander bei allen seinen Feldzügen von der Astrologie Gebrauch gemacht hat, wenn auch ungewiß ist, ob deshalb, weil er daran glaubte, oder weil er wußte, daß andere daran glaubten, und er daraus seinen Nutzen zog. Es dünkt unwahrscheinlich, daß er nahezu als einziger unter seinen gebildeten Zeitgenossen den Einfluß der Sterne völlig negiert haben sollte – , obgleich ein oder zwei Philosophen das taten: Eudoxos (ca. 408 – 355 v.Chr.) zum Beispiel, der Erfinder der geometrischen Proportionstheorie, der verlangte, daß »den Chaldäern, welche das Leben eines jeden Menschen nach dem Tag seiner Geburt voraussagen und bestimmen, kein Glaube geschenkt werden soll«. Auch die Griechische Akademie unter Karneades und Klitomachos im ersten vorchristlichen Jahrhundert lehnte Weissagung, Magie und Astrologie strikt ab.

Aber sie waren eine winzige Minderheit. Im großen und ganzen »befiel die Astrologie«, wie der Historiker Gilbert Murray es später ausdrücken sollte, »den hellenistischen Geist wie eine neue

Krankheit die Bewohner einer fernen Insel«. Über Vorpostenorte wie Daphnae, eine griechische Siedlung in Ägypten in den Jahren zwischen 610 und 560 v.Chr., vor allem aber über die Häfen Ägyptens, die nach 640 v.Chr. griechischen Schiffen offenstanden, gingen chaldäische Wanderastrologen in Mengen auf Griechenland nieder und brachten die von ihnen gehortete, anscheinend uralte Wissenschaft mit. Sie wurde begierig von den Griechen aufgenommen, die in Mathematik und Astronomie schon weiter fortgeschritten waren als die Neuankömmlinge.

Wenn es noch der Beweise bedürfte, daß viel astronomisches und astrologisches Wissen direkt von Babylonien nach Griechenland gelangt ist, so braucht man sich nur die Namen der Planeten anzuschauen. Als die Griechen zuerst von diesen Notiz nahmen, nannten sie sie Vorboten des Morgengrauens (Venus, die wegen ihrer Helligkeit schon Homer aufgefallen war, obgleich sie zuweilen auch als Abendstern Vespertine genannt wurde), Funkelstern (Merkur), der Feurige Stern (Mars), der Leuchtende Stern (Jupiter), der Strahlende Stern (Saturn). Aber nach dem 4. Jahrhundert beginnen diese Namen zu verschwinden und andere ihren Platz einzunehmen – Aphrodite, Hermes, Ares, Zeus und Kronos.

Es ist so gut wie sicher, daß hierfür das Eintreffen der Chaldäer mit ihren barbarischen Namen für die Planeten der

Grund ist – Nebo, Ischtar, Nergal, Marduk und Ninib. Die Griechen ersetzten einfach die fremden Götternamen mit ihren eigenen – so kommt es, daß wir heute die Planeten mit Namen benennen, die deutsch ausgesprochen lateinische Übersetzungen von griechischen Übersetzungen der original babylonischen sind!

Eine der Ursachen für den Erfolg der Astrologie in der griechischen Welt mag wohl in der geistig-politischen Atmosphäre der Epoche nach Alexanders Tod zu suchen sein, als die alten Ideale der griechischen Republik dem Konzept der weltumfassenden Monarchie wichen. Religion wurde gewissermaßen internationalisiert, und die Verehrung der Planeten und Sterne als Gottheiten verstärkte sich, während die Städte ihre individuelle Macht und Persönlichkeit verloren. Die Planeten verbreiteten ihren Einfluß wahllos, und selbst ein Philosoph wie Zeno, der Begründer des Stoizismus, der glaubte, daß nichts durch Zufall entschieden werde (ja, daß es so etwas wie Zufall gar nicht gebe), machte sich im 4. Jahrhundert v.Chr. für die Idee stark, daß irdisches Geschehen starr von den Naturgesetzen bestimmt werde. Was lag dann mehr auf der Hand, als daß die Planeten, die kühl auf ihren vorbestimmten Bahnen dahinzogen, die Leiter der Geschehnisse waren?

Zu all dem kommt noch, vergessen wir das nicht, das griechische Fachwissen über Astronomie und Mathematik hinzu und die Erfindungsgabe beim Konstruieren von Maschinen, die diesem Fachwissen entspricht. Ptolemäus beschreibt die Konstruktion eines Astrolabiums, eines Instruments zum Messen der Sternpositionen; und eine kleine Maschine mit schaltbaren Rädern, im gesunkenen Wrack eines Schiffes aus dem 1. Jahrhundert v. Chr. gefunden, scheint dazu bestimmt gewesen zu sein, die Bewegungen der Planeten zu berechnen. Wenn einige Ideen der Griechen über die Anordnung des Sonnensystems auch eindeutig überspannt gewesen sein mögen (die des Ptolemäus in nicht geringem Maße), so war doch ihr Verständnis für Mechanik und Mathematik hervorragend – in erheblich höherem Maße, als viele Historiker des 18. Jahrhunderts angenommen haben. Wenn wir auch Philostratos' Behauptung (aufgestellt im 3. Jahrhundert n. Chr.), daß die Astrologie bereits 1184 v. Chr. in Hellas bekannt gewesen und angewandt worden sei, ohne weiteres vergessen dürfen, kann es als sicher gelten, daß Hesiod, ein Dichter aus dem 8. Jahrhundert v. Chr., in seinem *Werke und Tage* den Planeten und Sternen Beachtung schenkte. In diesem langen Gedicht riet er u. a., man solle sie zur Voraussage günstiger Zeiten zum Beginn bestimmter Vorhaben auswerten.

Die Griechen haben enormen Fortentwicklungen der astronomischen Theorie die Bahn gebrochen. Aristoteles entkräftete Anaximanders Theorie, nach der die

Erde frei und ohne Halt dahintreibt; Pythagoras war höchstwahrscheinlich der erste Mensch, der ›wußte‹ (wenn auch nicht bewies), daß die Welt einer der Planeten und rund sei. Diese Theorie, die, wie es scheint, Ende des 5. Jahrhunderts v.Chr. zum erstenmal von Philolaos von Theben aufgestellt wurde, beruhte mehr auf Eingebung als logischer Vernunft, aber es war eine Vermutung von großer Tragweite. Um diese Zeit wußte man auch schon – einige Astronomen jedenfalls –, daß die Sonne bedeutend größer als die Erde war und die letztere infolgedessen wohl nicht Mittelpunkt des Universums. Und 230 v.Chr. vertrat Aristarchos von Samos, lange vor Kopernikus, die Ansicht, daß die Erde und alle Planeten sich in Kreisen um die Sonne bewegten, wobei die Erde sich alle vierundzwanzig Stunden einmal um sich selbst drehe. Aber seine Zeit war gegen ihn, und nur sein Kollege Seleukos akzeptierte seine Theorie, die, abgesehen davon, wie ein Stein versank – wenn auch Kopernikus, der sie zu seiner Zeit wieder verfolgte, ermutigt war, Nachweise aus der Antike zu finden, daß jemand von der Hypothese überzeugt gewesen war.

Die Griechen scheinen sich schon im 6. Jahrhundert v.Chr. mit dem Tierkreis befaßt zu haben. Es mag Demokritos um 420 v.Chr. herum gewesen sein, der ihn und die Idee verbreitete, daß die Planeten auf ihrer Reise durch die Tierkreiszeichen die Menschen beeinflußten. Er soll sich lange in Ägypten und dem Osten aufgehalten haben; bestimmt war er in Persien, und er war wohl überzeugter als je ein Grieche vor ihm, daß die Planeten das Leben der Menschen beherrschten. Er stimmte mit Zeno darin überein, daß nichts in der Welt durch Zufall geschehen könne. Man sagt, er sei es gewesen, der den Tierkreiszeichen ihre griechischen Namen gab, obgleich andere Historiker der Meinung waren, Anaxagoras, der um rund 500 v.Chr. in Ionien zur Welt kam, habe seine Hand dabei im Spiel gehabt. Er war ein kühner Astronom, der als erster die Erklärung fand, daß der Mond infolge des reflektierten Sonnenlichts schien. Er wurde aus Athen, wo er dreißig Jahre gelebt hatte, hinausgeworfen, weil er versuchte, Astronomie mit Argumenten der Vernunft zu deuten und rationelle Theorien über ›Die Höheren Dinge‹ zu lehren. Die Griechen, die der Sonne und dem Mond opferten, waren empört über seine Behauptung, sie huldigten einem ›feurigen Stern‹ und einem Klumpen Erde.

Viele Berichte über frühe astronomisch-astrologische Errungenschaften der Griechen sind mit Vorsicht zu behandeln. Zum Beispiel wurde oft behauptet, Thales habe eine Sonnenfinsternis vorausgesagt, die 585 v.Chr. eintrat und einer Schlacht zwischen Lydiern und Medern, die vor lauter Erstaunen zu kämpfen aufhörten, abrupt ein Ende machte. Das ist unwahrscheinlich. Die Kenntnisse, die dazu gehörten, fehlten einfach noch. Allenfalls ist es möglich, daß Thales beim Raten mit umwerfendem Erfolg ins Schwarze getroffen hat. Etwas mehr Wahrheitsgehalt hat vielleicht der Bericht der Plinius, demzufolge Cleostratos von Tenedos die Sternbilder beobachtet hat, wie sie gegen Ende des 6. Jahrhunderts v.Chr. hinter dem Idagebirge hervorkamen. Aber erst, wenn man die Kalender betrachtet, die Eudoxos aus Knidos, ein griechischer Wissenschaftler und Astronom, entwarf (ca. 408 – 355 v.Chr.), findet man mit endgültiger Sicherheit den Gebrauch des griechischen Tierkreises bestätigt. (Er war es, der in dem *Phainomena* die Sonnenbahn in zwölf gleichgroße Tierkreiszeichen unterteilt hat.)

Zwischen dem 5. Jahrhundert und Christi Geburt hat die Astrologie auf die unterschiedlichsten Schichten der griechischen Gesellschaft ihre Anziehungskraft ausgeübt, unter ihnen nicht nur Philosophen und Wissenschaftler, sondern Leute wie Hippokrates, der Arzt und ›Vater der Medizin‹, der seine Schüler Astrologie lehrte, damit sie die ›kritischen Tage‹ einer Krankheit vorausberechnen könnten. Er soll gesagt haben, daß jemand, der nichts von Astrologie versteht, »ein Narr, aber kein Arzt« ist. Und die junge gebildete Oberschicht interessierte sich oft brennend dafür. Als Plato einmal der Dionysos-Schule einen Besuch abstattete, sah er zwei Schüler, die sich hitzig über die Theorien des Anaxagoras stritten, wobei sie die Kurve der Sonnenbahn mit schwungvollen Armbewegungen veranschaulichten. Aristophanes macht sich in ›Den Wolken‹ über das Studium der Astrologie als einem der Modekulte der athenischen Oberschicht lustig.

Es war, nicht von ungefähr, ein Chaldäer – Berosos, ein Priester des Bel Marduk in Babylon –, der etwa um 260 v.Chr. auf die Insel Kos kam, wo sich eine Medizinschule befand, an der Hipparchos gelehrt hatte, und dort eine regelrechte Astrologieschule gründete, vielleicht das erste Institut dieser Art. Als Lehrbuch scheint er eine Abhandlung mit dem Titel *Das Auge des Bel* verwandt zu haben, die in Form von siebzig Tafeln in der Bibliothek von Assurbanipal zu finden war, jedoch schon viel früher, im 3. Jahrtausend v.Chr. für Sargon I zusammengestellt worden war – so hieß es jedenfalls. Berosos schrieb auch eine umfangreiche Geschichte seiner Heimat, *Babylonica*, die etwa 500 000 Jahre, von der Erschaffung der Welt bis zum Tode Alexanders des Großen, umfaßte, und in der er auch ein beträchtliches Quantum astronomisch-astrologischen Gedankenguts unterbrachte: über das Große Jahr zum Beispiel, und die Theorie, daß Erdbeben durch Planeten verursacht werden, die sich in Konjunktion mit der Sonne befinden. Auch eine Sintflut prophezeite er, wenn alle Planeten in Konjunktion mit dem Krebs stehen würden. Durch eine ungehemmte Flut werde die Erde sich in Schlamm verwandeln, und am Ende werde die Welt mit Wasser bedeckt sein, welches alles menschliche Leben hinwegschwemmen werde.

Berosos war zu seiner Zeit berühmt, und Athen soll eine Statue mit einer goldenen Zunge für ihn aufgestellt haben, als Tribut an seine Rednerkunst. Seine Nachfolger auf Kos waren Antipatros und Achinapolos, die medizinische Astrologie lehrten und die ersten nichtbabylonischen Astrologen gewesen zu sein schienen, die mit der Idee eines Horoskops für den Augenblick der Empfängnis statt dem der Geburt experimentierten. Sie arbeiteten großenteils nach dem antiken, in der Hermetischen Literatur erhaltenen Lehrspruch, demzufolge das Zeichen, in welchem sich im Augenblick der Empfängnis der Mond befindet, im Augenblick der Geburt im Aszendenten ist. Interessanterweise hat Dr. Eugen Jonas, ein tschechoslowakischer Psychiater, in den 1960er Jahren viel auf der Grundlage der gleichen Theorie gearbeitet. Er behauptete, aus der tropischen Position des Mondes im Empfängnismoment das Geschlecht eines Kindes vor der Geburt vorausbestimmen zu können. Die kommunistische Regierung verbot 1970 seine Arbeiten, ehe sein ganzes Beweismaterial veröffentlicht werden konnte.

Vage hört man auch von Griechenlandbesuchen anderer chaldäischer Reisender: Soudines zum Beispiel, ein Ankömmling am Hof von Attalus I,

Aratus, ein griechischer Dichter (etwa 315 – etwa 245 v.Chr.), schrieb ein langes astronomisches Gedicht, das er *Phainomena* nannte (meistens übersetzt mit *Dinge der Erscheinung*). Es wurde noch Jahrhunderte lang auf griechisch (oben links) und lateinisch (oben rechts und rechts) gelesen. Der Apostel Paulus zitierte daraus in seiner Rede an die Athener (Apostelgeschichte XVII, 28). Ein Großteil der astronomischen Theorie stammte aus der wohlbekannten Sternwarte des Eudoxus von Knidos.

König von Pergamon, der Mondtabellen aufstellte, die noch jahrhundertelang in Gebrauch waren, und einer der ersten Steinschneider, der verschiedene Edelsteine mit bestimmten Planeten und Tierkreiszeichen in Beziehung brachte. Um diese Zeit zögerten viele Griechen nicht mehr lange, die neue Himmelstheorie zu übernehmen: Epigenes von Byzanz, Appolonius von Myndos und Artemidoros aus Parion – sie alle brü-

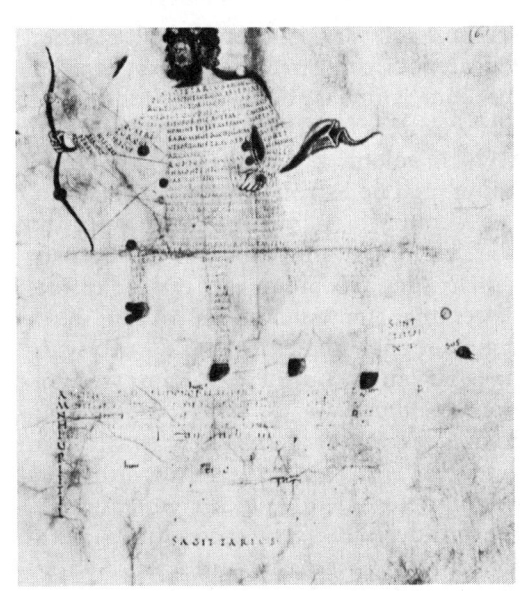

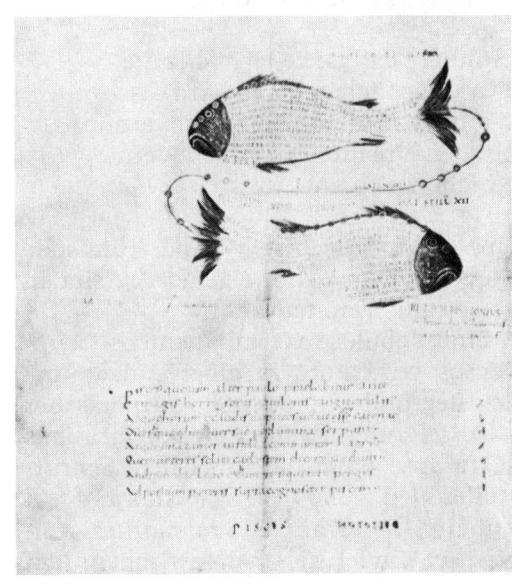

73

steten sich damit, von babylonischen Priester-Astrologen unterrichtet worden zu sein. Kidenas, der wahrscheinlich in der zweiten Hälfte des 3. Jahrhunderts v.Chr. gelebt hat, scheint für einige babylonische astronomische Entdeckungen verantwortlich gewesen zu sein und war vielleicht ein Lehrer von Berosos selbst (das Problem ist nur, daß die Datenangaben vieler dieser frühen Astrologen höchst ungewiß sind). Zu erwähnen ist auch Aratus, Zeitgenosse von Berosos, der etwa 276 v.Chr. die *Phainomena* des Eudoxos in Verse setzte, ein Gedicht, das mit seinen Aufzählungen der Planeten, dem Tierkreis und anderen Sternbildern Pflichtlektüre für Generationen von Griechen wurde. Am Schluß stand der Rat an Meteorologen:

»Studiere das ganze Jahr über die Tierkreiszeichen, dann wird die Wetterbestimmung dir niemals zum blinden Unsinn werden, sondern gesicherte Voraussage.«

Unzählige griechische und römische Ausleger haben ihre eigenen Versionen von Aratus veröffentlicht.

Eine nebulöse Gestalt namens Critodemus wird kurz in einer Aufzählung der Begründer griechisch-astrologischer Überlieferung erwähnt, die von Firmicus Maternus, einem lateinischen Schriftsteller (ca. 356 v.Chr.) stammt. In seinem *De erroribus profanorum religionum* findet sie sich zwischen rein fiktiven Persönlichkeiten wie Hermes, Orpheus und Nechepso. Derartiges verfolgt jeden, der versucht, astrologische Geschichte aufzuspüren. War Critodemus selbst nur eine Fiktion? Oder ist er tatsächlich Urheber der Horoskope, die er gestellt haben soll? Es gibt eine Abhandlung, die ihm zugeschrieben wird, *Horasis*, aus der spätere Astrologen gelernt haben. Einer von ihnen, Hephaistion, schwor auf seine astrologische Formel, mittels derer man die Totgeburt von Kindern vorausbestimmen könne.

Nach und nach wurde astrologische Erfahrung zu einem mehr oder weniger zusammenhängenden Wissenskörper komprimiert. Was allerdings nicht besagen will, daß sie frei von Widersprüchen war oder daß sie mit mehr Zusammenhalt heranwuchs als andere Theorien über das Wesen des Alls. In den drei letzten vorchristlichen Jahrhunderten kam es zu Spaltungen zwischen Astrologen, die noch heute andauern. Hauptzankapfel war vielleicht der freie Wille. Eine Richtung von ›wissenschaftlichen‹ Astrologen verfocht einen streng empirischen Standpunkt: Alles war vorausbestimmt, und die Bewegung der Planeten war sozusagen mit den kommenden Ereignissen verzahnt. Eine andere, die ›katarchische‹ Schule, war der Ansicht, daß manche Dinge vorbestimmt seien, aber beileibe nicht alle. Wenn man die Planetenbewegungen genau genug studiere, könne man durch die Wahl eines günstigen Augenblicks Erfolg erzielen, während ein anderer Augenblick des Handelns Unglück bringen könne. Freie Wahl bedeute das Recht, den Augenblick zu wählen, in dem man ein Unternehmen beginne, ein Kind empfange und gebären werde.

Es gab inzwischen einen sehr starken Zusammenhang zwischen bestimmten Planeten und bestimmten Geschehnissen auf Erden sowie Charaktereigenschaften. Der stärkste war natürlich der zwischen der Sonne und dem Leben selbst. Wie ein Astrologe es ausdrückte:

Claudius Ptolemäus, ein Ägypter, der in Alexandria lebte, war ein großer Geograph und Astronom. Bis vor kurzem wurde die Behauptung aufgestellt, die *Tetrabiblos* stammten nicht von ihm (Astrologie wurde als ein zu verrufenes Gebiet für einen großen Mann angesehen). Die heutige Forschung hat ihm jedoch die Autorschaft wieder zugesprochen.

»Die Sonne, welche die Samen aller Pflanzen nährt, erntet auch als erste die ersten Früchte von ihnen, sobald sie aufgegangen ist. Für dieses Ernten benutzt sie ihre Strahlen sozusagen wie riesige Hände. Was anderes als Hände sind für sie diese Strahlen, welche als erstes die lieblichsten Ausatmungen der Pflanzen einsammeln?«

Die unterschiedliche Wirkungskraft des Sonnenlichts zu verschiedenen Tageszeiten ist heute wissenschaftliche Tatsache. Hier wird sie mit typisch ägyptischer Bildkraft beschworen. Derselbe antike Astrologe verbindet Mars mit Krieg, Venus mit Liebe, Merkur mit Geschwindigkeit und Nachrichten und so weiter. Diese Assoziationen wurden nicht nur als überliefert angesehen, sondern als wissenschaftlich nachgewiesen, wenn auch die mythischen Verbindungen zwischen Planet und alter Legende aufrechterhalten blieben, so daß Saturn auch Kronos, Jupiter immer noch Zeus war. (In einem vom Jahre 8 n.Chr. datierten Horoskop ist Kronos im Zeichen des Stiers, Zeus im Krebszeichen, Ares [Mars] in dem der Jungfrau usw.)

Man stimmte darin überein, daß zwei Planeten, Jupiter und Venus, im großen und ganzen freundlich, zwei feindlich und Merkur neutral seien. Der Grad ihres Einflusses hing von ihrer Stellung gegenüber Erde und Sonne ab, die sich in der Mitte der Planetenfamilie befand, während Mars, Jupiter und Saturn darüber und Venus, Merkur und Mond darunter standen. Die unten befindlichen Planeten waren feucht und um so kälter, je weiter sie von der Sonne entfernt waren. Feuchtigkeit hielt man für ein weibliches Element, weshalb auch die oberen Planeten für männlich gehalten wurden. Venus und der Mond waren weiblich, Merkur ein Hermaphrodit.

Mit dem Kompliziertwerden der astrologischen Theorie wuchs auch die Schwierigkeit, mit Abweichungen und Verwechslungen fertig zu werden. Und mit dem Anwachsen der Astrologie wurde es immer problematischer, bekannte Tatsachen und mythische Aspekte unter einen Hut zu bringen. Auch die Tierkreiszeichen schafften einige Verwirrung; die Griechen sahen beispielsweise ›Aries‹ als eine Gestalt aus der Sage vom Goldenen Vlies; Astrologen dagegen, die ihr Wissen von den Chaldäern hatten, mußten ihn als den Widder Ammons akzeptieren. Der Widder hatte natürlich die Eigenschaft, über das Schicksal der Wollhändler zu entscheiden; da aber andererseits der Goldene Widder sein Fell verloren hatte, neigte er gleichzeitig dazu, plötzliche Katastrophen im Wollhandel zu verursachen!

Abgesehen davon, daß sich bei der praktischen Nutzbarmachung der von den Astrologen gebotenen Deutungen ungezählte Schwierigkeiten ergaben, wurde die Sache vielfach nach wie vor todernst genommen – nicht nur von den Seleukiden, Lagiden und Attaliden, sondern auch kleineren Staaten wie Kommagene unter König Antiochus I (ca. 80 v.Chr.). Dieser einstige Gegner von Pompejus, der damals im Bürgerkrieg auf dessen Seite stand und einen Angriff von Marcus Antonius auf Samosata zurückschlug (Antonius seinerseits soll übrigens durch einen Astrologen im Dienste Kleopatras bespitzelt worden sein), ist in einem riesigen Grab auf dem Gipfel des Nimrud Dagh, 7000 Fuß über dem Meeresspiegel, bestattet worden. Die Reliefschnitzereien, mit denen es geschmückt ist, bieten eine faszinierende Übersicht über den Stand des damaligen Astrologieglaubens. Hier verschmolzen griechische und iranische Götter zu einer Einheit: Mithras ist Appollo, Ares ist Herkules, Zeus ist Oromazdes. Auf der Westterrasse außerhalb des Grabes ist das riesige Relief eines sternbedeckten Löwen mit dem Mond und drei Planeten zu sehen: Jupiter beim Kopf, Merkur in der Mitte und Mars am Schwanzende – die drei Planeten, die mit Zeus, Apollo und Herkules verknüpft sind. Dies soll die optische Darstellung eines Horoskops für den 6. Juli 62 v.Chr. verkörpern – den Tag, an dem Antiochus nach seiner Wiedereinsetzung durch Pompejus gekrönt wurde.

Wenn wir uns nunmehr von Griechenland Rom zuwenden, wo die Astrologie ihren Platz im wahrsten Sinne mitten im politischen Geschehen einnahm, müssen wir den Blick nach Alexandria wenden, um den Mann zu finden, der alle

Stränge des astrologischen Gedankenguts seiner Zeit zusammenfaßte und
nach bestem Vermögen in einem Buch
verständlich machte. Nach dem Tode
Alexanders, der die Stadt gründete, hatte
König Ptolemäus Soter – Ptolemäus I
(323 – 285 v.Chr.) – in Alexandria eine
Art von Universität gegründet, wo die
Gelehrten der Stadt zusammenkommen
konnten, um ihre Studien voranzutrei-
ben. Vierhundert Jahre später kam der
berühmteste Astrologe des Altertums,
Claudius Ptolemäus, als Lehrer dorthin.

Ennia Thrasylla,
die Enkelin des
Astrologen Thrasyllus,
war selbst Astrologin,
und Kaiser Caligula
(hier der Mittelpunkt
eines Deckengewölbes
in Mantegna) war ihr
einflußreicher
Geliebter.

Ptolemäus ist vor allem als Mathematiker, Astronom und Geograph bekannt
geworden, der trotz seiner Überzeugung,
daß die Erde das Zentrum des Universums sei, um welches alle anderen Himmelskörper sich drehten, ein astronomisches System ersann, das Jahrhunderte
hindurch in ganz Europa gültig werden
sollte. Seine *Syntaxis* legte betonten
Wert auf Einfachheit – sinnlos, zur
Erläuterung eines Phänomens komplizierte Methoden zu erfinden, wenn eine
einfache genügt – sowie auf den Wahr-
heitsnachweis von Beobachtungen.
Erstaunlicherweise katalogisierte er
ohne die Hilfe eines Fernrohrs 1022 verschiedene Sterne (verglichen mit den
rund 840 in Hipparchus' Verzeichnis).

Die *Tetrabiblos*, Ptolemäus' umfangreiches astrologisches Lehrbuch, das
erste seiner Art, das bis auf unsere Tage
komplett erhalten ist, ist eine Zusammenstellung des astrologischen Wissens
früherer Jahrhunderte und wurde irgend-

Tafel 5

Tafel 6

wann zwischen 139 und 161 n.Chr. geschrieben, als er in Alexandria arbeitete. Es zerfällt in vier Bücher und beginnt mit einem Argument, das an klarer Vernunft nichts zu wünschen übrig läßt: Da es evident ist, daß Sonne und Mond eine Einwirkung auf das irdische Leben haben (durch die Jahreszeiten, die Ebbe und Flut und so weiter), ist es sicherlich gut, die Einwirkungen zu prüfen, welche die anderen Himmelskörper haben mögen. Dann führt er mit einem zugegebenermaßen beträchtlichen Gedankensprung weiter aus:

Der Astrologe Balbillus freundete sich mit Kaiser Claudius an, dessen Mutter ihn als einen Mann beschrieb, »an dem Mutter Natur zu arbeiten begann, um ihn dann beiseite zu legen«. Vielleicht sah er nicht ganz so einnehmend aus wie diese herrliche Statue in Rom.

»Da es unbestreitbar möglich ist, durch genaue Kenntnis der oben aufgezählten Punkte Voraussagen über die genaue Beschaffenheit der Jahreszeiten zu machen, scheint es auch keinen Hinderungsgrund zu geben, ähnliche Voraussagen betreffs Geschick und Anlagen eines jeden Menschenwesens zu machen, denn... selbst zur Zeit der frühesten Gestaltung jedes Individuums kann die generelle Beschaffenheit des Temperaments desselben wahrgenommen werden. Und die leibliche Form und geistige Fähigkeit kann verkündet werden, mit denen die betreffende Person bei ihrer Geburt ausgestattet sein wird, desgleichen die vorteilhaften und widrigen Ereignisse angezeigt...«

Trotz seiner unverkennbaren Voreingenommenheit sieht Ptolemäus die Dinge höchst realistisch an. So gibt er beispielsweise zu, daß die Wissenschaft unvollkommen ist, nicht nur weil manche Astrologen einfach schlechte Astrologen sind, sondern weil auch noch andere als astrologische Einflüsse berücksichtigt werden müssen.

Am Ende des Ersten Buches der *Tetrabiblos* geht Ptolemäus dann dazu über, den Lauf nicht nur der Sonne, des Mondes und der Planeten, sondern auch bestimmter Fixsterne mit allen technischen Einzelheiten zusammenzufassen. In Buch Zwei macht er sich daran, »die

Eine Seite aus Ptolemäus' *Tetrabiblos*.

ganze Doktrin auf die Grenzen der natürlichen Vernunft zu beschränken«, wobei er zwei Gebiete umreißt, in denen die Astrologie für den Menschen von Nutzen sein kann: das allgemeine (das mit ganzen Nationen, Ländern oder Städten befaßt ist), und das spezielle (das Individuen betrifft). Er kennzeichnet die Einstellung von Nationen zur Astrologie mit dem Hinweis, daß ihre Bevölkerungen verschiedenartige Temperamente zu besitzen scheinen, die mit dem Klima ihrer Länder zusammenhängen können. Natürlich sind solche Klimata eine

Eine Seite aus Ptolemäus' Sternenverzeichnis. Seine Beobachtungen, die natürlich mit dem nackten Auge gemacht wurden (das erste Fernrohr wurde erst anderthalb Jahrtausende danach gebraucht), bleiben Gegenstand der Bewunderung der Fachwelt.

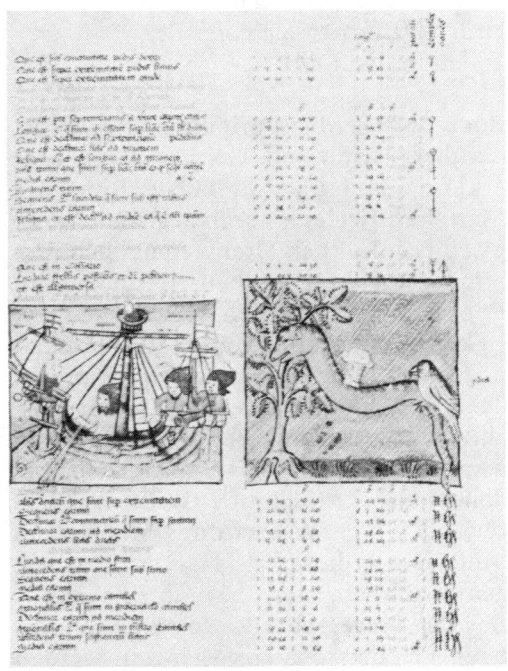

Angelegenheit der Sonnenwärme. Die Menschen im äußersten Norden zum Beispiel, die ›unter den Bären‹ leben oder nahe dem Polarkreis

»haben ihren Zenith weit vom Tierkreis und der Sonnenhitze entfernt. Ihre Körperbeschaffenheit ist daher extrem kalt und reichlich mit Feuchtigkeit getränkt, die an sich schon eine höchst nahrhafte Eigenschaft ist und in diesen Breiten nicht durch Hitze aufgebraucht wird. Deshalb haben sie eine helle Hautfarbe, glattes Haar, große Körper und eine füllige Statur. Sie sind von kühler Gemütsart und wilden Umgangsformen als Folge der andauernden Kälte...«

Buch Zwei schließt mit einem Abschnitt darüber, wie sich Sonnenfinsternisse erklären und über die Bedeutung von Meteoren (welche durchweg meteorologisch ist). In Buch Drei wendet sich Ptolemäus der persönlichen Astrologie zu. Er spricht sich deutlich über die Schwierigkeiten aus, eine genaue Geburtszeit zu bestimmen – gar nicht zu reden von der Möglichkeit, die genaue Empfängniszeit festzustellen. Beide hingen von astronomischen Beobachtungen ab, bei denen ein Astrolabium (Winkelmeßgerät) oder eine Wasseruhr vonnöten sei (und selbst diese, so sagt er, sind oft genug undicht und deshalb ungenau!). Bei der Frage, ob von der Empfängnis- oder Geburtszeit ausgegangen werden soll, nimmt er keinen verrannten Standpunkt ein; im Idealfall seien beide festzustellen. Aber letzten Endes

»kann die Empfängnis wohl doch nur als Erzeugung menschlichen Samens angesehen werden, die Geburt jedoch als die des Menschen selbst, da das Kind bei der Geburt zahlreiche Eigenschaften erwirbt, die es in der Gebärmutter noch nicht besitzen kann und die nur der menschlichen Natur eigen sind.«

Es folgen genaue Anweisungen über die Auswertung eines Geburtsdiagramms oder Horoskops in allen Einzelheiten und Hinweise, was ein guter Astrologe erwartungsgemäß herausbekommen kann. Das Aussehen gehört sicherlich dazu. Das Baby, das geboren wird, wenn Saturn ›orientalisch‹ ist (oder in der Osthälfte des Geburtsdiagramms), werde

»eine gelbliche Hautfarbe haben, von guter Körperbeschaffenheit sein, mit schwarzem und welligem Haar, breitem und kräftigem Brustkorb, normal beschaffenen Augen und wohlproportioniertem Körper, dessen Temperierung sich hauptsächlich aus Feuchtigkeit und Kälte zusammensetzt. Sollte er (Saturn) occidental sein (in der Westhälfte des Diagramms), so macht er die persönliche Gestalt schwarz oder dunkel, dünn und klein mit schütterem Haar auf dem Kopf, haarlosem aber wohlgeformtem Körper, die Augen schwarz oder dunkel und die körperliche Temperierung hauptsächlich aus Trockenheit und Kälte zusammengesetzt.«

Krankheiten konnten durch genaues Studium des Geburtshoroskops vorausgesehen und deshalb Vorsichtsmaßnahmen getroffen werden. Das gleiche galt für die geistigen Fähigkeiten des werdenden Individuums. Starke Betonung der ›tropischen‹ oder ›kardinalen‹ Tierkreiszeichen (Widder, Krebs, Waage oder Steinbock) würde

»ein generelles Interesse wecken, sich eifrig mit politischen Dingen zu befassen, ein starkes Verlangen, sich in öffentliche und turbulente Affären einzumischen, den Drang, sich auszuzeichnen, sowie theologischen Eifer verursachen. Hand in Hand damit gehe ein geistreicher, scharfsinniger, wißbegieriger, erfinderischer, grübelnder Sinn mit einem Hang zur Astrologie und Wahrsagerei.«

Wären dagegen die ›fixierten‹ Zeichen (Stier, Löwe, Skorpion oder Wassermann) betont, so

»machen sie den Sinn gerecht, kompromißlos, beständig, entschlußkräftig, klug, geduldig, eifrig, strikt, keusch, rücksichtsvoll, zielstrebig, streit- und ehrsüchtig, aufrührerisch, habsüchtig und beharrlich.«

86

Die mit Betonung auf den ›zweileibigen‹ oder veränderlichen Zeichen Geborenen (Zwillinge, Jungfrau, Schütze oder Fische) würden geistig

»schwankend, vielseitig, schwer begreiflich, flüchtig und unbeständig, zur Doppelzüngigkeit neigend, der Liebe zugetan, verschlagen, musikliebend, sorglos, voller Ausflüchte und reumütig«

veranlagt sein.

Aber die Planeten spielen auch bei der Gestaltung des Charakters ihre Rolle. Saturn z. B. in einer bestimmten Relation zur Venus im Horoskop und in ›erhöhter‹ Position (innerhalb eines sympathischen Tierkreiszeichens gut placiert) machte Männer

»frauenfeindlich und herrschsüchtig, zur Einsamkeit neigend, sehr zurückgezogen, den Rang nicht achtend, Schönheitsverächter, neidisch, nüchtern, ungesellig, eigenbrötlerisch, der Wahrsagerei, den Gottesdiensten und Mysterien verfallen, hinter dem Priesteramt her, fanatisch und unterwürfig in religiösen Dingen, feierlich, ehrfürchtig, gesetzt, nach Weisheit strebend, freundestreu, enthaltsam, nachdenklich, umsichtig und überängstlich gegenüber weiblicher Freundschaft.«

Andererseits kann der Saturn, wenn nicht mit Venus in Verbindung und schlecht placiert, Männer

»ausschweifend und wollüstig machen, desgleichen liederlich, unvorsichtig und unzüchtig im Sexualverkehr; obszön, falsch mit Frauen, besonders mit denen aus der eigenen Familie; übermütig, streitsüchtig, gemein, Anmut hassend, verleumderisch, dem Trunk ergeben, abergläubisch, ehebrecherisch und gottlos, Lästerer der Götter und Verspotter heiliger Riten.«

Buch Vier fährt mit der Deutung verschiedener Aspekte des Geburtshoroskops fort: wie eines Neugeborenen künftiger Reichtum, Rang und Beruf vorherzusehen ist; die voraussichtliche Art seiner oder ihrer Ehe und die Einstellung zum Geschlechtlichen. Wenn zum Beispiel Mars weit von Venus und Saturn entfernt ist, jedoch nahe beim Jupiter steht, so würde das Männer »keusch und ziemlich beim Geschlechtsverkehr und nur den natürlichen Sitten zugeneigt« machen. Würde jedoch Mars von Venus unterstützt werden, »werden sie (die Männer) im höchsten Grade ausschweifend und versuchen, ihre Lüste auf jede Art und Weise zu befriedigen«.

Die *Tetrabiblos* waren zu ihrer Zeit und noch jahrhundertelang außerordentlich einflußreich. Auch andere Astrologen, wie Hephaestion von Theben, Paulus von Alexandria und Julius Firmicus, haben sie benutzt und als schöpferisches Werk angesehen. Noch heute werden sie von Astrologen gelesen, nicht nur, weil einige ihrer Lehren Teile astrologischen

Erbguts sind, sondern weil sie zwingende Beweismittel für ihre Theorien bieten. Zum Beispiel packte Ptolemäus das stachlige Problem der ›Praecession‹ (Vorrücken der Tagundnachtgleichen) an und wies darauf hin, daß »die Anfangsgrade der Zeichen von den tropischen und Äquinoktialpunkten aus gemessen werden müssen. Diese Regel wird nicht nur klar und deutlich von Fachschriftstellern aufgestellt, sondern es wird einem auch immer wieder vor Augen geführt, daß ihr Wesen, ihr Einfluß und ihre sonst bekannten Attribute keinen anderen Ursprung haben können als einen tropischen oder äquinoktialen...« Mit anderen Worten, es kommt hinsichtlich des Planetenstandes auf den 30-Grad-Abschnitt des Tierkreises an, und nicht darauf, ob hinter ihnen bestimmte Sternbilder stehen oder nicht. Und doch wird diese alt-ehrwürdige Streitfrage immer wieder ausgegraben, obgleich Ptolemäus sie vor zweitausend Jahren ein für allemal gelöst hat.

Manche Astrologen, welche die Sache lieber mystisch betrachten als praktisch, finden Ptolemäus ein wenig trocken und schwunglos. Aber, wie so viele Astronomen seiner Epoche, konnte auch er sich allein an der Romantik des Alls berauschen: »Sterblich wie ich bin, weiß ich, daß ich nur für einen Tag geboren bin; doch wenn ich die dichtgedrängte Vielfalt der Sterne auf ihrem Rundlauf verfolge, berühren meine Füße die Erde nicht mehr. Ich steige zu Zeus selbst hinauf, um mich an Ambrosia, der Götternahrung, zu laben.«

Ptolemäus' Begeisterung hat nicht weniger als seine Bestimmtheit durchweg ansteckend auf die nachfolgende Generation gewirkt. Man muß aber auch sagen, daß die Lektüre der *Tetrabiblos* heute streckenweise einen eigenartig modernen Beigeschmack bekommt, wenn man an die allerjüngste Entdeckung ehemals völlig unverdächtiger, kosmischer Strahlen und Schwerkraftwirkungen zwischen den Planeten denkt. Sachfehler sind nicht häufiger (eher seltener) darin zu finden als in irgendeiner anderen wissenschaftlichen Abhandlung aus jener Zeit. Wir haben es mit einem Beispiel vom Besten seiner Art zu tun. Man braucht das Werk nur mit irgendwelchen anderen Büchern etwa aus derselben Periode zu vergleichen, um dessen Überlegenheit zu bemerken. Nehmen wir zum Beispiel das noch vorhandene Fragment des *Salmeschnaiko*, eines anderen Lehrbuches, das von Verallgemeinerungen wimmelt.

»...in dieser Zeit finden viele ihr Fortkommen als Advokaten, andere als Magier, viele als Barden von Göttern und Königen und viele als Übersetzer von Sprachen... Viele aber verbrauchen auch das Vermögen anderer. (Der Herr des Feuers) macht viele zu passiven Homosexuellen und viele läßt er mit ihren Muhmen und Stiefmüttern schlafen, um sie zu verderben.«

Es ist nicht einfach, herauszubekommen, inwieweit die Astrologie bei den Griechen auf persönlicher Ebene betrieben wurde. Eudoxos, im 4. vorchristlichen Jahrhundert, verurteilte Horoskope, die zum Zweck persönlicher Voraussagen gestellt wurden, und Theophrastus (kurze Zeit danach) war erstaunt, von den Chaldäern zu hören, daß sie behaupteten, Ereignisse im Leben von Individuen voraussagen zu können, desgleichen das Wetter. Ennius (239 – 169 v.Chr.) ist der erste lateinische Schriftsteller, der Leute erwähnt, die

»Die Zeichen des Himmels
niederschreiben
Aufführend die Ziegen und Skorpione
des großen Jupiter
Und andere gräßliche Namen von
greulichen Gestalten,
Die den Zodiak erklimmen...«

und Cato, der 149 v.Chr. starb, verbot seinem Gutsinspektor, wandernde Chaldäer zu befragen. Auch der Stoizismus muß, als er in Rom Mode wurde, bald ein Interesse an der Astrologie geweckt haben.

Man kann wahrscheinlich annehmen, daß die Voraussagen, die in den ersten nachchristlichen Jahrhunderten für Römer gemacht wurden, etwa von der gleichen Art waren wie die für die Griechen in den vorhergehenden Jahrhunderten – nur daß von den ersteren mehr erhalten geblieben sind.

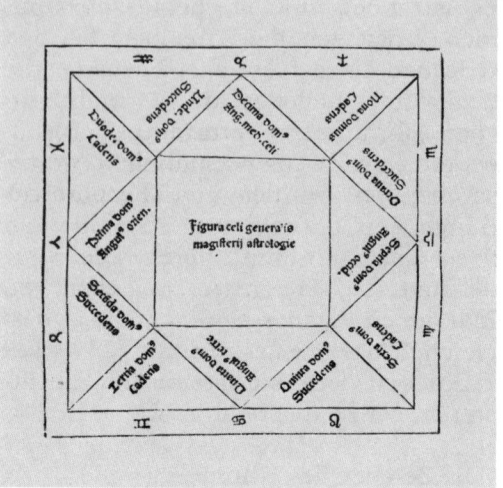

Ein Horoskop aus den
Tetrabiblos.

Diese römischen Beispiele sind äußerst unterschiedlich, wie Jack Lindsay in seinem erschöpfenden Werk *Origins of Astrology* (1971) ausführt. Die wenigsten sagen die Zukunft voraus. Das wurde höchstwahrscheinlich, wenn überhaupt, im Gespräch mit dem Kunden getan, und auf Grund von Stößen ausführlicher Notizen, im Besitze des Astrologen, über die Stellung der Planeten bei der Geburt des Betreffenden, seinen weiteren Lebenslauf sowie körperliche Charakteristiken. Ein Mann mit dem Geburtsdatum 14. Dezember wurde Vizegouverneur, erregte jedoch den Zorn seines Vorgesetzten und endete als Sträfling in einem Steinbruch. Ein anderer, der am 23. April 104 geboren war, hatte kurze Arme. Wieder ein anderer war leidend und entkam mit knapper Not dem

Tod auf hoher See, wurde aber, dank der wohlwollenden Stellung des Saturn, gerettet.

Die meisten Astrologen sammelten Notizen dieser Art, die sie zu Dossiers ausbauten, in welche sie die Stellung der Planeten bei der Geburt eines Menschen zu späteren Geschehnissen oder seinen Körpereigenschaften in Beziehung setzten. Jemand, der am 10. November 114 geboren war, hatte in seinem zweiundvierzigsten Lebensjahr »Streitigkeiten und Verwicklungen und einen schlechten Ruf durch eine Frau«, und zwei Jahre darauf »den gewaltsamen Tod eines Sklaven und eine Krise seines Vaters und Beschuldigung niedriger Herkunft und der Vergewaltigung. Aber er erhielt Hilfe und Geschenke von Freunden...« Ein anderer, am 21. Januar 116 geboren, war weibisch und hatte »unaussprechliche Laster, denn der Steinbock ist unzüchtig, und sein Beherrscher (Saturn) war im Stier, dem Tierkreiszeichen, welches diesen schwachen Punkt anzeigt, und der Skorpion läßt auf diese Art von Liederlichkeit schließen«. Nicht ganz überraschend scheint er aus seiner hohen Position in der Armee nach einem nicht näher bezeichneten Zwischenfall geschaßt worden zu sein.

Bis zum Jahre 188 n.Chr. hatte der bekannte Astrologe Vettius Valens aus Antiochia eine ansehnliche Horoskop-Bibliothek zusammengestellt und in seinen *Anthologiae* eine Auswahl von über hundert dieser Horoskope, um an ihnen die Deutung der Geburtsdiagramme zu erläutern. Er legt Wert auf die Feststellung, daß er nur dadurch ein versierter und zuverlässiger Astrologe geworden ist, daß er dem Einwirken der Planeten auf die Lebensläufe seiner Klientel in allen Einzelheiten nachgegangen ist. Sein Leben ist das erste uns bekannt gewordene, das sich mit den Leben anderer Berufsastrologen in den folgenden Jahrhunderten vergleichen läßt: Kontinuierlich hat er seine Beobachtungen aufgezeichnet, gelegentlich das eine oder andere Lehrbuch geschrieben (sein *Teacher's Manual* ist bedauerlicherweise verlorengegangen) und mußte sich ständig gegen Angriffe sowohl anderer Astrologen wie feindlich eingestellter Laien verteidigen.

Doch wenn viele Astrologen in späten vorchristlichen Jahrhunderten in Griechenland und in den frühen Jahren des römischen Imperiums in verhältnismäßiger Stille ihre Praxis an männlichen und weiblichen Laien ausübten, die nur die untersten Gesellschaftsränge bekleideten, finden wir in Rom zum erstenmal genaue Beschreibungen darüber, welche Rolle sie bei der Einflußnahme auf ein Land durch hochgestellte Klienten spielten. Die folgenden achtzehnhundert Jahre hindurch sollte die Astrologie Teil des persönlichen und politischen Lebens der meisten Herrscher und ihrer Völker werden.

4 Kaiserliche Planeten

Gegen Ende des 3. vorchristlichen Jahrhunderts begannen das griechische Drama und griechische Literatur, die Römer zu interessieren. Astrologie stahl sich zuerst am unteren Ende der sozialen Leiter hinein: Während die gebildeten Schichten sich an griechischen Theaterstücken und Gedichten weideten, waren *hoi polloi* (die Massen) durch die Scharen von Wahrsagern fasziniert, die sich – wie allezeit bei Quacksalbern üblich – auf eine neue Quelle des schnellen Geldmachens stürzten.

Aber es währte nicht lange, bis intelligente Römer, zunächst aus Interesse an der Astronomie, von der griechischen Passion für den Einfluß der Planeten auf die Menschheit erfuhren. Im 1. Jahrhundert v.Chr. nahm Cicero, der der Astrologie stets skeptisch gegenüberstand, sie doch ernst genug, um sie in seiner *De Divinatione* ohne jede Ironie zusammenfassend zu beschreiben.

»In dem Sternengürtel, den die Griechen den Zodiak nennen, verbirgt sich eine Kraft, die so geartet ist, daß jeder Teil dieses Gürtels die Himmel in jeweils anderer Art beeinflußt und verändert, je nachdem, welche Sterne zu einer gegebenen Zeit an diesem oder einem angrenzenden Ort sind... Sie halten es nicht nur für wahrscheinlich, sondern für sicher, daß, genau wie die Temperatur der Luft von dieser Himmelsmacht reguliert wird, auch Kinder bei ihrer Geburt an Leib und Seele beeinflußt werden und ihr Sinn, Verhalten, ihre Gemütsart, ihr leibliches Befinden, Lebenslauf und Geschick von dieser Kraft bestimmt wird.«

Ciceros Beschreibung, wie die Astrologie fungiert, zeigt, wie der intelligente Römer den Vorgang verstand: Er betonte, daß normalerweise nur die zwölf Tierkreiszeichen und die Planeten in Betracht gezogen würden; daß der Aszendent, das aufgehende Zeichen, das im Augenblick der Geburt über dem östlichen Horizont erschien, das eigentliche ›Geburtszeichen‹ war (nicht das ›Sonnenzeichen‹, das erst im 20. Jahrhundert in der primitiven Astrologie eine große Rolle spielt); daß der Astrologe seine Schlüsse aus den Winkeln zwischen den Sternen zog, so wie sie in den zwölf Sternbildern und in den ›Häusern‹ angeordnet waren, von denen jedes auf einen bestimmten Bezirk im Leben des Betreffenden einwirkte: Haus Vier war das der Eltern, Haus Fünf das der Kinder, Haus Zehn gehörte dem Ruhm und Haus Elf den Freunden.

Wir wollen uns hier nicht mit dem Anwachsen der Sternenkulte bei den Römern zwischen 300 und 150 v.Chr. befassen; doch hielten während dieses Zeitraums verschiedene neue Gottheiten ihren Einzug, darunter Asclepius, Cybele, Bacchus, Isis und Mithras (nicht zu reden von Jehova). Sie alle hatten irgendwelche astrologischen Zugehörigkeiten (selbst Jehova) und trugen mit dazu bei, daß das ernsthafte Interesse an dem Thema wuchs. Vor allem Mithras trug dieses Interesse durch die Verbreitung seiner Lehre in das Imperium hinaus; ›moderne‹ Astrologie kam zweifellos zuerst in Gestalt von Tierkreis-Schnitzereien auf Mithras-Heiligtümern nach Britannien; Asclepius wurde zum Schutzheiligen der astrologischen Medizin.

Wie meist, wenn ein Land von einer neuen Kultur überschwemmt wird, waren einige Reaktionäre aufs äußerste empört darüber, wie sich die Zeiten änderten. Aber die allgemeine Strömung war gegen sie. Scipio Africanus zum Beispiel, der Besieger Hannibals, dessen skandalöses Interesse für alles Griechische soweit ging, daß er öffentlich in griechischen Kleidern herumlief, war ein großer Vorkämpfer des Philohellenismus. Selbst der skeptische, starrsinnige Cato wurde gegen Ende seines Lebens vom neuen Zeitgeist angesteckt und begann, Griechisch zu lernen.

Cato war es, der, mit gutem Recht, vor den zahllosen Quacksalber-Astrologen und Magiern warnte, die um die Zeit von 200 bis 150 v.Chr. herum nach Rom kamen. Auch der Dichter Ennius aus Süditalien, der von Cato nach Rom geholt wurde, griff diese an:

»Wenig nützen diese marsischen Quacksalber,
Dorf-Astrologen und Wahrsager
Im Zirkusgedränge, oder Isis-Priester,
Möchtegern-Deuter all deiner Träume.
Diese Schwindel-Taschenspieler haben nicht gelernt,
Die Zukunft zu lesen: nur ein Heuchlerpack,
Vom Hunger getrieben, sie kennen sich selbst nicht

Das Römerheer verbreitete den Kult des Mithra, eines Sonnengottes, in den eroberten Ländern. Eine Schnitzerei aus dem in London entdeckten Mithräum zeigt Mithras, wie gewöhnlich als schönen Jüngling, der einem Stier das Schwert durch den Hals bohrt. Gleichzeitig wird der Stier von einem Skorpion und einem Hund angegriffen. Um das Bild rankt sich ein Tierkreis.

Geschweige denn andere; und doch
versprechen sie dir
Riesenvermögen – wenn du mit ihnen
teilst!«

Aber die Wirkung der Quacksalber-
Astrologen wurde reichlich wettgemacht
durch die Wirkung des von den griechischen Astronomen angehäuften Wissens, und die Römer waren von wissenschaftlichen Errungenschaften stets
ungeheuer beeindruckt. Als Marcellus
212 v.Chr. Syrakus einnahm und mit
einem wunderbaren Modell des Him-
melsgewölbes zurückkehrte, das er im
Hause des Archimedes gefunden hatte
(der bei Einnahme der Stadt den Tod
fand), wurde es in Rom allerseits
bestaunt – und benutzt. Und da die beiden Wörter noch immer gleichbedeutend
waren (*astronomia* wird zuweilen verwandt, wo wir heutzutage *astrologia*
erwarten würden, und, umgekehrt,
benutzt Plato ausschließlich *astronomia*, Aristoteles ausschließlich *astrologia*), bedeutete das zumindest erhöhten
Druck auf die römische Intelligenz, sich
für die Theorie zu interessieren, nach
der die Planeten menschliches Verhalten
bestimmen.

Eine Minderheit wollte sich nicht darauf einlassen: Cicero, wie wir gesehen
haben, aber auch, ein Jahrhundert zuvor,
der griechische skeptische Philosoph
Karneades. Er war einer der Leiter der
Plato-Akademie und 156 v.Chr. Athens
Botschafter in Rom. Er hielt dafür, daß es

nicht nur an und für sich unmöglich sei, im Augenblick der Geburt eine genaue Beobachtung des Himmels durchzuführen (von der Empfängnis gar nicht zu reden), sondern daß es auch klar sei, daß Astrologie nicht stimme und auch nicht stimmen könne, da Menschen, die im gleichen Augenblick geboren würden, sehr unterschiedliche Geschicke haben könnten, während andere, die zu ganz verschiedenen Zeitpunkten an verschie-

Die Römer übernahmen die Astrologie begeistert, um den Pantheon ihrer Götter zu bereichern: hier sind diese Götter mit ihren Tierkreisentsprechungen abgebildet – Jupiter mit dem Stier, Venus mit den Zwillingen, Ceres mit der Jungfrau.

denen Orten auf die Welt gekommen seien, genau zur gleichen Zeit stürben; zudem würden Tiere das gleiche Schicksal haben wie Menschen, deren Geburtsmomente mit den ihren übereinstimmten, während Menschen unterschiedlicher Rasse, Sitten und verschiedenen Glaubens selbstverständlich verschiedenartige Geschicke hätten. Daß sein zweiter und sein letzter Einwand sich gegenseitig aufhoben, erkannte er nicht: Damals wie heute machten die meisten Astrologen keinen Hehl daraus, daß Astrologie nur *ein* Bestandteil eines Lebens war, und Umwelt, ebenso wie Brauch und Sitte, sicherlich ihren Einfluß abschwächten.

Karneades' Einwände sind, seit er sie zum erstenmal äußerte, immer wieder vorgebracht worden (u. a. vom heiligen Augustinus, der sie in Bausch und Bogen übernahm und als seine eigenen gebrauchte). Im großen und ganzen sind sie nicht besonders überzeugend, wenn sie auch zu ihrer Zeit, als zumindest eine Anzahl von Astrologen höchst fatalistisch war, größere Bedeutung hatten. Und gerade in Rom hatten sie bestimmt Wirkung, wo Karneades mit seinen Vorlesungen einen sensationellen Erfolg errang – moderne junge Römer, bemüht, mit griechischer Kultur und Mode Schritt zu halten, drängten sich in den Sälen, in denen er sprach.

Es wäre also ein Irrtum, anzunehmen, die Astrologie habe leichtes Spiel gehabt. Im Jahre 139 v.Chr. wurde sogar ein

Edikt erlassen, nach dem Rom jeden Ausländer ausweisen konnte, der Unruhe stiftete. Man bediente sich der Schlußfolgerungen des Karneades, um die Behauptung zu stützen, die Astrologen täten nichts anderes, als den gutgläubigen Armen das Geld aus der Tasche zu ziehen, und viele von ihnen wurden aus der Stadt gejagt. Die behördliche Einstellung – daß Astrologie Unruhe anzurichten schien – wurde 143 – 2 v.Chr. bestätigt, als auf Sizilien ein umfangreicher Sklavenaufstand ausbrach, angeführt von einem Mann namens Eunus, der entweder ein Astrologe war oder doch eine brillante Darstellung eines solchen zum besten gab. Offenbar war er ein gewiegter Scharlatan (wenn wir dem Historiker Florus Glauben schenken dürfen, der berichtet, einer seiner Kniffe habe darin bestanden, eine mit Schwefel gefüllte Walnuß im Mund zu verbergen, die Feuer und Rauch spie, während er sprach) und befehligte mit Hilfe von Zauberkunst und Redegabe eine Truppe von über 60000 Sklaven. Selbst als die Erhebung niedergeschlagen war, waren die Römer von Eunus als Prophet so beeindruckt, daß sie ihn lebend gefangennahmen.

Keine dreißig Jahre später führte Athenio, ein anderer Astrologe (diesmal ein ernsthafter), wieder einen Sklavenaufstand auf Sizilien an. Er war überzeugt, die Planeten hätten ihm offenbart, er werde König von Sizilien werden, und führte mit seiner Gefolgschaft die Revolte bis etwa zum Jahre 100 v.Chr. fort, als er im Zweikampf mit dem Konsul Manius Aquillius fiel.

Der erste wahre römische Astrologiefachmann war ein gewisser Publius Nigidius Figulus – kein Irgendwer, sondern ein Mann mit einem Amt, zuerst *Aedil* und später *Praetor* (richterlicher Beamter). Als Astrologe hatte er einen beachtlichen Ruf, und er war Mittelpunkt der ersten astrologischen Schule Roms und veröffentlichte unter anderem mehrere Bücher über Voraussage und Meteorologie sowie auch unverfälschte Astronomie. Leider war ihm Julius Caesar, als er an die Macht kam, nicht gewogen und verbannte ihn (allerdings wahrscheinlich eher aus politischen Gründen als wegen der Astrologie).

Das Anwachsen des allgemeinen Interesses wird im Werk M. Terentius Varros sichtbar, eines Kollegen des Nigidius Figulus. Er selbst war kein Astrologe, aber brennend an dem Fach als Mittel, Klarheit in die Geschichte zu bringen, interessiert. Er gab ein Horoskop über Rom selbst und dessen Gründer, Romulus, in Auftrag – das erste bekanntgewordene Beispiel des Gebrauchs der Astrologie zur Enthüllung der Vergangenheit, indem man der Geschichte eines Menschen oder Ortes genau nachgeht und daraus auf die wahrscheinliche ›Geburtsstunde‹ schließt. Cicero berichtet, daß Lucius Tarutius aus Firmum, ein gemeinsamer Freund, errechnet habe, Rom sei ›geboren‹ worden, als der

Mond in der Waage stand, »und, von diesem Faktum ausgehend, prophezeite er ohne Zögern unsere Geschicke«. Später hat dann Plutarch Einzelheiten über Tarutius' Berechnungen veröffentlicht und dazu bemerkt, daß »diese und ähnliche Spekulationen den Leser wohl wegen ihrer Neuartigkeit und Extravaganz eher anziehen als ihn durch ihren Fabelcharakter abstoßen werden«.

Obgleich kein Astrologe, fügte Varro seinem *De disciplinus* ein Kapitel über Astrologie an, das so gut und prägnant

Augustus, der Verehrungswürdige, der Herrliche, Kaiser von Rom, besuchte in jungen Jahren anonym einen Astrologen namens Theogenes, der, als er dessen Geburtsdatum vernommen hatte, aufstand und sich seinem Gast zu Füßen warf. Das flößte Augustus solches Vertrauen in sein Geschick ein, daß er sein eigenes Horoskop veröffentlichte. Doch war er vorsichtig genug, vorzugeben, daß er im Steinbock geboren sei (und somit gebildet, ehrgeizig und klug) und nicht, was er wirklich war, ein Waage-Geborener (und deshalb unentschlossen, wankelmütig und leichtgläubig).

im Ausdruck war, daß wieder und wieder von späteren Verfassern Gebrauch davon gemacht wurde. Einer seiner Freunde scheint jener C. Fonteius Capito gewesen zu sein, der Marcus Antonius in den Osten begleitete und bei dessen – kurzer – Versöhnung mit Octavianus eine gewichtige Rolle spielte, ehe er nach Ägypten zurückkehrte, um mit Kleopatra nach Syrien zu reisen.

Die Skeptiker wurden immer weniger und lieferten Rückzugsgefechte, beileibe nicht erfolgreich. Cicero ließ sich nicht überzeugen, nicht einmal nach einem Aufenthalt auf Rhodos bei dem griechischen Stoiker Posidonius und einer engen Freundschaft mit Nigidius Figulus. In seinem *Über mein Konsulat* scheint er sich mit der Idee der Astrologie abzufinden, spricht aber später unzweideutig seine Meinung aus, derzufolge »die Stellung der Himmelskörper, wenn man so will, manche Dinge beeinflussen kann, sicherlich aber nicht alles beeinflußt«. Er war nicht töricht genug, zu bestreiten, daß die Sonne den Pflanzenwuchs oder der Mond die Gezeiten beeinflußt, bezweifelte aber stark, daß die Planeten irgendeinen Einfluß auf das menschliche Leben haben könnten. Und auch später noch, in seiner Abhandlung *Über Weissagungen*, führte er acht spezifische Kritiken an, darunter die der Geburt von Zwillingen, die Möglichkeit, daß Astrologen den Himmel nicht deutlich sehen könnten und die Auswirkungen der Umwelt. Dazu brachte er auch noch die Tatsache ins Spiel, daß ›der elterliche Same‹ Aussehen, Gewohnheiten und Aussichten einer Person mitbestimme, und die jüngsten Fortschritte in der Medizin bedeuteten, daß ›natürliche Gebrechen‹, mit denen ein Kind zur Welt kommen könne, geheilt werden könnten. *Über Weissagungen* ist vielleicht das leidenschaftsloseste Beispiel früher römischer Skepsis. Ähnliches kommt auch in dem Gedicht des Lucretius *De rerum natura* zum Ausdruck, in dem dieser für den freien Willen eine Lanze bricht und ausführt, daß die Seele so sterblich sei wie der Körper und es deshalb kein himmlisches Allheilmittel geben könne.

Zu den Mythen, die von astrologischen Historikern verewigt worden sind, gehört auch die Darstellung Julius Caesars als eines Verfechters der Astrologie, oder gar seiner selbst als Astrologen. Er scheint, im Gegenteil dazu, fast durchweg skeptisch gewesen zu sein, wenn er auch die offensichtlichen planetaren Einwirkungen auf Wetter und Pflanzenwuchs anerkannte. Sonst aber lehnte er nicht nur altmodische Omina ab, sondern desgleichen mindestens zwei Horoskope, die ihm von berühmten Astrologen gestellt wurden und ihm einen glücklichen und friedvollen Tod auf der Höhe jahrelangen Erfolges in Aussicht stellten. Vielleicht entstand die Legende seines Interesses an dem Thema durch die Wahl eines Stiersymbols als seines Legionsfeldzeichens (Taurus —

der Stier – wird von Venus ›beherrscht‹, und Venus selbst soll Caesars Stammutter gewesen sein). Vielleicht hat er diesen absichtlich gewählt, um dem Aberglauben des gemeinen Soldaten entgegenzukommen. Es gibt kaum einen Grund, der Geschichte keinen Glauben zu schenken, nach der er den warnenden Traum seiner Gattin Calpurnia in der Nacht vor seinem Tode in den Wind schlug. Und es scheint auch den Tatsachen zu entsprechen, daß ein Astrologe namens Spurinna ihn warnte, »sich vor den Iden des März zu hüten«.

Er scheint Spurinna recht gut gekannt zu haben; er erwähnt ihn in seinen Briefen. Wahrscheinlich war es auch dieser Astrologe, der Caesar im Jahre 46 v.Chr. davon abriet, sich vor der Wintersonnenwende nach Afrika einzuschiffen, eine Warnung, auf die Caesar nicht hörte – ohne daß ihm etwas zugestoßen wäre. Auch Cicero kannte den Astrologen gut und verlachte dessen Kunst. Nun, er war doch recht präzise, als er Caesar warnte, er »solle sich vor einer Gefahr vorsehen, die ihn nach den Iden des März nicht mehr bedrohen würde«, wie es bei Plutarch heißt. Und Cassius Dio, der römische Geschichtsschreiber aus den Jahren 150 – 235 n.Chr., bemerkte, daß wir es hier mit einem guten Beispiel der schicksalshaften Natur einer mit Bestimmtheit ausgesprochenen astrologischen Voraussage zu tun hätten.

Bei Caesars Tod erschien ein auffallend prächtiger Komet, der sieben Aben-

de hintereinander am nächtlichen Himmel leuchtete; kein Zweifel, er war unsterblich geworden und auf dem Wege, sich mit seinem Glanz den Sternen einzureihen.

In seinen Studientagen in Apollonia, als er als sicherer Kandidat für den Kaiserthron galt, besuchte Octavianus Augustus einen bekannten Ortsastrologen, Theogenes mit Namen, der, kaum daß er einen Blick auf Octavianus' Geburtsdiagramm geworfen hatte, sich dem jungen Mann zu Füßen warf. Natürlich war Octavianus sehr beeindruckt und (so schreibt Suetonius) »hatte von dem Moment an ein solches Vertrauen in sein Schicksal, daß er sein Horoskop veröffentlichte und eine Silbermünze mit dem Zeichen des Sternbildes des Steinbocks darauf einprägen ließ, unter dem er geboren war«.

Auf jeden Fall ersah Octavianus aus der Reaktion der Öffentlichkeit auf das Erscheinen des Caesar-Kometen im Jahre 44 v.Chr., daß die Astrologie ein famoses Werbeinstrument sein konnte. Allerdings nur, wenn sie auf seiner Seite war. Und die meisten Astrologen in Rom neigten zur Zeit von Caesars Tod dazu, auf die Geschicke des Antonius zu setzen, dessen Hinneigung zum Osten (und erst recht zu Kleopatra) ihnen zusagte. Octavianus machte Agrippa (einen Freund aus frühesten Tagen, der bei jenem Besuch bei Theogenes mit dabei gewesen war) zum *Aedil* und wies ihn an, alle Astrologen und Zauberer aus der Stadt zu weisen.

Zweifellos tat er recht daran. Um diese Zeit gab es auf jedweder Intelligenz- oder Gesellschaftsstufe nur ganz wenige, die den Astrologen ihr Können abgestritten hätten. Vitruvius, der große Baumeister, gab in seinem Buch die Einstellung der meisten Leute wieder: Jedermann, so sagte er, muß die Berechnungen ›der Chaldäer‹ akzeptieren, die imstande seien, die Vergangenheit und Zukunft aus astronomischen Betrachtungen zu erklären. Er war zutiefst überzeugt, daß die Astrologie funktionierte, und zwar als Wissenschaft. Andere Autoren aus der Zeit stimmen dieser Ansicht bei: Horaz, Vergil, Properz, Ovid. Und auch

Kaiser Augustus (als der Octavianus bei der Thronbesteigung ausgerufen wurde) scheint sich inzwischen ihrer Meinung angeschlossen zu haben.

Zunächst suchte er den Rat der Astrologen darüber, wen sein einziges Kind, Julia, heiraten sollte. Seine Stiefsöhne Tiberius und Drusus waren noch nicht zwanzig und Julia selbst erst 16 Jahre alt: je eher sie sicher unter der Haube war, um so besser war es natürlich. Die Astrologen empfahlen Marcellus, Julias Vetter ersten Grades. Schwindsüchtig und schwächlich wie er war, starb der Knabe innerhalb zweier Jahre nach der Hochzeit. Beim zweitenmal hatten die astrologischen Berater mehr Glück – verhältnismäßig jedenfalls. Auf ihren Rat überredete Augustus seinen Freund Agrippa, sich von seiner Frau zu trennen und Julia zu heiraten. Die Ehe währte elf Jahre und brachte eine ganze Brut von möglichen Erben hervor, wenngleich keiner von ihnen später dann tatsächlich die Thronfolge antrat.

Im Jahre 12 v.Chr. erließ Augustus abermals Maßnahmen gegen die Astrologen, die während der letzten rund fünfundzwanzig Jahre nach Rom zurückgesickert waren. Viele von ihnen verbreiteten Voraussagen über die Nachfolge, manche davon beängstigend hirnverbrannte. Der Kaiser erließ ein Gesetz, das alle Prophezeiungen zensurpflichtig machte; die meisten endeten in den Flammen, ehe sie an die Öffentlichkeit gelangten.

Das astrologische Rätselraten drehte sich nun hauptsächlich um eine mögliche dritte Eheschließung der notorisch unmoralischen Julia. Jetzt gebot Augustus seinem ältesten Stiefsohn Tiberius, sich von seiner heißgeliebten Gattin scheiden zu lassen und Julia zu heiraten. Tiberius blieb nichts anderes übrig, als zuzustimmen – es sei denn, er hätte den freiwilligen Tod gewählt. Erfolgreicher Soldat, der er war, gelang es Tiberius, sich von seiner Frau auf Feldzüge abzusetzen, bei denen er viel Ehre einheimste. Als sich aber keine Gelegenheiten mehr dafür boten und er seine neue Gemahlin nicht mehr ertragen konnte, bat er Augustus um Erlaubnis, sich ›zum Studium‹ nach Rhodos zurückziehen zu dürfen. Der Kaiser, der sich grundsätzlich weigerte, irgendeiner der Schauergeschichten Glauben zu schenken, die ihm über seine Tochter zu Ohren kamen, willigte frostig ein. So begab sich denn Tiberius im Jahre 6 v.Chr. nach Rhodos, und man hielt ihn allgemein als möglichen Thronfolger für erledigt.

Für einen Mann, der geradeswegs aus dem Mittelpunkt des Imperiums kam, war Rhodos ein einsamer Ort. Finsteren Sinnes verbrachte Tiberius seine Zeit damit, Vorlesungen von örtlichen Gelehrten zu besuchen, und bei einer dieser Gelegenheiten traf er auf den Mann, der, zusammen mit ihm, einer der beiden bedeutsamsten Persönlichkeiten in Rom werden sollte: Thrasyllus, ein Grammatiker aus Alexandria, Herausgeber von Platon und Demokrit und – Astrologe. Es existieren über die Art dieses ersten Zusammentreffens verschiedene Legenden: So zum Beispiel, daß Tiberius eine große Zahl von Astrologen aufgesucht habe, um ihre Ansicht über seine Zukunft zu hören, und sie, sobald sie sein Horoskop ausgelegt hatten, umgebracht habe. Thrasyllus sei der einzige gewesen, der über die Gefahr, in der er selber schwebte, eine Bemerkung gemacht habe, was Tiberius so beeindruckte, daß er ihn verschonte. Das ist wahrscheinlich Unsinn. Doch soll damit nicht gesagt sein, daß Tiberius von Thrasyllus' Scharfsinn nicht beeindruckt war, und es scheint auch gewiß zu sein, daß er Tiberius lehrte, wie man ein Horoskop stellt und auslegt, und daß er erfolgreich voraussagte, er werde baldigst nach Rom zurückgerufen werden, wo seiner eine glänzende Zukunft harre. Als dies geschah – Augustus nämlich im Jahre 4 v.Chr. Tiberius kommen ließ und ihn offiziell als seinen Thronerben proklamierte –, begleitete ihn Thrasyllus auf der Reise und erhielt von seinem Schutzherrn das kostbare Geschenk des römischen Bürgerrechts.

Zehn Jahre später, nach einer Dekade, in der sich Thrasyllus nicht nur bei seinem Kaiser, sondern auch in der römischen Gesellschaft beliebt gemacht hatte, starb Augustus. Sein Tod war, wenn wir Cassius Dio Glauben schenken sollen, von einer totalen Sonnenfinsternis begleitet, einem Blendwerk aus

Tafel 7

Tafel 8

Feuer und glühender Asche, die vom Himmel fielen, und einer Anzahl Kometen. Jetzt war Tiberius Kaiser und Thrasyllus die Macht hinter dem Thron.

Tiberius' Regierung währte neun Jahre, und während dieser Zeit wich Thrasyllus selten von seiner Seite. Natürlich beriet er ihn nicht nur in Sachen der alltäglichen Regierungsgeschäfte, sondern auch über seine engsten Freunde und Familienmitglieder. Der Astrologe hatte inzwischen seine Stellung in Rom gefestigt. Seine Frau, die wahrscheinlich Aka hieß und eine unbedeutende Prinzessin aus Commagene war, hatte ebenfalls das römische Bürgerrecht erhalten, und er hatte es geschickt verstanden, für seine Tochter Claudia eine römische Ehe zu arrangieren. Ihr Mann war ein römischer Ritter namens L. Ennius, und sie bekamen schließlich eine Tochter, Ennia Thrasylla, die ihrerseits berühmt, wenn nicht berüchtigt werden sollte.

Es gab unter den Regierungen der meisten Kaiser nicht allzu viele römische Bürger, die völlig ohne Angst lebten, und Tiberius stand an Grausamkeit und Unberechenbarkeit durchaus nicht hinter den anderen zurück. Thrasyllus fühlte sich so sicher wie irgendeiner; andere Astrologen dürften weniger ruhig geschlafen haben. Als im Jahre 16 n.Chr. Scribonius Libo, ein etwas undurchsichtiger *Praetor*, einen Putsch gegen den Kaiser zu inszenieren versuchte und sich dabei von zwei Astrologen – L. Pituanius und P. Marcius – beraten ließ, wurden die beiden zusammen mit ihm verhaftet; der erstere wurde vom Tarpejischen Felsen gestürzt und der zweite vor dem Esquilinischen Tor nackt ausgezogen und mit dem Kopf in einem gegabelten Pfahl zu Tode geprügelt.

Andere wieder wurden für das bloße Interesse an der Astrologie bestraft. Im Jahre 20 n.Chr. wurde Aemilia Lepida, eine Frau aus guter Familie und einst mit Augustus' Enkel verlobt, ins Exil geschickt, weil sie einen Astrologen konsultiert hatte (allerdings lag gegen sie auch noch der Verdacht des Giftmordes an einem ehemaligen Gatten vor).

Kaiser Nero wurde, nach Suetonius, geboren, als die Sonne aufging, so daß ihre ersten Strahlen den neugeborenen Knaben berührten, fast ehe er auf den Boden gelegt wurde, wie es Brauch war... Als sein Geburtsdiagramm entworfen wurde, zeigte es sich, daß sein Horoskop bedrohlich und unheilvoll war. Während seiner Regierung soll er den obersten römischen Adel abgeschlachtet haben, um einen Kometen günstig zu stimmen, der, nach Aussage seines Astrologen, ein schlechtes Omen darstellte.

Während der frühen Regierungszeit des Tiberius ergab sich eine höchst verwickelte Situation, auf der jedoch Thrasyllus wie auf einer Woge ritt. Sie betraf den Sohn des Kaisers, Drusus, der (mit Recht) auf Thrasyllus' Einfluß bei seinem Vater eifersüchtig war. Als in den frühen zwanziger Jahren der Favorit des Kaisers, *Praetor* Sejanus, eine stürmische Affaire mit Drusus' Gattin Levilla begann, scheinen die Liebenden Thrasyllus über die möglichen Folgen ihres Handelns befragt zu haben. Ob dieser nun bei dem darauffolgenden Giftmord an Drusus seine Hand im Spiel hatte, ist schwer zu sagen. Immerhin mußte er mit dem Problem fertig werden, ob er sich auf Sejanus' Seite schlagen oder dessen Verhältnis mit Levilla dem Kaiser verraten solle. Es dürfte nicht in Frage stehen, daß der Astrologe bei Tiberius' Entschluß im Jahre 26, Rom zu verlassen, um nie wieder dort zu leben, eine entscheidende Rolle gespielt hat; und das bedeutete, daß Thrasyllus seinen Einfluß fürderhin sowohl auf Tiberius wie auch auf Sejanus geltend machen konnte. Den Letzteren unterstützte er im Thronfolgekampf, der zwischen ihm und Agrippina, Augustus' Enkelin, entbrannt war, die den Thron für ihre Kinder haben wollte. Obgleich Sejanus immer höher in Tiberius' Achtung stieg, war er ständig bestrebt, jedwede Gegnerschaft zu vernichten, die sich zwischen ihn und die Thronfolge stellen könnte. Er betrieb den Hochverratsprozeß gegen Agrippina und ihren Sohn Nero und verbannte die eine nach Pandateria, den anderen nach Pontia. Und Thrasyllus konnte *seine* Stellung weiter festigen, indem er seine Enkelin Ennia an Naevius Sertorius Macro verheiratete und sich so einen weiteren römischen Ritter durch Eheschließung zum nahen Verwandten machte.

Ob Thrasyllus die Planeten befragte und von ihnen veranlaßt wurde, eine Verschwörung gegen Sejanus anzuzetteln, oder ob er ohne astrologische Überredung lediglich sein Eigeninteresse befragte, auf jeden Fall war er mit Sicherheit Mittelpunkt einer solchen Verschwörung; sein Schwiegersohn Macro überbrachte nicht nur die Befehle, die Sejanus vernichteten, sondern nahm unverzüglich dessen Platz im Zentrum des römischen Lebens ein, während Tiberius in seinem selbstverhängten Exil auf Capri verblieb. Agrippinas jüngerer Sohn Gajus lebte dort bei ihm; und diesem jungen Mann gab Thrasyllus jetzt seine Unterstützung bei der Thronfolge. Wir wissen, daß Tiberius mit seinem Astrologen immer wieder über die Nachfolge diskutierte, und nachweislich hat Thrasyllus ihm immer wieder versichert, die Sterne zeigten an, daß Gajus nie und nimmer die Nachfolge antreten könne – »daß er soviel Aussicht hatte Kaiser zu werden wie darauf, sein Renngespann über die Bucht von Bajae zu fahren«. Auf diese Weise verhinderte er, daß der starrköpfige Kaiser Gajus von der

Thronfolge ausschloß. Was Gajus bei alledem empfand, ist ungewiß, nur soviel wissen wir, daß er schwor, eines der ersten Dinge, die er unternehmen würde, wenn er auf den Thron käme, würde eine Fahrt in seinem Renngespann über die Wasser von Bajae sein.

Thrasyllus' Beziehungen zu dem alten, reizbaren und ängstlichen Kaiser wurden nun immer schwieriger. Es ist müßig, Mutmaßungen darüber anzustellen, inwieweit er sich ehrlich auf sein astrologisches Wissen stützte, und inwieweit die Sorge um seine eigene und seiner Freunde Sicherheit ihn zu Ausflüchten und Doppelzüngigkeit trieb. Er zögerte zum Beispiel nicht, dem Kaiser zu raten, er solle sich weiterhin auf den Konsul Servius Galba verlassen, obgleich Thrasyllus bei dessen Geburt Tiberius gesagt hatte, in Galbas Horoskop seien Anzeichen vorhanden, daß er die höchste Höhe der Befehlsgewalt erreichen würde. Jetzt beruhigte er den Kaiser mit der Versicherung, daß Galba, seinem Horoskop zufolge, erst in hohem Alter Kaiser werden würde — womit gesagt war, daß Tiberius höchstwahrscheinlich vor ihm sicher sei. Selbstverständlich konnte Thrasyllus dem Kaiser nur auf Grund von echten astrologischen Berechnungen Rat erteilen, denn Tiberius kannte sich selbst sehr wohl darin aus und hätte Vorspiegelungen leicht durchschauen können.

Das war auch das Problem, als Thrasyllus — es war wohl 34 n.Chr. — Tiberius voraussagte, er habe noch zehn Lebensjahre bei guter Gesundheit vor sich. Man hat als selbstverständlich angenommen, daß Thrasyllus das Horoskop in irgendeiner Weise gefälscht hat, um die sich häufenden gerichtlichen und sonstigen Morde zu verhindern, die der Kaiser begehen ließ, um sich gegen Ehrgeizlinge abzusichern. Doch kannte Tiberius sein eigenes Horoskop in- und auswendig; wenn Thrasyllus also vorausgesehen hat, er würde in Wahrheit innerhalb von drei Jahren sterben, muß er andere Mittel und Wege gefunden haben, um seinen hohen Klienten anderweitig zu überzeugen.

Tatsächlich sollte Thrasyllus noch vor Tiberius sterben – allerdings nicht vor einer allerletzten Beunruhigung: Als er nämlich erfuhr, daß seine Enkelin Ennia bei einem Besuch auf Capri eine ehebrecherische Beziehung zu Gajus angefangen hatte, der nun so gut wie sicher Hauptbewerber um den Thron nach Tiberius Ableben war. Macro, Ennias Gemahl, mag von der Affaire gewußt haben oder nicht; er war zu diesem Zeitpunkt fast schon so unbeliebt, wie Sejanus auf dem Höhepunkt seiner Macht gewesen war, und weder seine, noch Ennias Lage dürften Thrasyllus in den wenigen Monaten vor seinem Tod viel Trost und Stärkung gegeben haben. Das Ende seines Lebens aber – so heißt es – hat er auf die Stunde genau vorausgesagt.

Es mag wie eine Ironie des Schicksals klingen, daß Thrasyllus selbst noch nach seinem Tode einem der Ungeheuer dieser Welt das Leben rettete: Kaiser Nero. Tiberius, der nicht aufhörte, seine eigene Sicherheit zu sichern und mit der Nachfolge herumzujonglieren, hatte eine Reihe von Prozessen gegen angebliche Verschwörer gegen den Thron anberaumt; und um die Zeit seines Ablebens befand sich unter den Angeklagten Domitius Ahenobarbus, der Mann der jüngeren Agrippina. Beim Tod des Kaisers wurde Domitius aus dem Gefängnis entlassen und kehrte heim zu seiner Frau – die neun Monate danach das Baby Nero bekam. Hätte Thrasyllus nicht Tiberius überzeugt, daß er mindestens noch ein Jahrzehnt zu leben habe, hätte man die Prozesse im Eiltempo zu Ende geführt, Domitius wäre hingerichtet und Nero nie geboren worden. (So aber hören wir von Suetonius, daß der Astrologe, der das Horoskop des Babys errechnete, fast in Ohnmacht fiel, als er dessen grausige Aussagen vor Augen hatte!)

Rom aber hatte einen neuen Kaiser, Gajus, der sich Caligula nannte. Ein erhebliches Gemetzel folgte seiner Thronbesteigung, und unter den Leuten, die aus Rom flohen, um ihm zu entgehen, war Thrasyllus' angeblicher Sohn, Tiberius Claudius Balbillus. (Jack Linsay vertritt in *Origins of Astrology*, 1971, die Ansicht, daß Balbillus mit Thrasyllus nicht verwandt war; doch wissen wir, daß der Sohn des letzteren ›Tiberius Claudius‹ hieß, und die Verwandtschaft erscheint durchaus glaubhaft.) Er ließ sich in Alexandria nieder, während seine Nichte Ennia, deren Liebhaber jetzt auf dem Thron saß, zurückblieb, um die einflußreiche gesellschaftliche Stellung auszukosten, die scheinbar ihrer wartete. Caligula soll Ennia ein schriftliches Heiratsversprechen für die Zeit nach seiner Thronbesteigung gegeben haben. Sollte sie sich tatsächlich darauf verlassen haben, so ist sie ein erheblich schlechterer Menschenkenner gewesen als ihr Großvater. Ihr Gatte Macro, der Caligula bei der Thronbesteigung nach Kräften unterstützt hatte, wurde auf Anweisung des Kaisers umgebracht, und sie scheint Selbstmord begangen zu haben. Nicht lange, nachdem er von ihrem Tod vernommen hatte, heiratete Caligula Lollia Paulina, die ihrerseits elf Jahre später hingerichtet wurde, weil sie Astrologen konsultiert hatte, angeblich um einen Staatsstreich gegen Kaiser Claudius anzuzetteln.

Obgleich Caligula die von Augustus 11 n.Chr. erlassene Verordnung bestehen ließ, die allen Astrologen untersagte, das Horoskop eines Kaisers einzusehen, wurde sein Tod von einem Ägypter namens Apollonius vorausgesagt. Dieser wurde nach Rom geschleppt und (nach Cassius Dio) verurteilt, genau an dem Tag zu sterben, den er als des Kaisers letzten prophezeit hatte. Törichterweise verschob Caligula die Hinrichtung, um dem Ägypter seine Unfähigkeit beweisen zu können. Das konnte er aber nicht mehr, denn er starb zur vorausgesagten

Stunde durch Mörderhand am 24. Januar des Jahres 41 n.Chr.

Jetzt wurde Claudius Kaiser, und Balbillus konnte in Sicherheit nach Rom zurückkehren, denn Claudius war als Knabe ständiger Besucher im Hause des Thrasyllus gewesen und hatte mit einem in seiner Familie seltenen Interesse an intellektuellen Dingen die Unterhaltungen über Literatur und Astrologie wie auch die Gesellschaft Balbillus genossen, den er nunmehr mit Freuden empfing. Als er im Jahre 43 Britannien erobern half, ging Balbillus als Offizier der 20. Legion mit – nicht nur um astrologischen Rat zu geben, sondern auch um bei der Führung des Ingenieurkorps mitzuwirken. Bei seiner Rückkehr nach Rom wurde Claudius mit dem Titel Britannicus geehrt; Balbillus erhielt eine Ehrenkrone. Er scheint dann zwischen Rom und Alexandria hin- und hergependelt zu sein, da er zum Hohepriester des dortigen Hermestempels bestellt wurde und außerdem Leiter der Staatsuniversität mit ihrer hervorragenden Bibliothek wurde. (Hier führte er eine jährliche Vorlesungsfolge zu Ehren von Claudius ein, bei der des Kaisers eigene Werke vorgetragen wurden.)

Balbillus wurde eine ebenso geachtete Persönlichkeit wie es sein Vater gewesen war – auch wenn er bestrebt war, sich von der Politik fernzuhalten. Welche Rolle er bei der Beratung Claudius' spielte, ist ungewiß, doch stand er zumindest hinter einem Edikt – jenem, das vorzeitig bekannt gab, daß an einem der Geburtstage des Kaisers eine Mondfinsternis eintreten werde. Viel Aberglauben war immer noch mit den Verfinsterungen verwoben, und es war ein kluger Schachzug, allgemeine Ängste, daß die kommende ein böses Omen sein könne, im vorhinein zu beschwichtigen.

Claudius war sich (zweifellos von Balbillus bestärkt) völlig über den Schaden klar, den Intriganten anrichten konnten, wenn sie die Astrologie dazu benutzten, günstige Zeitpunkte für Aufstände oder gar Meuchelmord anzugeben. Im Jahre 52 wurde Camillus Scribonianus wegen angeblicher Verschwörung gegen den Kaiser hingerichtet; zum Beweismaterial gehörte ein Horoskop des Claudius, das in seinem Besitz gefunden worden war. Kurze Zeit darauf erließ Claudius ein Edikt, das so, wie jenes aus dem Jahre 16, alle Astrologen des Landes verwies. Im darauffolgenden Jahr beging ein gewisser T. Statilius Taurus nach einer Anklage wegen ›Wahrsagerei‹ Selbstmord. Zwei Jahre darauf wurde Domitia Lepida angeklagt, schwarze Magie gegen Agrippina angewandt zu haben; auch in ihrem Prozeß (wie in den meisten dieser Art) war von Astrologie die Rede.

Wie sein Vater fand auch Balbillus es schließlich unmöglich, sich ganz von der Politik fernzuhalten, vor allem von den Intrigen, die um die Ambitionen zweier Mütter kreisten – Agrippina der Jüngeren, die den Thron für Nero begehrte, und ihrer Schwägerin, Domitia, die ihn für Claudius' Sohn Britannicus beanspruchte. Balbillus hatte Agrippina im Jahre 41 vorausgesagt, Nero werde Kaiser werden, aber seine Mutter ermorden. Das schreckte sie nicht ab, und in ihrem Ehrgeiz brachte sie es fertig, Claudius zu heiraten. Sie wurde seine vierte Frau (nachdem seine dritte, Messalina, ein klägliches Ende gefunden hatte).

Jetzt tauchte ein neuer Astrologe bei Hofe auf: Chaeremon aus Alexandria, der durch seine These bekannt geworden war, daß Kometen Freude wie Katastrophen künden könnten. Ihm schloß sich der stoische Philosoph Lucius Annaeus Seneca an, der selbst Anhänger der Astrologie war. Die drei waren hauptsächlich für die Erziehung Neros verantwortlich. Es ist kaum zu bezweifeln, daß Balbillus an den befremdlichen Manövern unmittelbar nach Claudius' Tod beteiligt war, als Agrippina in Person Britannicus solange am Verlassen seines Zimmers hinderte, bis der von den Astrologen vorhergesagte schicksalshafte Augenblick gekommen war, an dem Nero zum Kaiser ausgerufen werden konnte – und wurde. Balbillus' Lohn war die Ernennung zum Präfekten von Ägypten, wo er bis 59 blieb.

Nicht lange nach seiner Rückkehr (64) erzeugte der Brand, der Rom in Asche legte, während Nero angeblich auf seiner Geige spielte, so starken Unwillen, daß man einen Anschlag auf das Leben des Kaisers beschloß. Als ein auffallender Komet am Himmel erschien, sagte Balbillus Nero voraus, daß das Himmelszeichen Unheil für ihn bedeute – es sei denn, er lenke die Wirkung durch das Opfer der Hinrichtung einiger der vornehmsten Römer ab. In dem anschließenden Blutbad verloren Petronius, der die Feste an Neros Hof zu arrangieren pflegte, Seneca und sein Bruder, sein Neffe, der Dichter Lucanus, und viele andere ihr Leben. Nicht Balbillus. Sein Erfolg – wenn man es so nennen kann – sicherte ihn auch gegen jenen gefährlichen Rivalen, den Astrologen Ptolemäus, ab, der der Favorit der neuen Kaiserin Poppaea war. Nero erledigte den Rivalen, indem er in einem Anfall trunkener Wut seine Gattin umbrachte. Balbillus zog sich diskret aus der Szene zurück und wurde in den Jahren von Neros Tod, Galbas, Othos und Vitellius' Aufstieg und Fall nicht mehr gesehen.

Sicherlich zu seinem Guten; es hieß immer, daß unter Neros zahlreichen Opfern gegen Ende seiner Regierung sich auch eine Reihe von Astrologen befunden hätten – und mit Sicherheit verschiedene Römer, die irgendwie das kaiserliche Horoskop in die Hände bekommen hatten, denn Nero war der Meinung, daß sein Besitz nur einen Zweck haben konnte: Eine Mordverschwörung.

Galba, der Nero auf dem Thron folgte, hatte schon von Tiberius auf Grund seines Horoskopes erfahren, daß er dereinst Kaiser werden würde, doch scheint ihn Astrologie nicht sonderlich beeindruckt zu haben. Otho soll sich, Tacitus zufolge, mit Hilfe von Astrologen gegen Galba verschworen haben. (»Sie drängten ihn zum Handeln, indem sie, gemäß ihrer Beobachtung der Himmel, Umstürze und ein Jahr des Ruhmes prophezeiten.«) Ptolemäus Seleucus befahl Otho geradezu, den günstigen Augenblick zu nutzen, und behielt recht: Galba wurde ohne Zwischenfall getötet, und Otho kam auf den Thron. Indessen hatten die römischen Legionen in Germanien Vitellius zum Kaiser ausgerufen, und ihrem entschlossenen Angriff hatte Otho nichts entgegenzusetzen und legte Hand an sich.

Vitellius war kein Planetengläubiger, vielleicht weil das Horoskop, das man ihm gestellt hatte, anzeige, daß er zwar in der Folge eines Bürgerkrieges Kaiser werden würde, seine Regierung jedoch nur von kurzer Dauer sein werde. Er wiederholte immer wieder, daß er dem keinen Glauben schenke, und es war auch wirklich eine erstaunliche Voraussage, denn die Chance ihres Eintreffens war nur gering. Und doch – er gelangte zwar auf den Thron (69), doch obgleich er durch ein sofortiges Edikt alle Astrologen aus dem Lande trieb und einige von ihnen hinrichten ließ, blieb er nur drei Monate lang Kaiser.

Während dieser kurzen Regierungszeit schloß sich Ptolemäus Seleucus, der sich aus Rom gerettet hatte, Vespasian an und schürte den Aufstand gegen Vitellius. Trotzdem ein Komet erschien und zwei Mondfinsternisse eintraten (gar nicht davon zu reden, daß verschiedene Leute zwei Sonnen auf einmal am Himmel erblickten), gelang es Vitellius, sich zum Kaiser krönen zu lassen. Ein guter Augenblick für Balbillus, aus seinem selbstgewählten Exil zurückzukehren, denn Vespasian und er hatten sich stets gut verstanden, seit sie sich an Neros Hof kennengelernt hatten (wo, nebenbei gesagt, Vespasian sich bei der Nachwelt beliebt machte, indem er bei einer von Neros Rezitationen einschlief – eine ›Stellungnahme‹, die Nero glücklicherweise entging).

Vespasian war so auf Astrologie eingeschworen wie einige seiner Vorgänger. Cassius Dio sagt: »Er konsultierte alle, die hervorragten« und war nicht nur an Balbillus' Aussagen besonders interessiert, sondern ließ in Ephesus Spiele zu Ehren des Astrologen abhalten – die Großen Balbilläischen Spiele fanden bis weit ins 3. Jahrhundert statt. Er verließ sich auf Balbillus und ebenfalls auf Ptolemäus Seleucus so bedingungslos, daß, als ihm zu Ohren kam, ein ehrgeiziger Römer namens Mettius Pompusianus habe das Gerücht verbreitet, er sei vom Schicksal zum Kaiser ausersehen, Vespasian ihn unbekümmert zum Konsul ernennen ließ – so sicher war er, daß seine eigenen Astrologen mit der Behauptung recht hatten, Mettius sei falsch beraten worden.

Balbillus dürfte etwa um die gleiche Zeit gestorben sein wie Vespasian. Hätte er ihn überlebt, so gäbe es keinen Grund, warum der neue Kaiser, Vespasians Sohn Titus, ihn nicht beibehalten hätte. Aber sein Name ist nie wieder aufgetaucht. Titus regierte nur zwei Jahre lang; ihm folgte 81 sein jüngerer Bruder Domitian, der von der Richtigkeit der Voraussage eines Astrologen, er würde durch Eisen sterben, so überzeugt war, daß er das Senatsangebot einer speerbewaffneten Ehrengarde ablehnte. Um ganz sicher zu gehen, scheint er prinzipiell *allen* astrologischen Voraussagen geglaubt zu haben. Er ließ Mettius Pompusianus hinrichten, weil er der Prophezeiung Glauben schenkte, dieser würde eines Tages Kaiser werden, und Suetonius berichtet, »er ließ es sich nicht nehmen, über Geburtstage und -stunden der vornehmsten Männer genauestens Buch zu führen, was den vorzeitigen Tod nicht weniger von ihnen zur Folge hatte, die nie im Traum daran gedacht hatten, einmal an die Macht zu kommen«. Zumindest zwei Astrologen scheinen die Todesstunde Domitians vorausgesagt zu haben, und Suetonius berichtet, daß der Kaiser beim Herannahen der bezeichneten Stunde immer nervöser wurde. Am 17. September 96 wies er seine Diener an, ein paar Trüffel bis zum nächsten Tag für ihn aufzuheben – für den Fall, daß er noch da sei, um sie essen zu können, denn sein Tod war für den 18. vorausgesagt worden, an dem »der Mond im Wassermann mit Blut befleckt werden wird«. Er ließ den Astrologen Ascletarius-Asclation kommen und fragte ihn, ob er seinen eigenen Tod voraussehen könne. Der Astrologe antwortete, er werde von Hunden in Stücke gerissen werden. Domitian ließ ihn auf der Stelle hinrichten; doch als die Leiche gerade verbrannt werden sollte, löschte ein plötzlicher Regenguß das Feuer, der Leichenbestatter suchte Schutz und ein Rudel Hunde zerfetzte die Leiche. Früh am nächsten Morgen wurde der zweite Astrologe, Larginus Proculus, in Ketten vorgeführt. Auch dessen Hinrichtung ordnete Domitian an, schob sie aber nach Caligulas' Beispiel um vierundzwanzig Stunden auf, um Larginus zeigen zu können, wie unrecht er gehabt habe.

Die beiden Astrologen hatten die fünfte Stunde als Todesstunde Domitians angegeben. Ängstlich ließ sich Domitian immer wieder die genaue Zeit ansagen. Schließlich versicherten ihm die gelangweilten Bediensteten, die Stunde sei jetzt vorüber, und, erlöst, beschloß der Kaiser, ein Bad zu nehmen. Einer der Verschwörer, Stephanus, fragte, ob er ihm eine Weile im Bad vorlesen solle. Domitian war einverstanden. Worauf Stephanus einen Dolch hervorzog und ihn erstach, während weitere Verschwörer hereinstürmten, um an der Hinrichtung teilzunehmen.

5 Von der Magie
zur Wissenschaft

Wenn auch die Astrologie im Leben der Monarchen der letzten drei Jahrhunderte imperialer römischer Geschichte keine so einschneidende Rolle mehr gespielt hat wie, sagen wir, bei Tiberius oder Nero, so kann man doch keineswegs behaupten, sie sei im Verschwinden gewesen.

Im Gegenteil, sie blieb ein völlig integrierter Bestandteil römischen Lebens. Eine genügende Zahl von Horoskopen hat überlebt, um zu ersehen, daß jeder, der es sich leisten konnte, einen Astrologen zu befragen, es selbstverständlich tat. Einige davon erzählen uns in allen Einzelheiten von den Leben, Ambitionen, Schwächen und Stärken des Durchschnittsbürgers. Abgesehen davon gab es auch öffentliche Darstellungen des allgemeinen Interesses an den Sternbildern und Planeten: Der riesige Adler des Zeus an der Decke des Bel-Heiligtums in Palmyra, zum Beispiel, war vom Tierkreis umschlossen; bei den Rennen wurden die Wagen von Boxen aus gestartet, von denen jede mit einem Tierkreiszeichen gekennzeichnet war; anschließend rasten sie auf einem Rund herum, dessen Bahnen je einem der sieben Planeten zugehörig waren. Ja sogar die Einteilung des Jahres in Wochen von sieben Tagen, von denen jeder einem Planeten unterstellt war, zeigt, wie tief der Gedanke verwurzelt war, daß der Sinn des Alls irgendwie mit den Fortbewegungen der Planeten auf ihren Bahnen gekoppelt sei.

Die Bildersprache der Astrologie war überall zu finden. Eines der berühmtesten Beispiele dafür ist das von Petronius in seinem *Satyricon* beschriebene Festmahl, bei dem der Gastgeber, der freigelassene Trimalchio, seine Gäste um einen Tisch herum plazierte, auf dem diverse Speisen unter den Tierkreiszeichen aufgetischt wurden – Rindfleisch unter dem Stier, Kalbsmilch und Nieren unter den Zwillingen, eine Waage mit einer Torte auf der einen, und einem Käsekuchen auf der anderen Waagschale – das Ganze unter dem Waagezeichen, zwei Meerbarben unter den Fischen, und so weiter.

Juvenal erwähnt verschiedene Fälle, wo Leute Astrologen konsultierten, und obgleich er zu satirischer Übertreibung neigte, erhalten wir einen sehr plastischen Eindruck davon, was die römische Oberschicht von ihnen wollte: Kinder, die sich nach dem Zeitpunkt erkundigen, zu dem der Tod der Eltern erwartet werden könne; Frauen, die wissen möchten, ob ihre Liebhaber sie überleben werden; und es gab tatsächlich Leute, die ohne astrologische Befragung keinen Fuß jenseits der heimatlichen Grenzen gesetzt hätten.

»Vergiß nicht, die Fährten von Weibern zu meiden, in deren Händen du – als wären es große Schmucksteine – stark abgenutzte Ephemeriden (Tafeln mit Planetenbewegungen) erblickst.

Ein Weib von dieser Sorte sucht keinen Astrologen auf; sie wird selbst konsultiert. Noch wird sie ihren Gatten auf dem Weg zum Lager oder zurück begleiten, wenn sie von dem Zahlenleitfaden des Thrasyllus davor gewarnt wird. Nicht einmal bis zum ersten Meilenstein wird sie sich aus dem Hause wagen, bevor nicht erst eine günstige Stunde aus dem Handbuch gewählt worden ist. Wenn ihr geriebener Augenwinkel juckt, wird sie erst nach Befragung ihres Horoskops um eine lindernde Salbe bitten. Sie mag krank im Bett liegen; dann wird keine Stunde für geeigneter zur Nahrungsaufnahme gehalten werden, als jene, die Petosiris empfohlen hat...«

Für diejenigen, welche die Astrologie anrüchig fanden und über die abergläubische Abhängigkeit gedankenloser Mitbürger gehörig empört waren, kam nach 96 n.Chr. so etwas wie eine Erholungsspanne von ein bis zwei Jahren, als nämlich Nerva Domitian als Kaiser ablöste; wenn auch die Senatoren sein Horoskop befragt haben sollen, ehe sie ihn wählten, war sein Interesse an dem Gegenstand nur begrenzt. Noch weniger war Trajan daran interessiert, der Nerva 98 nachfolgte, obgleich er mit Balbillus' Enkel verkehrt zu haben scheint, der in Athen auftauchte. C. Julius Antiochus Epiphanes Philopappus (Überreste seines Denkmals stehen noch in Athen) wurde unter Neros Regierung geboren und wuchs in Sicherheit am Hofe seines Großvaters väterlicherseits, Antiochus IV, dem letzten König von Kommagene, in Samosata auf. Trajan machte Philopappus nicht nur zum Mitglied der Kaiserlichen Garde, sondern ernannte ihn sogar zum Konsul. Über die Art ihrer Beziehungen ist jedoch nichts bekannt.

Mit der Thronbesteigung Hadrians im Jahre 117 näherte sich die Astrologie

Ein Amateur-Astrologe, Älius Hadrianus, prophezeite, daß sein Enkel römischer Kaiser werden würde. Der Enkel, Kaiser Hadrian, befragte verständlicherweise sein Leben lang Astrologen und ließ sich auch bei der Wahl eines Thronfolgers von ihnen beraten.

wiederum dem Thron – ja, sie bestieg ihn, denn der Kaiser war selbst Astrologe. Sein Interesse daran scheint noch aus seiner frühen Jugend herzurühren, die er mit dem Studium der griechischen und römischen Kultur in Rom verbrachte, bevor er von seinem Vormund, Trajan, in die Armee gesteckt wurde. Er brachte dem Soldatenleben einen herzlichen Widerwillen entgegen und suchte mindestens zwei Astrologen auf, um eine Bestätigung der Prophezeiung zu erhalten, die anscheinend bei seiner Geburt gemacht worden war: sein Großonkel Aelius Hadrianus, ein Astrologe, hatte ihm damals in Aussicht gestellt, eines Tages Kaiser zu werden. Er bekam die Bestätigung mit Freuden.

Hadrian ist der erste römische Kaiser, dessen Horoskop vollständig erhalten geblieben ist. (Auf mehreren Manuskriptkopien in einer Sammlung ausgewählter Horoskope im seinerzeitigen Besitz von Antigonus aus Nikaea, wo sie von Hephaestion aus Theben im 4. Jahrhundert gefunden wurden.) Wir wissen, daß Hadrian mit Sonne, Mond und Jupiter im Wassermann, Saturn und Merkur im Steinbock, Venus und Mars in den Fischen geboren wurde, was u. a. für hochgradigen Ehrgeiz und Machtgier spricht – des weiteren für Dünkel und Halsstarrigkeit, einen hochentwickelten Gerechtigkeitssinn und eine Neigung, sich bei persönlichen Beziehungen ausschließlich von seinen Gefühlen leiten zu lassen, die durchaus nicht immer der allgemeinen Norm entsprechen. Interessanterweise sollen Menschen mit dem Mond im Wassermann von jeher eine natürliche Begabung für Astrologie haben.

Hadrian stellte sich sein eigenes Horoskop und informierte sich regelmäßig daraus. Am ersten Januar jedes Jahres soll er die wichtigsten Ereignisse seines Lebens für die kommenden zwölf Monate niedergeschrieben und schließlich auch den Zeitpunkt seines Todes auf die Stunde genau vorausgesagt haben. Er war äußerst abergläubisch und an allen Arten von Voraussagen interessiert. Die Kaiserin führte an seiner Seite ein frostiges Leben, kinderlos und von ihrem Gatten zugunsten schöner junger Männer wie Antinous verschmäht, den er sogar auf seine letzte große, zeremonielle Reise nach Athen, von dort quer durch Kleinasien nach Ägypten und, durch Syrien, nach Italien und Athen zurück, mit sich nahm. Sabina tröstete sich auf dieser Reise mit der Gesellschaft ihrer Hofdame und Freundin Julia Balbilla, einer Dichterin von Format und niemand Geringeres als die Urenkelin des Thrasyllus. Königlicher Herkunft und vermählt mit einem Ritter, wie sie war, hatte sie ein ungezwungenes Verhältnis zu ihrer Herrin.

Wir wissen nicht, ob Julia ein besonderes Interesse für Astrologie hatte; ebensowenig ist uns bekannt, ob Hadrian oder einer seiner Leibastrologen das Hauptereignis dieser Reise vorausgesagt hat – den Tod von Antinous, der im Nil ertrank. Bei Cassio Dio findet sich eine vage Andeutung, daß Antinous vielleicht sein Leben geopfert hat, oder sogar, daß er geopfert wurde, weil ein Astrologe des Kaisers eigenen Tod vorausgesagt hatte, falls sich nicht jemand von Belang finde, der für ihn zu sterben bereit sei. (Man erinnert sich: Balbillus hatte 64 Nero erklärt, er könne nur dem Tod entgehen, indem er einige römische Adlige umbringen lasse.) Gewiß haben seine Astrologen Hadrian mit der Versicherung getröstet, daß ein sehr gelegen aufgetauchter, ›neuer‹ Stern nichts anderes sei als die Seele seines Favoriten, die nun am Himmel strahle. Astronomen sprechen heute noch von einem Antinoos.

Als Hadrian 136 von einer tödlichen Krankheit befallen wurde, waren zwei Männer als mögliche Nachfolger im Gespräch: Lucius Ceionius Commodus, den er, unter dem Namen Aelius Verus, zu seinem offiziellen Nachfolger bestimmte, und Pedanius Fuscus, den Astrologen bei der Geburt zum kommenden Kaiser gestempelt hatten. Als Aelius Verus proklamiert wurde, war er schon zu krank, um eine Dankesrede an den Senat zu halten, und es sieht so aus, als habe Hadrian sich auf ein Horoskop gestützt (von ihm selbst oder einem anderen gestellt), das ihm ein langes Leben versprach. Als ein Astrologe dem Kaiser gegenüber auf einen Fehler hinwies, der sich eingeschlichen haben

Unter Kaiser Antoninus
Pius gab die Münz-
anstalt in Alexandria
viele Münzen
mit astrologischen
Symbolen heraus (diese
hier zeigt den Löwen).

müsse – vielleicht hatte man eine fal-
sche Geburtszeit zugrundegelegt –, ant-
wortete Hadrian: »So etwas sagt sich
leichter, wenn man einen Erben für sein
Vermögen sucht, als wenn es um den des
Imperiums geht.« Jedenfalls starb Aelius
Verus vor Hadrian, der nun eine andere
Wahl treffen mußte.

Sie fiel auf Antoninus Pius, unter der
Bedingung, daß er L. Verus (den Sohn
von Aelius Verus) und einen älteren Knaben als seine eigenen Erben adoptiere.
Pedanius Fuscus war empört, ließ sich
törichterweise auf ein Komplott gegen
den Thron ein und wurde verhaftet und
hingerichtet. Ein noch vorhandenes, von
Antigonus aus Nicaea gestelltes Horoskop besagt, daß er »geboren wurde, um
mit 25 Jahren seinen eigenen Untergang
und den seiner Eltern zu verursachen«,
und gibt die Gründe für seinen Sturz an:

Er wurde falsch beraten, weil Merkur und Saturn in einem männlichen Tierkreiszeichen waren; er wurde bei einer Verschwörung entdeckt, weil der Mond im Skorpion war; und er mußte sterben, weil Mars und Wassermann zur gleichen Zeit aufgingen.

Antoninus Pius und Marcus Aurelius, die zwischen 138 und 161 regierten, scheinen beide nicht viel mit Astrologen zu tun gehabt zu haben.

Jedoch hatte Aurelius, wie zu erwarten, gegen Astrologie als nützliches Werkzeug nichts einzuwenden. Er war auch an Träumen als Trägern von Weissagungen interessiert. Er ließ die Horoskope für seine Zwillingssöhne bei ihrer Geburt im August 161 stellen. Beide fielen günstig aus, und der Tod des älteren Knaben mit vier Jahren scheint seinen Glauben nicht erschüttert zu haben. Er übertrug die Thronfolgerschaft auf seinen jüngeren Sohn, Commodus.

Ein Mann saß nun auf dem römischen Thron, der weniger anziehend nicht hätte sein können. Commodus verbrachte seine Freizeit in Tavernen oder im Bordell, oder er zog sich bis auf die bloße Haut aus, um in der öffentlichen Arena an Gladiatorenkämpfen teilzunehmen. Er war im gleichen Maße Sternanbeter wie echter Astrologe und sah die Astrologie eher als eine Art von Aberglauben oder Scheinreligion an, denn als ein wissenschaftliches System. Sein Nachfolger, Septimus Severus, kehrte zu einem vernünftigeren und praktischeren Standpunkt zurück. In Afrika zur Welt gekommen, stieg er unter Marcus Aurelius zu hohem Rang auf, und wie man wußte, befragte er einen Astrologen über seine künftige Bestimmung. Seine Beförderung zum Tribun im Jahre 176 bestätigte, daß ihm mit Recht eine glückverheißende Zukunft vorausgesagt worden war. Während eines vorübergehenden Absinkens in der Gunst des Commodus ließ er durch eine Anzeige nach einer heiratsfähigen Frau suchen, deren Horoskop mit dem seinen übereinstimmen sollte. Er fand eine in der Syrerin H. Julia Donna, die ihm zwei Söhne gebar, von denen der eine den Spitznamen Caracalla erhielt.

Als praetorianischer Kommandant auf Sizilien beging Severus die Unvorsichtigkeit, sich abermals dabei ertappen zu lassen, wie er einen Astrologen über sein ›imperiales Geschick‹ befragte (wie es Cassius Dio ausdrückt). Aber weil, so meint der Historiker, Commodus aus tiefstem Herzen verabscheut wurde, gingen die örtlichen Behörden nicht gegen Severus vor; ja, sie schlugen statt dessen den Unglücksmenschen ans Kreuz, der so dumm gewesen war, ihn zu verraten!

Nach Commodus' Tod und kurzen Streitigkeiten um den Thron nahm Severus ihn ein. Er war in seinem Kampf um die Macht durch die Voraussagen mehrerer Astrologen und verschiedene andere Weissagungen bestärkt worden. In seinem neuen Kaiserpalast ließ er sein Horoskop an die Decken der Audienzräume malen – allerdings ohne allzusehr ins Detail zu gehen, um dem flüchtigen Betrachter nicht den genauen Moment seiner Geburt preiszugeben, so daß das Horoskop gegen ihn hätte ausgewertet werden können.

Severus scheint mit geradezu manischer Gläubigkeit jede astrologische Prophezeiung akzeptiert zu haben, wenn sie nur mit der nötigen Bestimmtheit abgegeben wurde, da bei ihm nichts von der stoischen Einstellung einiger seiner Vorgänger zu spüren war. Anscheinend bildete er sich ein, er könne mit der Milderung ungünstiger astrologischer Vorausbestimmungen rechnen, wenn er sich nur entschieden genug in die planetarische Planung einmische. So ließ er beispielsweise eine beträchtliche Anzahl von Leuten – einschließlich einiger seiner Freunde – mit der Begründung hinrichten, sie hätten Astrologen aufgesucht, um den günstigsten Augenblick herauszufinden, an dem sie ihn umbringen könnten.

Severus soll Rom in Richtung Britannien in der Gewißheit verlassen haben, daß er den dortigen Feldzug nicht überleben werde. Caracalla, der sicherheitshalber seinen jüngeren Bruder Geta ermordet hatte, scheint von der gleichen schrankenlosen Astrologie-Gläubigkeit beseelt gewesen zu sein wie sein Vater. Ein Astrologe nach dem anderen wurde zur Beratung an den Hof bestellt, und mehrere – unter ihnen ein Ägypter namens Serapio, einer mit Namen Ascletion, sowie Larginus Proculus – eröffneten dem Kaiser, er habe kein langes Leben vor sich, und Macrinus, ein Präfekt, würde sein Nachfolger werden. Ascletion wurde hingerichtet, Larginus Proculus wurde in Aussicht gestellt, unmittelbar nach dem Tage hingerichtet zu werden, für den er Caracallas Tod angesetzt hatte, und Serapio wurde einem Löwen vorgeworfen (der sich jedoch damit begnügte, ihm die Hand zu lecken, so daß eine prosaischere Hinrichtungsmethode angewandt werden mußte).

Nichtsdestoweniger wurde Caracalla ermordet, und während der folgenden Dekaden trat die Astrologie beim imperialen Manövrieren mehr in den Hintergrund.

Was er jedoch tat, war, Berufsastrologen zur Bildung einer Körperschaft anzuregen, durch die sie ihr Wissen in seriöser Weise weitergeben, ja sich offiziell als Lehrer ausschreiben lassen konnten; und er scheint auch dafür gesorgt zu haben, daß bei einer Neugestaltung des Lehrplans an dem einst von Hadrian gegründeten Athenäum zu Rom der Astrologie der Vorrang gegeben wurde.

In dem Maße, in dem Macht und Einfluß Roms im Abflauen begriffen waren, begann das Christentum seine Wirkung zu verstärken und wurde schließlich 334 unter Konstantin zur offiziellen Staatsreligion gemacht. Damit erwies man der Astrologie einen unschätzbaren Dienst, indem man sie vom Status einer religiösen und magischen Kunst zu einer Wissenschaft reduzierte. Wie waren in diesen ersten nachchristlichen Jahrhunderten ihre Theorie und Literatur beschaffen?

Die *Tetrabiblos* wurden als wohl vorzüglichstes astrologisches Lehrbuch bereits erwähnt. Ungeheuer populär waren die *Anthologiae* des Vettius Valens. Vielleicht liegt der Grund darin, daß, im Gegensatz zu Ptolemäus, der hauptsächlich für den gebildeten Laien schrieb und den Gegenstand wissenschaftlich durchleuchtete, Valens selbst Astrologe war und sich in seinen Schriften an Anhänger der Astrologie wandte.

Über das Leben des Vettius Valens weiß man wenig, außer daß er niemals reich wurde, sich nie mit Politik oder Mode befaßte und die Hinrichtung vermied, indem er sich weder für diesen noch für jenen Thronprätendenten aussprach. So blieb er verhältnismäßig unbekannt. Er scheint sein Einkommen durch eine Schule, in der er eine Zeitlang Astrologie lehrte, etwas aufgebessert zu haben. Die *Anthologiae*, die neun Bücher umfaßten, lassen sich nicht wieder zum Leben bringen; aber sie wurden von Generationen von Astrologen benutzt bis zumindest ins 8. Jahrhundert hinein, in dem Theophilus noch daraus zitierte. Auch jene Gelehrten, die der Astrologie einen wesentlichen Platz bei ihren Studien einräumten, wie die Ärzte Antigonus von Nicaea und Galen, soll-

Eine Münze aus Perinthus oder Herakläa, eine von vielen, die entweder ein einzelnes Tierkreiszeichen trugen oder alle um die Außenkante herum.

ten den professionellen Astrologen zugerechnet werden.

Die medizinische Astrologie hatte schon damit begonnen, ihre Ansichten verstandesgemäß zu begründen. Diese waren niemals fatalistisch; schließlich, wenn das Schicksal doch bestimmte, ob ein Patient von einer Krankheit geheilt oder hinweggerafft werden sollte, wozu ihn dann noch behandeln? Galen (130 – ca. 200) studierte in Pergamos, seinem Geburtsort, Medizin, dann in Korinth und Alexandria und schließlich in Rom (wo er Leibarzt von Marcus Aurelius wurde und dann auch Commodus und Severus behandelte). Er legte stets Wert darauf, die genaue Zeit zu notieren, zu der ein Patient sich krank zu Bett begeben hatte; achtete sorgfältig auf die Stellung des Sirius (des Hundsterns), wenn eine Medizin zubereitet oder verabreicht wurde; bestand darauf, daß der *Theriac*, ein von ihm beschriebenes Arzneimittel, in der dritten Stunde des ersten oder vierten Mondtages eingenommen werde; und in einer seiner medizinischen Abhandlungen verwandte er zwölf Kapitel auf die Beschreibung des Mondeinflusses in jedem der Tierkreiszeichen und beschäftigte sich auch mit den Stellungen der Planeten. Antigonus ging weiter: Er veröffentlichte eine Sammlung von ›medizinischen Horoskopen‹, die mindestens zwei Jahrhunderte lang von Ärzten zu Rate gezogen wurde.

Kein einziger Autor hat, soviel sich feststellen läßt, ganz abgestritten, daß die Planeten Einfluß auf menschliche Affairen haben könnten, obgleich es immer sehr verschiedene Ansichten darüber gab, bis zu welchem Grade sie den Astrologen in die Lage versetzten, Ereignisse vorauszusagen oder Charaktere zu beschreiben. Der berühmteste unter den ›Gegnern‹ der Astrologie oder, sagen wir, den Kritikern, welche die prophetischen Fähigkeiten von Astrologen für äußerst begrenzt hielten, war Plutarch (ca. 46 – 120), ein Journalist, der über Philosophie und Moral schrieb und berühmte Biographien verfaßte. Er hat seinen Einwänden gegen die Astrologie niemals mit Worten Ausdruck gegeben, sondern einfach nur gesagt, daß die Menschen eine höchst freigebige Veranlagung hätten, alles zu akzeptieren, was ›magisch‹ sei, und sich gegen die Vorstellung eines unwandelbaren Schicksals aufgelehnt.

Er hatte wenig Glück bei den Astrologie-Gläubigen. Im 2. Jahrhundert betrat ein bedeutender Widersacher der fatalistischen Astrologie die Bühne, Favorinus von Arles, der über dieses Thema so manchen Streit mit Kaiser Hadrian gehabt zu haben scheint, welcher bekanntlich eine recht unterschiedliche Richtung vertrat. Favorinus' Beweisführung stand nicht immer auf sehr festen Füßen. So war er z. B. der Meinung, die Astrologie sei eine neue Modetorheit und die Astrologen hätten die sogenannten ›Alten‹, von denen sie behaupteten, sie hätten diese Kunst begründet, nur erfunden. Ferner (und dieser Einwand wird bis zum heutigen Tage vorgebracht) behauptete er, daß alle astrologischen Vorhersagen so allgemeiner Natur seien, daß sie keine Bedeutung hätten; und ohnehin – so liefen seine Argumente weiter –, die Lebensspanne des Menschen sei viel zu kurz, um einer derart komplizierten Theorie auf den Grund zu kommen. Oder er fragte, wie man denn mit Hilfe der Astrologie das Wetter vorausbestimmen könne, wenn doch gutes und schlechtes Wetter gleichzeitig an verschiedenen Orten herrsche; auch wollte er wissen, warum die Geburtsstunde unter einem Sternbild in Betracht gezogen werde, während der Augenblick der Empfängnis unter einem anderen unbeachtet bliebe (ein guter Punkt); bezweifelte, daß der genaue Geburtsmoment je eruiert werden könne; und – ein weiterer Punkt, der nachdenklich

Geoffrey Chaucer (etwa 1340 – 1400) war einer der ersten englischen Autoren, welche Astrologie als Mittel der Charakterdarstellung verwandten. Das Weib des Bath (rechts auf dem Bild), eine lärmige und lustvolle Figur aus *The Canterbury Tales*, glaubt fest an Astrologie, und die Fachwörter, mit denen sie ihr eigenes Horoskop beschreibt, beweisen, wieviel Chaucer von dem Gebiet verstand.

Tafel 9

Quant la lune est en
cācer scorpio et pisces
il fait bō saigner au
fleumatiq. Eaue.

Quant la lune est en
tauro bgo et capricō
no il fait bon saigner
au melēcoliq. Terre.

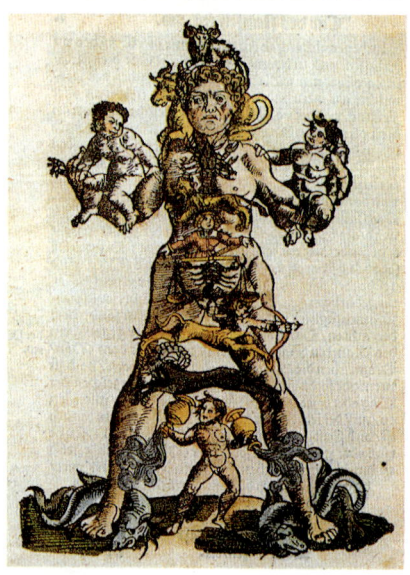

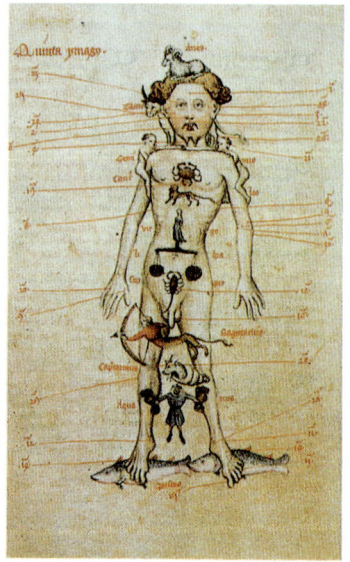

Tafel 10

stimmt – fragte, ob es nicht lächerlich und unerträglich sei, zu behaupten, daß alle unsere Handlungen, bis zur Entscheidung darüber, ob man ein Bad nehmen solle oder nicht, vorherbestimmt seien.

Ptolemäus wird mit den meisten dieser Einwände fertig. Jedenfalls aber argumentierte die Opposition, genau so wie die Befürworter, nicht mit Gründen der Vernunft. Einer, der einem von Favorinus' anti-astrologischen Vorträgen beiwohnte, gab dessen abschließende Zusammenfassung folgendermaßen wieder:

»Astrologen sagen entweder widrige oder günstige Ereignisse voraus. Wenn sie dir Wohlstand voraussagen und dich täuschen, so machen dich falsche Erwartungen unglücklich; künden sie dir Unheil, wirst du durch unnötige Ängste unglücklich gemacht... Die Vorwegnahme deiner Hoffnungen wird dich vor lauter Ungewißheit zermürben. Deshalb hast du guten Grund, dich nicht mit Leuten dieser Art abzugeben, die vorgeben, die Zukunft zu kennen.«

Es ist eine der Ironien in der astrologischen Geschichte Roms, daß so viele Kaiser, die nahezu kritiklos an den Einfluß der Planeten glaubten, Gelehrte unterstützten, die dagegen angingen. Favorinus hatte sich mit Hadrian in den Haaren gelegen; Septimus Severus, der sich geradezu fanatisch zu den fatalistischsten Aspekten der Astrologie

Seit die astrologische Medizin florierte, war es Jahrhunderte lang für jeden Arzt selbstverständlich, nicht nur mit Heilkräutern und Drogen vertraut zu sein, sondern auch mit dem Zeitpunkt, zu dem sie appliziert werden sollten. Die meisten medizinischen Fachbücher enthielten einen ›astrologischen Mann‹. Hier sind deren vier abgebildet.

bekannte, ernannte Alexander aus Aphrodisias zum Leiter der Peripatetischen Schule von Athen – von wo aus dieser seine Abhandlung *Über das Schicksal* in alle Welt schickte, in der er bestritt, daß die Planeten auf das menschliche Geschick einwirken könnten. Immerhin gab selbst er zu, daß sie nicht-menschliche Aspekte des Lebens auf Erden beeinflussen könnten, wie etwa die Elemente, »die Erschaffung, Vernichtung wie überhaupt jegliche Verwandlung von Materie. Sie bestimmen auch jede Erdbewegung.«

Die Astrologie war auch unter den mannigfachen Zielscheiben der Kritik, die von Sextus Empiricus, dem griechischen Arzt und skeptischen Philosophen gegen nahezu jedes menschliche Wissensgebiet geschleudert wurde. Gegen Ende des zweiten und anfangs des dritten Jahrhunderts griff dieser die Literatur und Philologie, Rhetorik, Geometrie, Arithmetik (»Zahlen sind nichts«), die Musik, die Logik und Physik an. Selbst dieser Mann nahm astrologische Meteorologie von seiner Massenverurteilung aus. Was aber individuelle Horoskope betraf – die waren Unsinn! Er faßte das astrologische Wissen nach dem damaligen Stand zusammen, um es dann Punkt für Punkt niederzureißen – zumindest den Versuch zu machen. Teile seiner Kritik sind durchaus stichhaltig (zum Beispiel die Schwierigkeit, den genauen Geburtsmoment zu kennen), andere beruhten auf Mißverständnissen (die

allerdings manchmal absichtlich hinein-
gebracht erscheinen), wieder andere
waren schlechthin belanglos. Zum Beispiel fragte er, warum »ein unter dem
Löwen Geborener stark und tapfer sein
soll, nur weil dieses Zeichen Löwe
heißt«; »oder warum jemand, der unter
der Jungfrau geboren sei, als höchst
wahrscheinlich blond angesehen werden
müsse, wo doch ein unter dem gleichen
Zeichen geborener Äthiopier ohne jeden
Zweifel dunkelfarbig sei«.

Sextus Empiricus' einziger vernunft-
mäßiger Einwand – einer, der viel für
sich hatte – war der, daß die Astrologen
einfach noch nicht genügend wissenschaftliche Unterlagen in Händen hätten, um ihre Wissenschaft auch als Wissenschaft darstellen zu können. – Wie
dem auch sei, seine Argumente sagten
einer Schar von Leuten zu, deren Einstellung zur Astrologie, obgleich noch etwas
verworren, ihre Geschichte auf mehr als
tausend Jahre hinaus beeinflussen sollte.
Der griechische Satiriker Lucian, dessen
eigener Angriff auf die Astrologie recht
lahm ausfiel, geißelte in seinem Abscheu
davor einen verhältnismäßig neuen Kult,
ein Häuflein einfältiger Anhänger eines
ans Kreuz geschlagenen Sophisten, eines
gewissen Jesus Christus. Die ›Christen‹
näherten sich der Astrologie mit fast
abergläubischer Behutsamkeit.

6 Die Christen kommen

Die *Bekenntnisse* des heiligen Augustinus zeigen, daß er einstmals begeistert an die Astrologie geglaubt hatte. Später war er überzeugt, daß die Theorie trügerisch war, wenngleich die Einwände, die er dagegen erhob, meist auf Mißverständnissen und falschen Voraussetzungen beruhten, die er von früheren Gegnern der Astrologie übernahm.

Ungefähr die erste Geschichte, die wir über die Geburt Jesu zu hören bekommen, handelt von den ›Drei Weisen aus dem Morgenland‹, die Herodes aufsuchten, um ihm zu verkünden, sie wüßten, daß der König der Juden geboren sei, weil sie »seinen Stern im Osten gesehen« hätten. Herodes schickte sie, nachdem er sie »eindringlich befragt hatte, zu welcher Stunde der Stern erschienen sei«, nach Bethlehem, um nach dem Kind zu suchen, und, »siehe da, der Stern, den sie im Osten gesehen hatten, ging ihnen voran, bis er dorthin kam und stehen blieb, wo das kleine Kind war«.

Es hat viel Rätselraten darüber gegeben, was das für ein ›Stern‹ gewesen sei: Die allgemeine Meinung läßt darauf schließen, daß es eine Konjunktion von Jupiter und Saturn, möglicherweise mit Uranus, gewesen ist, deren Erscheinungsbild ein sehr heller, scheinbar einzelner ›Stern‹ gewesen wäre, der sich schnell genug bewegte, um den Bedingungen der Geschichte gerecht zu werden. Aber das ist Spekulation. Die besondere Bedeutung der Geschichte für uns ist, daß sie zeigt, wie gleich zu Beginn der Darstellung des Lebens Christi die Astrologie schon eine Rolle spielte.

Erstaunlich, wenn es anders gewesen wäre. Für die meisten denkenden Menschen jener Zeit wäre die Geburt eines Gottes gar nicht in Betracht gekommen, ohne daß das Ereignis am Himmel bekanntgegeben worden wäre, und zwar eher noch durch ein seltsames, aber unübersehbares himmlisches Phänomen als durch ein auffallendes persönliches Horoskop. Ganz abgesehen davon, ob die Geschichte wahr ist oder nicht, so kam es denen, die darauf aus waren, die Göttlichkeit Christi nachzuweisen, gelegen, daß seine Geburt mit einem spektakulären astrologischen Geschehnis in Verbindung gebracht wurde. Kein damaliger Wissenschaftler hätte die Möglichkeit eines solchen Phänomens gelten lassen, wäre es nicht durch astrologische Beobachtung abgestützt gewesen. Zwar hat das Erscheinen eines streunenden Einzelgängersterns astrologisch überhaupt nichts zu bedeuten – und hatte es auch damals nicht. Vor dem Problem, ein auf eine göttliche Person passendes Horoskop zu fabrizieren, indem man einen günstigen Augenblick für die Geburt wählte, scheut der astrologische Sinn zurück. Auf jeden Fall hätten die Christen es nie über sich gebracht, wären sie je auf die Idee verfallen. Das Beste war dann noch eine Art von auffallendem, ›kometenhaften‹ Ereignis – und eben das sollte stattgefunden haben.

Die Anwesenheit der ›Drei Weisen‹ oder Könige oder Magier oder Astrologen im Matthäus-Evangelium sollte einige der Kirchenväter in eine gewisse Verlegenheit bringen. Spätere Generationen mußten dann einfach abstreiten, daß es überhaupt Astrologen gewesen seien, obgleich es offensichtlich gerade das war, was der Verfasser des Evangeliums im Sinne hatte. Der erste Kommentator, der den Stier bei den Hörnern packte und gegen den Mythos zu Felde zog, war Johannes Chrysostomos (ca. 347 – 407), der gleich schweres Geschütz auffuhr. Mehr als die Vorstellung von Astrologie als solcher griff er die drei Astrologen dafür an, daß sie Jesus König der Juden genannt hatten, wo doch sein Königreich »nicht von dieser Welt war«, und beschimpfte sie als unklug bis an die Grenzen der Narrheit, nach Bethlehem zu kommen, dem König einen Floh ins Ohr zu setzen und dann sofort wieder zu verschwinden. Ferner erkärte er (ganz richtig), daß das Erscheinen eines einzelnen Sterns nicht der astrologischen Tradition entspreche, gab allerdings zu verstehen, daß es ein Zeichen dafür gewesen sei, daß Gott den ›Weisen‹ wohlgesinnt war.

Damit gab er stillschweigend zu, daß er nicht nur an das Erscheinen des Sterns glaubte, sondern auch daran, daß dieser den Astrologen in einer bestimmten Absicht sichtbar gemacht worden sei, womit er seine eigene Behauptung zunichte machte.

Noch Jahrhunderte lang wurden Theorien über die ›Weisen‹ aufgestellt und mit allen möglichen Verzierungen versehen. Zum Beispiel blieben es nicht immer drei. Chrysostomus meinte, es könnten ein Dutzend gewesen sein, und in der frühgeschichtlichen Kunst kommen noch andere Zahlen vor. Die Magier haben anscheinend erst im 6. Jahrhundert königlichen Status erhalten, und Hochwürden Bede, der englische Geschichtsforscher im 7. Jahrhundert, scheint als erster ihre Namen angegeben zu haben. Ihr Ursprungsland war Arabien oder Persien, oder Chaldaea oder Indien, je nachdem, welchen Gewährsmann man zur Hand nimmt, und wer ihr Grab besuchen möchte, sollte es in Köln versuchen, denn nach dem Tode brachte Kaiserin Helena ihre Gebeine von Indien nach Konstantinopel, von wo sie nach Mailand und weiter nach Deutschland reisten.

Einige christliche Schriftsteller verliehen ihnen diverse magische Kräfte, vielleicht um sie – und damit die ganze Astrologie – anrüchig zu machen. Ein Dramatiker aus dem 10. Jahrhundert schildert, wie sie nach der Geburt wie durch ein Wunder nach Bethlehem flogen, wobei sie bei den Bürgern der Städte, die sie überflogen, höchstes Erstaunen erregten. Aber einige Sekten bemächtigten sich der Geschichte, um zu beweisen, daß die Astrologie Gottes Mittel sei, um die Dinge auf Erden zu regeln. Eine Ketzersekte, die Priscilliani-

sten, war darunter und brachte ihrerseits
einen Schriftsteller des 10. Jahrhunderts
dazu, das ganze, bewährte anti-astrologische Rüstzeug hervorzuholen und die
›Drei Weisen‹ schlicht und einfach als die
Heiden auf der Suche nach Christus hin-
zustellen.

Die christliche Gegnerschaft zur
Astrologie ist, von den ersten Anfängen
bis heute, eigentlich immer mehr
Gefühlssache als Theologie gewesen.
Kein nennenswerter christlicher Gelehrter oder Theologe hat die Astrologie an
sich für unvorstellbar erklärt; nur dann,
wenn sie behauptet, die Zukunft voraussagen zu können und dadurch den
Grundsatz des freien Willens bestreitet.
In vielen der ältesten Quellen finden sich
astrologische Anspielungen. Bei Enoch
z. B., der Gestalt aus dem Alten Testa-
ment, die im sechsten Glied von Adam
und Eva abstammen soll, finden sich
Stellen über die Sterne und Kräuter,
Edelsteine und Ziffern und die Behauptung, daß im sechsten Himmel Engel
den Mondphasen und den Kreisläufen
von Sternen und Sonne beiwohnen und
so den guten oder schlimmen Zustand
der Welt beaufsichtigen. Enochs Vorstellungen von Engeln sind etwas ab-
sonderlich (manche von ihnen haben
»Geschlechtsteile wie die von Pferden«),
aber allem Anschein nach hatten zweihundert von ihnen eine solche Vorliebe
für irdische Frauen, daß sie sich für ein
Erdenleben entschieden und den Menschen eine Reihe von Geheimnissen ver-

rieten, zu denen die Wissenschaft der Astrologie, die Magie, Hexerei und Wahrsagerei sowie die Kunst gehörten, »mit Tinte und Papier zu schreiben«.

Philo Judaeus, der kurz nach Christi Tod in Alexandria lebte, stritt energisch ab, daß die Planeten das Leben der Menschen uneingeschränkt beherrschten und griff die Astrologen an, die behaupteten, das Leben sei von den Bewegungen der Himmelskörper abhängig. Immerhin fand er, daß die Sterne wunderschöne, göttliche Wesen seien, verstandbegabte Tiere, welche, im Gegensatz zu den Menschen, unfähig zum Bösen seien. Er glaubte, ja er ›wußte‹, daß es möglich war, »Störungen und Aufruhr der Erde aus dem Kreisen der Himmelskörper vorauszuerkennen, ebenso wie zahllose andere Ereignisse, die sich als genau zutreffend erwiesen haben«.

Ein syrischer Missionar namens Bardesanes (154 – 222) hat uns im *Dialog über das Schicksal* eine vortreffliche Beschreibung des anscheinend am weitesten verbreiteten, frühchristlichen Verhältnisses zur Astrologie hinterlassen. Offensichtlich war es notwendig, gegen die sehr starke Bindung der Allgemeinheit an die Astrologie vorzugehen, eine Folge von Jahrhunderten, in denen ihre Wahrheit mehr oder weniger als selbstverständlich galt. Bardesanes nimmt den pragmatischen Standpunkt ein, daß es natürlich eine von den Planeten herrührende Kraft gibt, doch wurde ihnen diese von Gott gegeben und ist deswegen Seinem Willen unterworfen und wird von Ihm einerseits durch Unterwerfung unter den freien Willen, andererseits durch andere Naturkräfte in Grenzen gehalten.

Die Gnostiker, eine orientalische religiöse Bewegung, die eine Rolle im frühen Christentum spielte und viele Sekten ins Leben rief, glaubten (einem Text zufolge), Jesus habe bei seiner Himmelfahrt nach der Kreuzigung die Einflüsse, ja sogar die Bewegungen der Planeten, umgeändert (unter anderem bewirkt, daß sie sechs Monate im Jahr rechts herum laufen, währenddem sie sich zuvor nach links gewandt hätten) und darüber entschieden, wie sie eine neue Seele zu gestalten, den Empfängnisvorgang und die Bildung des Embryos im Mutterleib sowie alles Geschehen von der Wiege bis zur Bahre zu beaufsichtigen hätten. (Es ist übrigens interessant, daß in der arabischen *Lehre von der Kindheit*, die dem heiligen Jakobus zugeschrieben wird, Jesus ein Astronom ist, welcher den Priestern im Tempel Vorträge über »die Anzahl der Sphären und Himmelskörper« hält, »wie auch über deren Trigon-, Quadrat- und Sextilaspekte; ihre progressive und retrograde Bewegung; ihre Vierundzwanzigstel und Sechzigstel von Vierundzwanzigsteln und noch andere Dinge, welche der menschliche Verstand nie entdeckt hatte...«)

Viele Christen betrachteten die Astrologie als eine von Gott ersonnene Darstellung des Alls. In *Die Erkenntnisse*, einer Sammlung von angeblich an Jacobus, den Bruder Jesu, gerichteten Briefen des Clemens aus Rom, einem Freund und Vertrauten des heiligen Petrus, werden die Planeten und Sterne als von Gott am Himmel befestigt dargestellt, so daß sie »ein Zeichen vergangener, gegenwärtiger und kommender Dinge seien«, wenn auch nur für die Gelehrten verständlich, welche die Materie gründlich studiert haben. Abraham war einer von ihnen; als Astrologe war er »fähig, den Schöpfer durch das vernunftgemäße System der Sterne zu erkennen, während alle anderen Menschen irrten, und zu begreifen, daß alle Dinge durch seine Vorsehung geregelt werden«.

Bezaubernd nannte Clemens die zwölf Apostel die ›Zwölf Monate Christi‹, der selbst das ›Jahr unseres Herrn‹ darstelle. Den Planeten gesteht er zu, schlechten wie guten Einfluß ausüben zu können; »da wir einen freien Willen haben, widerstehen wir manchmal unseren Begierden und manchmal geben wir ihnen nach«. Einwände gegen die Astrologie beschränken sich darauf, gegen die Idee anzukämpfen, es gebe keine Vorsehung und alles geschehe durch Zufall und *genesis:* Daß also, »was immer deine *genesis* enthält, dir auch widerfahren wird«. Es ist undenkbar, daß Gott den Menschen durch eine unheilvolle Anordnung der Sterne zum Sündigen bringt und ihn dann dafür bestraft! Es wird auch festgestellt – und spätere Astrologen haben dies oft genug wiederholt, als Erklärung und Entschuldigung zugleich –, daß die

Bewegungen und Beziehungen der Planeten zueinander so kompliziert sind und Verständnis und Auslegung so schwierig, daß man keinem Astrologen einen Vorwurf machen kann, wenn er sie mißdeutet.

Der Streit zwischen Origenes, einem orthodoxen Christen, der von 185 bis 253 lebte, und Celsus, der 176–80 an dem antichristlichen Traktat *Wahres Wort* schrieb, hatte unausbleiblich auch mit Astrologie zu tun. Celsus vertrat den Standpunkt, daß der größte Schwachsinn von vielen Christen der sei, die Macht der Planeten abzustreiten; Origenes versicherte, daß die ganze Idee des freien Willens zerstört sei, wenn man der These zustimme, die Sterne seien denkende Wesen und den Völkern der Erde von Gott bestellt. Er akzeptierte, daß die Planetenbewegungen Ereignisse vorankündigen könnten, und war der Idee von Kometen als Omina zugetan, die Kriege, Naturkatastrophen und die Geburt Christi angekündigt hätten.

Tertullian, um 160 herum geboren und ein beredter, früher Verfasser von Schriften über das Christentum, befand, es seien die gefallenen Engel, die die Menschen die Astrologie gelehrt hätten (und im übrigen auch die Metallurgie und Botanik). Diese Engel, die in den Wolken in zweckdienlicher Nähe der Sterne wohnten, seien unstreitig ausgezeichnete Meteorologen. Dennoch seien Christen gut beraten, sie in ihrer Vorstellung abzulehnen, wenn auch die Magier

Astrologen seien. Er fand es offenbar höchst besorgniserregend, daß »die Astrologie heutzutage fürwahr von Christus handelt; die Wissenschaft der Sterne Christi ist nicht die von Saturn und Mars« und findet, daß mit dem Kommen Christi das Stellen von Horoskopen aufhören sollte. Er war erfreut, daß zur Zeit,

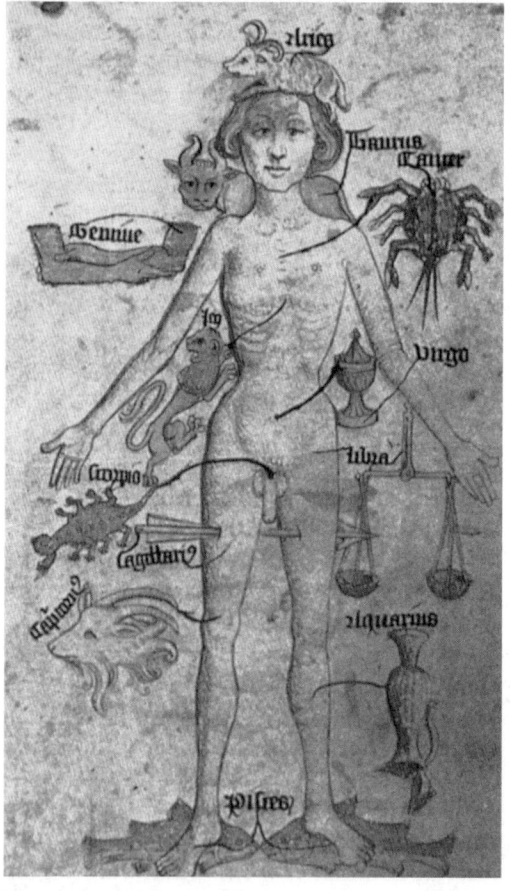

Die Zugehörigkeit von Körperteilen zu Tierkreiszeichen war schon früh Bestandteil der astrologischen Medizin. Ein ›astrologischer Mann‹ aus dem Zunftbuch der Barbier-Ärzte von York steht hier mit den Füßen auf den Fischen; auf dem Kopf hockt ihm der Widder.

da er dies schrieb, Astrologen der Zutritt nach Rom strikt untersagt war.

Zahlreiche christliche Apologeten lasen geflissentlich die neu herausgekommenen Werke von Astrologen, nur um sie zu widerlegen; andere wieder verkürzten den Prozeß: Sie lasen antiastrologische Schriften und wiederholten dann deren Argumente. Hippolytus zum Beispiel, der in Italien lebte und griechisch schrieb (er wurde 236 in Rom zur Ruhe gesetzt), holte sich seine Argumente direkt aus den Schriften des Sextus Empiricus.

Der bekannteste aller frühen Astrologie-Gegner, der heilige Augustinus, kann nicht völlig von dem Vorwurf des Kurzen-Prozeß-Verfahrens freigesprochen werden, zumindest dem, das Thema nicht gründlich oder unabhängig durchdacht zu haben. Augustinus kam 345 in Numidien zur Welt (er starb 430). Seine Mutter war eine fromme Christin. Als Redner ausgebildet, war er anfangs Manichäer, wurde aber dann durch die Predigten des Bischofs Ambrosius in Mailand (wo Augustinus Rhetorik lehrte) zum Christentum bekehrt. Seine Jugend, in der verschiedene sexuelle Fehltritte zu verzeichnen waren, hat er mit aller Offenheit in seinen *Geständnissen* beschrieben, und auch Astrologie ist dort vermerkt. Aber sein Hauptangriff darauf kommt erst in *Christliche Doktrin* und *Die Stadt Gottes.*

Seine Anschuldigung gegen die Astrologie ist simpel, plump und irrig: einfach nur, daß sie den menschlichen Willen versklavt, indem sie behauptet, der ganze Verlauf eines Lebens könne durch die Sterne vorhergesagt werden. Wenn Voraussagen eingetroffen sind, so meinte er, dann war es durch Zufall oder Teufelswerk. »Diejenigen, die der Ansicht sind«, schreibt er im fünften Band der *Stadt Gottes*,

»daß die Sterne unser Handeln, unsere Leidenschaften, ob gut oder böse, ohne Gottes Fügung leiten, müssen zum Schweigen gebracht und überhört werden, gleich ob sie der wahren Religion angehören oder Sklaven irgendeines Götzendienstes sind. Denn was tut diese Ansicht anderes als jede Gottheit rundheraus auszuschließen? ...und welchen Platz hat Gott ihm belassen, so er auf diese Weise die Menschengeschicke lenkt, wenn sie durch einen Zwang der Sterne ins Wanken gebracht werden können, während Er doch der Herr über Menschen und Sterne ist?«

Er brachte dann die Schlußfolgerung vor, daß, sofern die Astrologie wirksam sei, Zwillinge genau das gleiche Schicksal hätten. (Träte dies im übrigen ein, so habe es nichts mit Astrologie zu tun, fügte er hinzu, sondern es läge daran, daß ihr Hintergrund, ihre Umgebung und Erziehung sich ähnelten; trete es aber nicht ein, so wäre das ein Beweis, daß die Astrologie unwirksam sei.) Gewiß, Nigidius hatte versucht, die Unähnlichkeit der Leben von Zwillingen zu erklären, indem er einen Topf auf einem Töpferrad in schnelle Drehung versetzte, dann Tinte darauf tropfte und zeigte, wie weit voneinander entfernt die Spritzer landeten. Daran demonstrierte er, daß auf einer rasch rotierenden Erde die Planeten selbst für Zwillinge, die mit der Ferse des einen in der Hand des anderen geboren würden, die Planeten sich schon in unterschiedlichen Positionen befänden. Das beeindruckte den heiligen Augustinus nicht. Wenn die Astrologie so kompliziert sei, wie könne da ein Astrologe behaupten, er sei in der Lage, feste Voraussagen zu machen? (Es scheint, daß er dieses Argument, so wie noch einige andere, mehr oder weniger direkt Ciceros *De divinatione* entnommen hat.)

Das Unglück mit Augustinus' Beweisführung ist, daß sie (wie die so vieler anderer Kritiker in der Geschichte) auf einem Mißverstehen des eigentlichen Wesens der astrologischen Theorie beruht, selbst wie sie zu seiner Zeit gehandhabt wurde. Nur wenige Astrologen haben behauptet, daß die Planeten schier jeden Bereich des Menschenlebens beherrschten, erst recht nicht, daß jedes Lebewesen unter einer derartigen Kontrolle stehe. Wenn er sagt, die Astrologie sei lächerlich, weil ein Kalb und ein Menschenbaby, die im gleichen Augenblick geboren würden, nicht genau das gleiche Leben hätten, gibt er nur seine eigene Unkenntnis darüber zu erkennen, was die Astrologie eigentlich für sich beansprucht, und seine schlagkräftigeren Einwände werden entsprechend geschwächt. Seine Annahme, daß die Astrologen den Standpunkt verträten, Zeit und Ort der Geburt *und sonst nichts* beherrschten das Geschick des Menschen, verleitet ihn dazu, sich auf eben diesem Punkt festzurennen und andere, gewagtere Behauptungen außer acht zu lassen, die ihm lohnendere Angriffsfläche geboten hätten. Er scheint sehr wenig astrologische Literatur gelesen zu haben (zum Beispiel nicht die *Tetrabiblos*, deren Lektüre doch Voraussetzung für jeden sein müßte, der einen Angriff auf die Astrologie vorhat). Der heilige Augustinus wird immer noch häufig als der Hauptgegner der Astrologie dargestellt – und das ist er auch. Aber das will nicht viel bedeuten. Selbst er gibt zu, daß Sonne und Planeten auf gewisse materielle Dinge wie Ebbe und Flut einwirken und damit auch auf gewisse lebende Dinge wie etwa Schaltiere. Man könnte fast sagen, er habe der Astrologie einen guten Dienst erwiesen, indem er ihre okkulten Seiten angriff, ohne gleich die Art von wissenschaftlicher Astrologie aufs Korn zu nehmen, die in Zukunft die ergiebigeren Versuchsfelder eröffnen sollte.

Die Stadt Gottes wird als Höhepunkt der Angriffe der Christenheit auf die Astrologie angesehen, und in gewissem Sinne war das auch der Fall. Daß es ein unkluger, unorigineller und wirkungsloser Angriff war, spielt dabei keine Rolle. Es ist ein Glück, daß der generell zur Wissenschaft im Widerspruch befindliche Standort der christlichen Kirche auf lange Sicht genauso ohne Wirkung geblieben ist. Mit Äußerungen wie: »Christen haben viel bessere und wichtigere Dinge zu verrichten, als ausgeklügelte Untersuchungen über die proportionale Größe der Sterne und den räumlichen Abstand zwischen ihnen anzustellen«, gab er auf Jahre hinaus den Ton für die offizielle Haltung der Kirche gegenüber der Wissenschaft an. Sie hat sich schließlich doch nicht durchgesetzt, nicht einmal in den Schulen.

Daß einige christliche Astrologen sich nicht abschrecken ließen, ersieht man aus dem Werk des Julius Firmicus Maternus, eines Zeitgenossen, der höchstwahrscheinlich Augustinus gelesen haben wird. Sein *Matheseos* etwa aus dem Jahre 354 bejahte die Lehre vom freien Willen, fand es aber merkwürdig, daß die Menschen die Sterne und Planeten als bloße Himmelsdekorationen ansehen sollten.

Firmicus, dessen Verstand ein gut Teil schärfer gewesen zu sein scheint als der des Augustinus (wenn wir aus der Gliederung seines Buches und der Entwicklung seiner Thesen schließen können), ließ Punkt für Punkt die hauptsächlichen anti-astrologischen Indizien aufmarschieren und entkräftete sie dann mit Leichtigkeit. Er machte dabei deutlich, daß die Kritiker sich großenteils nicht einmal bemüht hatten, die Materie richtig zu begreifen. Er gibt zu, daß manche Astrologen Schurken, andere Narren sind; er macht sich auch über die Schwierigkeiten des Gebiets keine Illusionen – ist aber überzeugt, daß der menschliche Geist damit fertig werden kann, genau so, wie er es fertig gebracht hat, die Sternkarte herzustellen und die Planetenbahnen vorauszusagen.

In einer großartig aufgezogenen und bis ins kleinste gehenden Argumentation führt Firmicus in der zweiten Hälfte des *Matheseos* einen vernichtenden Schlag gegen den Aberglauben und seine Nutznießer, die ›Magier‹, die »in liederlichem Aufzug in den Tempeln herumlungern und immer so herumlaufen«, um den Leuten Angst einzujagen. Er gibt zu, daß die ›Magie‹ eine gewaltige Kraft darstellt, doch ist er ein leidenschaftlicher Gegner der sie umgebenden Geheimtuerei und verlangt, daß die Astrologen, statt sich an der Öffentlichkeit vorbeizudrücken, als schämten sie sich, sich unter den Schutz Gottes stellen und zu ihm beten sollten um seinen »Segen bei dem Versuch, den Gang der Sterne auszulegen«.

Matheseos war ein bedeutendes Buch, das genau und überzeugend frühere Quellen anführte und selbst Jahrhunderte lang von christlichen Astrologen und Theologen zitiert wurde, die in Zeiten, da die Kirche die Ausübung zu verurteilen schien, die Ängste der Laien beschwichtigen wollten.

7 Astrologie im mittelalterlichen Europa

Wenn es im Mittelalter auch ein gerüttelt Maß an Streit über die Astrologie gab und ihr Einfluß auf gekrönte Häupter abnahm, so kann von einem völligen Zusammenbruch, wie ihn einige Geschichtsschreiber zu sehen meinten, doch nicht die Rede sein. Selbst dort, wo über ihren Wert im persönlichen Bereich Zweifel aufkamen, hielt man sie doch allenthalben immer noch für nützlich in der Meteorologie und Landwirtschaft. Und die meisten Gelehrten betrachteten sie als wertvollen Bestandteil des allgemeinen Wissens. Einer von ihnen war Boethius, Consul im Rom des 6. Jahrhunderts. Einige seiner Schriften wurden später von König Alfred dem Großen von England übersetzt, und sein Buch *Trost der Philosophie* dürfte geholfen haben, das wenige an astrologischem Wissen, das im 10. Jahrhundert noch in Britannien zu finden war, wieder zu festigen. Er vertrat die Ansicht, daß die Bewegungen der Planeten durch den unsterblichen Willen der Vorsehung verursacht würden, und daß »die himmlische Bewegung der Sterne« diesen Willen in irdische Ereignisse übersetzte, »dergestalt die menschlichen Kräfte in einer unauflösbaren Kette von Anlässen verstrickend, welche, da sie ja mit der Verordnung der unbeweglichen Vorsehung ihren Anfang nimmt, notwendigerweise selbst unwandelbar sein muß«.

Dennoch war er kein Fatalist, denn selbst die göttliche Vorsehung erlegte dem menschlichen Willen keine schicksalsmäßige Notwendigkeit auf; der war immer frei, während die Natur das nicht war, sondern von den Planeten gefesselt. Mit den Gezeiten nicht streiten. Übrigens war auch Boethius mit Plato einer Meinung, daß jeder Planet seinen eigenen Musikakkord hat, der zur himmlischen Harmonie der Sphärenmusik beiträgt.

Einer der besonderen Reize der astrologischen Theorie im frühen Mittelalter wie in der Jetztzeit beruht darin, daß sie für jedwede Facette des menschlichen Lebens anwendbar ist. Doch gab es einige Gebiete, in die sie mit überzeugender Kraft einsickerte, unter ihnen die Medizin. Der ›Astrologische Mann‹ (s. Tafel 10) erscheint immer wieder in Manuskripten aus dieser Zeit, manchmal allerdings auch, um die Astrologie zu verunglimpfen. Eine herrliche Zeichnung aus dem 11. Jahrhundert z. B. zeigt die zwölf Tierzeichen, um die Gestalt Christi herum gruppiert, der segnend die Hand hebt. Die Bezeichnung der einzelnen Körperteile, die von den verschiedenen Tierkreiszeichen ›beherrscht‹ werden, sind zu sehen – aber der Bildtext lautet: »Gemäß dem Geschwafel der Philosophen sind die Zeichen so angegeben«!

Inzwischen war die Astrologie ein so fester Bestandteil der Medizin geworden, daß es auf Jahrhunderte hinaus nicht mehr möglich sein sollte, beide auseinanderzuhalten. Bis zum 18. Jahrhundert war es an einigen Universitäten nicht mehr möglich, als Doktor anerkannt zu werden, wenn man kein Astrologie-Examen bestanden hatte, und der Rückgriff auf die Planetenstellungen war bei Diagnose wie Behandlung eine Selbstverständlichkeit.

Wie bei anderen Theorien wurde auch von dieser je nach dem Naturell des Arztes mehr oder weniger Gebrauch gemacht. Constantinus Africanus zum Beispiel, der von 1015 bis 1087 gelebt hat, nahm, vor allem wegen seiner Übersetzung und Einführung früherer medizinischer Lehrbücher, einen bedeutsamen Platz in der Geschichte der Medizin ein. Er hat bei Chaldäern, Arabern, Persern und Sarazenen studiert, ebenso in Tunis, dem Land seiner Geburt und in Bagdad. Aber in seinem *De humana natura* spürt er zwar der Entstehung des Embryos in der Gebärmutter nach und bringt sie in Beziehung zu den Planetenstellungen und fügt auch noch ein gut Teil ziemlich ausgefallenen Materials bei (ein ständiger Bettnässer, zum Beispiel, sollte acht

Tage lang bei zu- und abnehmendem Mond die Blase eines Flußfisches essen), doch sonst spielt bei ihm die astrologische Medizin kaum eine Rolle, obgleich er sie ohne Zweifel studiert hat.

Es kann nicht überraschen, daß Constantinus im Osten studiert hat, denn die Zusammenarbeit unter jüdischen und arabischen Gelehrten hatte zu einem Austausch astrologischer Kenntnisse zwischen Zentren wie Kairo, Bagdad, Alexandria und Kairwan in Tunis geführt, der zumindest einen hervorragenden Gelehrten hervorbrachte: Isaak ben Solomon Israeli oder Isaak Judäus, der dort um 900 arbeitete und Bücher über medizinische Astrologie schrieb, die Jahrhunderte überdauerten (Robert Burton zitiert ihn in der *Anatomie der Melancholie).*

Die verschiedenen Beiträge aufzuzeigen, die, zusammengenommen, so etwas wie eine ›arabische‹ Astrologie ergäben, ist schier unmöglich, denn Bruchstücke von Theorien gelangten aus dem entfernten China und Indien, aus Rom, Griechenland und Persien in die arabischen Zentren. All das wurde in der großen, von den Kalifen der Abassiden-Dynastie Harum al-Raschid und Al-Mamun gegründeten Bibliothek in Bagdad zusammengetragen und um etwa 850 komplettiert. Neben weniger bedeutenden Werken enthielt sie griechische Exemplare der *Tetrabiblos,* die für den allgemeinen Gebrauch übersetzt worden waren.

Andeutungen über den Wert der in Bagdad verrichteten Arbeit finden sich in den sechs- oder achthundert Jahre danach erschienenen Schriften einiger Engländer. Chaucer, zum Beispiel, schrieb im 14. Jahrhundert eine *Abhandlung über das Astrolabium*, in der er Messahalas *Kommentar über Ptolemäus* aus dem Anfang des 9. Jahrhunderts als Unterlage benutzte; William Lilly brachte um 1640 Zitate aus der gleichen Quelle; Dr. Dee im Elisabethianischen England besaß mehrere Manuskripte von Isaak Judäus' Werken.

Auch in anderen Ländern machte sich das arabische Interesse an der Astrologie bemerkbar; in Spanien beispielsweise, wo der westliche Kalif 948 eine Akademie in Cordoba gründete, an der Mauren und Juden gleichermaßen einen Wissensschatz anhäuften, der seinerseits wieder durch andere, in Toledo und Granada gegründete Akademien weiterverbreitet wurde. Dort lehrte Hasdai ibn-Schaprut, ein Jude, gegen Ende des 10. Jahrhunderts. Unter anderem machte er mit Vernunftsgründen klar, daß alle bekannten Kräuter einzelnen Planeten zugewiesen seien, die ihr Wachstum und ihre Wirksamkeit beeinflußten. Vermutlich studierte Gerbert von Auvergne bei ihm, ehe er 998 Erzbischof von Ravenna und später, unter dem Namen Sylvester II, Papst wurde. Das bezeugt, daß Christen, ebenso wie Mauren und Juden, unter arabischer Leitung studierten. Zugestandenermaßen wurde Sylvester II später

wegen seiner Studien in Cordoba angeklagt, Umgang mit dem Teufel gehabt zu
haben. Es gab immer Christen, die
jedem, der Astrologie studiert hatte,
dunkle, satanische Begleitumstände
anzudichten versuchten. Und doch war
diesem Zeitabschnitt Fortschritt nicht
abzustreiten.

Trotz der Wechselfälle der Geschichte
– der Eroberung der maurischen Städte
Spaniens durch die Christen im 11. Jahrhundert, zum Beispiel, und der Vertreibung der Juden – fungierten die ›Universitäten‹ in Städten wie Toledo Jahrhunderte lang weiter, ein stetiger Strom von
Gelehrten kam in den Genuß ihrer
Bibliotheken und scholastischen Tradi-
tionen, und all das kam der Astrologie
als einem ernsthaften Studienfach
unweigerlich zugute.

Vom 9. und 10. Jahrhundert haben
sichtbare Symbole überlebt, die vom
Reiz des Faches Zeugnis ablegen –
manchmal zeigen sie auch kleine Unterschiede zwischen westlicher und östli-
cher Astrologie an. In islamischen Ländern durften Menschen nicht von den
Künstlern dargestellt werden; daher hat
man im Tierkreis die ›menschlichen‹
Zeichen abgeändert: Anstelle der Zwillinge bildeten moslemische Künstler
zwei Pfauen ab; eine Weizengarbe ersetzte die Jungfrau, und aus dem Wassermann wurde ein mit zwei Körben belade-
ner Maulesel.

In Florenz befindet sich ein wunderba-
res Beispiel eines anderen Kunstwerkes,

Boethius, ein römischer
Philosoph und
Staatsmann, verfaßte
ein umfangreiches
Werk über Astronomie
sowie einen Dialog
zwischen sich und
der Philosophie
*De Consolatione
Philosophiae*. Es ist in
einem sehr religiösen,
wenn auch nicht
christlichen Ton
geschrieben und befaßt
sich auch mit
Astrologie. Das Buch
wurde von Alfred dem
Großen ins Angel-
sächsische und von
Chaucer ins Englische
übersetzt.

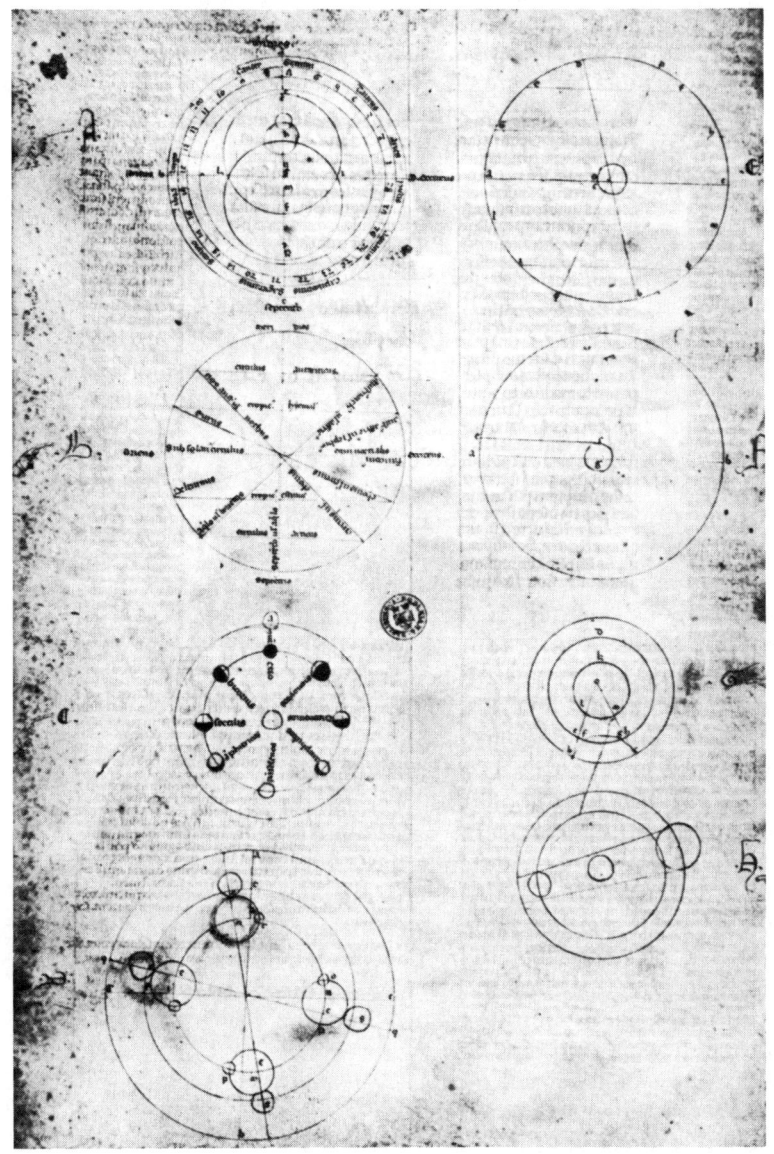

171

in diesem Fall eines praktischen: Ein Astrolabium für die geographische Breite von Rom, das Sylvester II gehört haben soll. Ein ähnlich frühes Muster, das 984 von Ahmad und Malmud, den Söhnen Ibrahims von Ispahan, hergestellt wurde, befindet sich in Oxford. Die Entwicklung des Astrolabiums begann, so nimmt man an, im ersten vorchristlichen Jahrhundert – manche sagen, es sei das älteste wissenschaftliche Instrument. Zur Messung der Höhe der Sterne bestimmt, war es für den Astronom-Astrologen unentbehrlich, und viele schöne Exemplare sind in Museen zu finden. Manche waren mit prächtigen Verzierungen versehen. Ein Vergnügen, sie anzuschauen wie zu benutzen.

Die Verbreitung der Astrologie in Europa, das Ausmaß, in dem sie vor Entstehung des römischen Weltreichs in westlichen Ländern betrieben wurde, ist ein Gegenstand, der mit größter Sorgfalt angegangen werden muß. Es kommt natürlich großenteils darauf an, von welcher Art von Astrologie die Rede ist. Es dürfte ziemlich klar sein, daß Geburts-Astrologie, das Entwerfen einer Sternhimmelkarte für den Augenblick der Geburt, das Stellen und Auslegen eines Horoskops, in, sagen wir, Germanien, Gallien oder Britannien bis weit in die Zeit des Kaiserlichen Roms hinein nicht möglich war; und daß dort, wo es möglich gewesen sein sollte, das ›Wie‹ nur einigen wenigen zugänglich war – und höchstwahrscheinlich denjenigen, die römischen Einheiten zugeteilt waren, so wie Balbillus dem Stab des Claudius während dessen Reise nach Britannien angehörte.

Wenn wir andererseits als gegeben annehmen, daß ein Interesse an der Astrologie oft aus einer Neigung zur einfachen Betrachtung der Sternbewegungen herrührte, so war diese bei den primitivsten Zivilisationen vorhanden, und man kann sagen, daß Stonehenge – zum Beispiel – eine solche Neigung verrät, sofern wir damit einig gehen, daß dieses Bauwerk (und andere ähnliche) zu irgendwelchen astronomischen Zwecken errichtet wurde.

Die vielen Theorien über Planung und Bau von Stonehenge sind zu verzwickt, um hier auf sie einzugehen, aber die Leseart, daß es eine Art von astronomischem Computer war, ist, obgleich vielerorts als suspekt angesehen, überzeugend genug dargestellt, um zumindest eine Möglichkeit zu bleiben. Was auch der Zweck des Baues gewesen sein mag, ein astronomischer Zusammenhang scheint mit Sicherheit zu bestehen, und der Einfluß auf eine unwissende Gemeinde (wir sprechen immerhin von einer Zeit um 2900 v.Chr. herum) von seiten einer priesterlichen Aristokratie, die auch nur die grundlegendsten Sonnen- und Mondvorkommnisse voraussagen konnte, wäre ganz erheblich gewesen. Es wird sogar zur Diskussion gestellt, daß die Bevölkerung des neolithischen Britannien tatsächlich von

einer solchen Aristokratie regiert wurde, deren Anführer zumindest etwas von dem Wissen früher babylonischer Astronomen besaßen. Ein Großteil ihrer Macht als Führer der Gemeinschaft kann von ihrer Kenntnis der Astronomie hergerührt haben, die sie als ›Magie‹ darstellten, um die Hilfe jener himmlischen Gottheiten, der Planeten, auf der Jagd zu erflehen – eine Art von Astrologie, wenn sie auch damals das Okkulte so eindringlich herbeibeschworen wie die Babylonier und Ägypter, nur viel verschwommener als jene.

Dreitausend Jahre später erhaschen wir auf den britischen Inseln einen Blick auf eine sophistischere Art von Astrologie – einen zu undeutlichen Blick allerdings, um nähere Schlüsse daraus ziehen zu können. Die Druiden bleiben nach

Wassermann und Fische aus der Synagoge von Hamat Tiberias (vom 3. und 5. Jahrhundert n.Chr.)

wie vor so mysteriös, daß sie nur findige
Köpfe verleiten, ihnen alle möglichen
Tätigkeiten anzudichten, von denen sie
in Wirklichkeit nichts ahnten. Caesar
beschreibt die Druiden in Gallien als
würdevolle Männer, Gesetzgeber und
Priester, in Astrologie und Naturwissenschaft geübt. Britannien scheint, wenn
man so will, das Hauptquartier des Drui-
denkults gewesen zu sein, und in Gallien
fand ein jährliches Treffen statt, von
dem aus die meistversprechenden Neu-
linge zur Ausbildung nach Britannien
geschickt wurden. Dort scheinen sie
nicht nur die Astrologie erlernt zu
haben, sondern die gleichen Wahrsage-
techniken wie die Babylonier – zum
Beispiel Deutungen des Vogelfluges und
der letzten Zuckungen Sterbender. In der
christlichen Frühliteratur finden sich
Beispiele für Vorausbestimmungen der
Zukunft eines Kindes durch Druiden auf
Grund seines Geburtsdatums; auch das
Wort Wahrsagerei *(neladoracht)* wird
häufig gebraucht. Es bedeutet Astrologie
und Wahrsagerei als Ganzes gesehen.
Häufig wird auf die Astrologie selbst
Bezug genommen. So wird geschildert,
wie ein Astrologe die Planetenstellungen
berechnete, um dem Ziehvater des heiligen Columkille, besser bekannt als der
heilige Columba von Irland, den besten
Zeitpunkt angeben zu können, zu dem
mit dem Unterricht des Knaben begonnen werden sollte. Es ist auch klar zu
erkennen, daß die Druiden mit einem
System der glücklichen und unglück-

lichen Tage arbeiteten: Der dreizehnte Tag eines Mondumlaufes wurde als schlechter Tag angesehen, ein Unternehmen zu beginnen; einem an einem solchen Tag geborenen Knaben wurden die Eigenschaften ›tapfer, dreist, raubgierig, überheblich, selbstgefällig‹ vorausgesagt, ein Mädchen würde ›keck und feurig‹ sein und im Umgang mit vielen Männern ihren Körper aufs Spiel setzen.

Über die internationalen Reiseverhältnisse in alten Zeiten wissen wir wenig; doch scheint es durchaus möglich, daß, wie manche Gelehrte annehmen, allerlei astronomische Kenntnisse schon in den frühesten Zeiten Babylons nach Britannien und Westeuropa gedrungen sind. Es klingt nicht sehr wahrscheinlich, daß sonst die Menschen in verschiedenen Teilen der westlichen Welt aus eigenem Antrieb und zur gleichen Zeit mit der Errichtung von kreisförmigen Steinbauten und ähnlichen Monumenten begonnen haben sollten. Legenden, in denen von der Landung von Händlern aus dem Mittelmeergebiet an britannischen Gestaden viele Jahrhunderte vor Christus die Rede ist, sind vielleicht alles andere als dummes Geschwätz. Und wenn es auch recht unwahrscheinlich klingen mag, daß Leute, mit der Fähigkeit, ein so ausgetüfteltes Bauwerk zu errichten wie Stonehenge, in einem simplen Handelsschiff gereist sein sollen, so ist das doch an sich noch nicht absurd zu nennen: Gelehrte waren oft genug auch Abenteurer.

Christlicher Antagonismus gegen die Astrologie entstand nur langsam. Kein direkter Angriff dagegen ist z. B. in der Bibel zu finden. Solange nicht behauptet wurde, man könne die Zukunft voraussehen, gab es (so sagte man) keinen Grund, warum Gott nicht einen durch und durch christlichen Tierkreis präsidieren sollte.

176

Tafel 11

Tafel 12

Etwas klarer beginnen wir schon während der römischen Besatzungszeit zu sehen, als der Mithriazismus die Kunde von der Existenz der Astrologie nach Gallien, Germanien und Britannien brachte und den römischen Göttern Tempel gebaut wurden – oft, wie es scheint, auf dem Boden von Druidentempeln. Denn Caesar schreibt, daß die Gallier Merkur, Apollo, Mars und Minerva verehrten (kann aber damit nur gemeint haben, sie hätten Lokalgötter *wie* diese römischen verehrt).

In der Synagoge von Hamat Tiberias befindet sich dieser herrliche Mosaik-Tierkreis aus dem 3. und 5. Jahrhundert n.Chr.

Mit dem Abzug der römischen Legionen und dem frühen Mittelalter verschwindet die Astrologie aus unseren Augen wie so vieles andere, mit Ausnahme einiger weniger Andeutungen, daß das von den Römern übermittelte Wissen von einigen Gelehrten bewahrt wurde, besonders im Norden und Westen der Provinz – von wo dann schließlich so viele frühe Gelehrte kamen – Alcuin und Bede, Adelard und Roger Bacon unter ihnen. Haben die Briten, die zu lesen gelernt hatten, auch noch nach 410 n.Chr. römische Bücher aufgehoben? Einige wenige Überbleibsel geben Antwort – Bücher in griechischer oder lateinischer Sprache mit gekritzelten Randbemerkungen in einem schottischen oder walisischen Dialekt.

Geoffrey von Monmouth (ca. 1110–1154), der Frühromantiker und Historiker, gibt an, daß unter der Regierung von König Arthur – wann auch immer das gewesen sein mag –

»in Carleon in der Grafschaft Glamorganshire ein Kollegium von zweihundert Philosophen bestand, welche Astronomie und andere Wissenschaften studierten – und die in Besonderheit damit beschäftigt waren, den Lauf der Sterne zu verfolgen und, ihren Beobachtungen gemäß, dem König kommende Ereignisse vorauszusagen«.

Um die Zeit, da Geoffrey schrieb, hatte das Christentum längst in Britannien

Astrolabien wurden von Astronomen zur Höhenmessung von Himmelskörpern benutzt. Sie wurden auch von Reisenden zu astronomischen und topographischen Berechnungen verwandt. Das nebenstehende, älteste datierte Astrolabium wurde 984 n.Chr. von Ahmad und Malmud angefertigt und befindet sich im Wissenschaftsmuseum in Oxford.

Fuß gefaßt. Das mag jedoch, wie wir gesehen haben, eher für bessere Kenntnis und größere Beliebtheit der Astrologie sprechen als für das Gegenteil.

Kann man aber Geoffreys Worten glauben? Nun, er erzählt uns, seine *Historia regum Britanniae* sei eine Übersetzung »eines gewissen, sehr alten, in britischer (sprich walisischer) Sprache abgefaßten Buches« des Archidiakonus von Oxford, Walter. Es mag sich um ein einfaches Handexemplar gehandelt haben, jedenfalls ist es spurlos verschwunden. Einen Teil seiner Historie mag Geoffrey erfunden haben, aber das Ganze kann er sich nicht gut ausgedacht haben. Tatsächlich stimmen seine vielfach verstümmelten Aufzeichnungen über manche Ereignisse mit solchen überein, von denen wir Kenntnis haben, und er (bzw. seine ursprüngliche Quelle) erwähnt des öfteren Cicero, Juvenal, Lucan, Apuleius und andere. Der Beweis dafür, daß Astrologie »zu König Arthurs Zeiten« betrieben wurde, hat also etwas für sich, wenn auch vielleicht nicht sehr viel.

Die *Angelsächsische Chronik* – sie wurde bis Mitte des 12. Jahrhunderts in verschiedenen Zentren geschrieben; die früheren Kapitel stammen wahrscheinlich von König Alfred (871 – 900) – berichtet über verschiedene Mondfinsternisse und andere Himmelserscheinungen. (Auch von den Reisen der ›drei Astrologen‹ – also weder Königen noch Weisen – zum Geburtsort Christi ist übrigens darin die Rede.) Die *Chronik* legt Mondfinsternisse und Kometen meist als Vorahnungssymbole aus. Im Jahre 664, so heißt es da, brachte eine Mondfinsternis nicht nur den Tod des Königs von Kent, sondern auch die Pest. Vierzehn Jahre danach kündete ein Komet im August die Vertreibung des Bischofs Wilfrid aus seinem Bistum an. Der Komet von 729 brachte ein ganzes Bündel Unheil: Der heilige Egbert starb, desgleichen der Atheling Osward und Osric, der König von Northumbrien.

Unter den astronomischen Nachrichten finden sich Aufzeichnungen von erstaunlicheren Ereignissen: Eine Anzahl feuriger Drachen flog 793 über Northumbrien hinweg (möglicherweise die Leonidischen Meteore); 979 »ward gesehen des öfteren ein blutig Himmelszelt dem Feuer gleich«. Größtenteils aber beschränken sich die Verfasser auf Verfinsterungen und Kometen – darunter den berühmtesten von allen, den Halleyschen Kometen, der 1066 erschien und in Bayeux auf dem Wandteppich zu Häupten des gekrönten Königs, Wilhelms des Eroberers, zu sehen ist.

Zu Beginn des 8. Jahrhunderts beginnen die Namen von einzelnen Astrologen bekannt zu werden: Männer wie Aldhelm, der in der Schule in Kent unterrichtet wurde, welche vom Abt Hadrian und dessen Freund Theodore, dem Erzbischof von Canterbury, eröffnet worden war. Der Letztere kam aus Tarsus in Kleinasien, und die beiden Männer hielten ihren Unterricht gewiß auf griechisch und lateinisch ab. Aldhelm hinterließ Abhandlungen über Astrologie wie auch über Logik und Arithmetik, die als Lehrbücher für künftige Schüler gedacht waren. Alcuin, oder Ealhwine, wurde in York in einer Schule mit einer weit zurückreichenden Geschichte ausgebildet (ihre Tradition soll noch bis in die Zeit der römischen Besetzung zurückgereicht haben) und wurde später Freund und Berater Kaiser Karls des Großen. Er erlernte, wie er sagte, unter anderem ›die Harmonie des Himmels‹, die Gesetze, welche den Auf- und Untergang der Sterne und der sieben Planeten bestimmen.

Manches in der Kunst und Architektur Britanniens vor dem 11. Jahrhundert zeigt astrologische Bezüge – zuweilen von fern her, so wenn wir beispielsweise hören, daß die alte Abtei von Glastonbury einen Tierkreis im Fußboden hatte. Tierkreisornamente befinden sich auch in einer Reihe von Kirchen in Kent, noch aus der Zeit vor der Eroberung, und die neue Kathedrale von Canterbury hatte Tierkreisgestalten im Inneren, einfach nur deshalb, weil die alte, die 1067 niederbrannte, gleichfalls damit versehen war. Unter den Manuskripten der Bibliothek des Grafen von Oxford, Harley in der British Library befinden sich Tierkreiszeichnungen aus dem 8. Jahrhundert, und beim Brand der Abtei von Croyland, 1091, ging, einer Darstellung zufolge, die sich auf gerettete alte Manuskripte stütze, u. a. verloren:

»ein wunderschöner und kostbarer Tisch, aus verschiedenartigen Metallen, entsprechend der Verschiedenheit der Sterne und himmlischen Sternbilder, gefertigt. Saturn war aus Kupfer, Jupiter aus Gold, Mars aus Eisen, die Sonne aus Messingblech, Merkur aus Bernstein, Venus aus Zinn und der Mond aus Silber. Die Augen waren entzückt und der Verstand belehrt bei der Betrachtung der farbigen Kreise. Der Tierkreis und alle seine Zeichen waren mit wunderbarer Kunstfertigkeit aus Metall und Edelsteinen geformt, entsprechend ihren verschiedenen Beschaffenheiten, Formen, Gestalten und Farben.«

Nach der Eroberung durch die Normannen kam ein neuer Zufluß von astrologischem Material nach England, eingeführt durch jüdische Gelehrte aus Frankreich und anderen Ländern, die sich nicht nur in London, Oxford und Cambridge niederließen, sondern auch in anderen größeren Städten. Sie brachten Bücher mit, die astrologisches Wissen, vor allem aus arabischen und maurischen Quellen, enthielten. Es ist überliefert, daß Wilhelm der Eroberer seinen eigenen Leibastrologen hatte, der den Zeitpunkt seiner Krönung bestimmte (Mittag des Weihnachtstages 1066) – und Astrologen behaupten, dies sei ein besonders glückbringender Moment gewesen, der schwerlich aufs Geratewohl gewählt worden sein kann, und sie betrachten ihn als den rechten Augenblick, um für ihn ein Gesamt-›Horoskop‹ für England aufzustellen.

Unter der Regierung Wilhelms wurde der vielleicht berühmteste englische Gelehrte des 11. Jahrhunderts in Bath geboren. Ein großer Teil des Lebens von Adelhard Aethelhard liegt für uns im Dunkel, obgleich er gewiß viel in Europa herumgereist ist, und vielleicht noch weiter, denn in einem seiner Bücher sagt er mit großem Sachverstand, daß »was die Schulen in Gallien nicht wissen, enthüllen dir die jenseits der Alpen; was du unter den Lateinern nicht lernst, wird dir das gut unterrichtete Griechenland beibringen«. Auch zitiert er gern aus arabischen Texten und tut es oft so, als verwende er dabei mündliche und nicht literarische Quellen.

Sein Werk enthält viele Arbeiten über Mathematik, Astronomie und Alchimie. Er muß etwas hypersensibel gewesen sein, zumindest hat ihm die Atmosphäre in England nach seinen Reisen in kultiviertere Länder nicht mehr recht zugesagt, denn nach seiner Rückkehr findet er nichts als Schurken im Lande Heinrichs I.

»Fürsten sind gewalttätig, Prälaten Weinsäufer, Richter käuflich, Gönner unzuverlässig, die einfachen Leute sind Schmeichler, Versprechen werden gebrochen, Freunde sind eifersüchtig und alle zusammen sind sie Streber.«

Wie er sagt, hatte er vor, ernsthaft zu arbeiten, und das tat er auch. Er über-

183

setzte verschiedene astrologische Werke
aus dem Arabischen, einschließlich einiger (wie z. B. der Tabellen des al-Kho-
warizmi), aus denen der Leser lernen
konnte, wie man ein Horoskop stellt. Er
hätte das kaum getan, wäre er nicht an
der Materie interessiert gewesen, oder
hätte er es selbst nicht vermocht. Er war
der Ansicht, daß die Planeten »höhere
und göttliche Tiere« seien, die er als
»Veranlasser und Prinzip der niederen
Naturen« betrachtete. Wer sie studiere,
könne die Vergangenheit und Gegenwart
verstehen und die Zukunft voraussehen.
Seine charmante Vorstellung von den
Sternen als Himmelstieren geht bis zu
Betrachtungen über ihr Futter, das, seiner Meinung nach, aus den Feuchtigkei-
ten von Erde und Wasser bestand, welche, geläutert von der langen Reise durch
die obere Luftschicht, beim Erreichen
der Planeten leicht und ätherisch genug
seien, um diese nicht verdummen oder
verfetten zu lassen.

Eine andere, vermutlich von Adelhard
stammende Abhandlung zitiert Hermes
Trismegistus, Ptolemäus, Apollonius
und andere antike Sachverständige und
spricht sich für die Verwendung der
Astrologie in der Medizin aus, denn ihr
Studium ergibt bessere Ärzte als »den
engstirnigen Mediziner, der nur an Wirkungen minderer Natur denkt«. Er befaßt
sich auch mit der Einwirkung der Planeten auf Tiere und Pflanzen und bringt sie
zu bestimmten Metallen und Farben –
ja Religionen – in Beziehung: Die Juden

werden von Saturn regiert, die Araber von Mars und Venus, das Christentum von Sonne und Jupiter (denn die Sonne bedeutet Ehrlichkeit, Freisinn und Sieg und Jupiter Frieden, Gerechtigkeit und Menschlichkeit). Die andauernden Kämpfe zwischen Juden, Moslems und Christen erklären sich daraus, daß weder Mars noch Saturn je in freundlicher Relation zu Jupiter steht.

Ein Zeitgenosse Adelhards im weiteren Sinne war Wilhelm von Conches. Auch er reiste viel, ehe er zwischen 1146 und 1149 an den Hof von Geoffrey Plantagenet ging – als Lehrer von dessen Sohn, dem späteren Heinrich II von England. Interessant ist, daß Wilhelm als einer der ersten Gelehrten versucht hat, den Unterschied zwischen Astronomie und Astrologie zu definieren. Die Fachwelt, sagt er, spricht auf drei Arten von den Planeten: Die mythische, die astronomische und die astrologische. Wer an Fabeln interessiert ist, interpretiert die griechischen Mythen, als wären sie astronomisch. Die Astrologen behandeln Phänomene so wie sie zu sein *scheinen*, gleich ob genau oder nicht. Astronome behandeln Dinge, wie sie *sind*, gleich ob sie so zu sein scheinen oder nicht.

Weiter geht er mit dem Thema nicht, scheint aber die Astrologie nicht schlechtmachen zu wollen, denn im Weiteren zitiert er Plato falsch, um die Theorie zu bestätigen, daß die Planeten die Natur und den menschlichen Körper steuern. Die Himmelskörper, so argumentiert er, erwärmen die Atmosphäre, die ihrerseits das Wasser erwärmt, welches ein grundlegender Bestandteil aller tierischen Körper ist. Sie müssen folglich jedes Lebewesen beeinflussen. Er führt die Planeten und ihre Beschaffenheit und Wesensart auf und entwickelt einige Theorien darüber, wie die Grundlagen dafür entdeckt wurden, wobei er nicht nur praktische, sondern auch symbolische Begründungen anführt. Die Alten, sagt er, entdeckten, daß der Saturn ein ›kalter‹ Planet war, denn wenn die Sonne weniger warm als üblich schien, war sie im Krebs und in Konjunktion mit Saturn im selben Tierzeichen. Er wies aber auch darauf hin, daß der Saturn angeblich eine Sichel trug, denn ein Mann mit einer Sichel »verrichtet mehr im Rückwärtsgehen als im Voranschreiten«. Venus soll mit Mars Ehebruch begangen haben, denn als diese beiden Planeten dicht beieinander waren, nahm Mars der Venus etwas von ihrem guten Einfluß fort.

Man sagt, daß das Interesse Heinrichs II für die Astrologie, das Wilhelm von Conches und sein Vater Geoffrey, Graf von Anjou, in ihm geweckt hatten, dazu führte, daß er der Gönner von Abenezra (1092 – 1167) wurde, einem Juden aus Toledo, der 1158 nach England kam, um in London und Oxford zu dozieren. Er war auch ein Dichter:

»Die Planeten und Sterne kamen
Voran auf ihren Bahnen,
Als ich geboren ward.

Hätt' ich mein' Zeit mit Kerzenhandel
verbracht,
Die Sonn' sie schiene die ganze Nacht.

Ich möchte – umsonst! – mich
bewähren
Dagegen sind des Himmels Sphären,
Tät' ich Leichentücher nähen,
Keinen würd' ich sterben sehen.«

Abenezra scheint guten Humor wie auch
einen großen Ruf als Astrologe und
Schriftsteller gehabt zu haben. (Sein *De
nativibus* erlebte im 15. und 16. Jahrhundert Neuauflagen.) Er lehrte nicht nur in
London, sondern in ganz Europa, und
mag für kürzere Zeit den Lehrstuhl für
Astrologie an der Universität von Bologna innegehabt haben.

Die Bedeutung Adelards und Wilhelms
von Conches liegt nicht zuletzt darin,
mehr arabische Literatur nach Frankreich und England gebracht zu haben, die
sie teils übersetzten, teils als Quellenmaterial für ihre eigenen Werke verwandten. Natürlich standen auch andere
Übersetzer zur Verfügung, deren Namen
großenteils verlorengegangen sind. Andere wiederum kennen wir: Bartholo-
mäus von Messina, Burgundio aus Pisa
und Eugenius, Admiral von Sizilien, der
aus dem Griechischen übersetzte; Egi-
dius de Trebaldis aus Parma, Arnold aus
Barcelona und Blasius Armegandus aus
Montpellier, der aus dem Arabischen
übersetzte, und so weiter. Durch sie
gelangte ein Strom astrologischen Wis-

sens aus Arabien in den Westen. Manche Übersetzer, wie Pedro Alfonso, erklärten, sie bemühten sich, Kenntnisse in den Westen zu schaffen, um größeren Gelehrten, als sie selbst es seien, die Mühe zu ersparen, so weit reisen zu müssen, um sich die Grundlagen anzueignen, auf denen sie ihre Philosophien aufbauen könnten.

Die meisten Übersetzer und Gelehrten gaben viel auf Beobachtung und Experiment, holten sich ihr Wissen aber auch gern aus Büchern. Pedro glaubte an die Erfahrung als bestem Lehrmeister: »Es ist durch experimentelle Beweisführung erwiesen«, sagt er, »daß wir mit bestem Gewissen bestätigen können, daß Sonne, Mond und andere Planeten auf irdische Geschehnisse Einfluß haben... Tatsächlich ereignen sich unzählige andere Dinge auf Erden in Übereinstimmung mit den Sternen und gehen, von den Sinnen der meisten Menschen unbemerkt, vorüber, werden aber von dem feinen Gespür der Gelehrten, die in dieser Kunst ausgebildet sind, entdeckt und begriffen.« Er war im übrigen Leibarzt des Königs Heinrich I und hinterließ Notizen über astrologische Medizin. Zwanzig Jahre nach seinem Tode übersetzte Walcher, der Prior von Malvern, alle Bücher Pedros ins Englische.

Im 12. Jahrhundert erfuhr die Übersetzung von astrologischen Texten ins Lateinische eine rapide Beschleunigung. Um 1150 waren bereits die meisten bedeutenden Schriften in dieser Sprache verfügbar: Plato aus Tivoli hatte die *Tetrabiblos* (als *Quadripartitum)* übersetzt; Johannes aus Sevilla stellte eine Übersetzung des *Centiloquium,* eine (fälschlich) Ptolemäus zugeschriebene Folge von astrologischen Aphorismen her und übersetzte Albumasar, Alchabitius und Messahla. Und Gerard aus Cromona (1114 – 87) brachte es auf über siebzig Übertragungen aus dem Arabischen ins Lateinische, darunter Ptolemäus' *Almagest (Syntaxis)* und zwei bis dahin unbekannte Arbeiten von Aristoteles, die *Meteorologica* und *Generatione et corruptione.*

Ende der ersten Dekade des 13. Jahrhunderts war zum erstenmal das Gesamtwerk des Aristoteles in Westeuropa erhältlich, und zwar in einer Sprache, die jeder Studiosus lesen konnte, und im Jahre 1255 wurde es trotz der Bedenken einiger Kirchenleute von den Universitäten eingeführt. Das war ein großer Schritt vorwärts, denn es bedeutete, daß fortan kein ernsthafter Theologe mehr die Tatsache bestreiten würde, daß die Veränderungs- und Wachstumsprozesse auf Erden von der Tätigkeit der Himmelskörper abhingen. Man lese die mittelalterlichen Gelehrten zum Thema Aristoteles, und man wird sehen, daß sie alle – angefangen von Albertus Magnus bis hin zu Thomas von Aquin und Dante – die astrologische Theorie anerkannten, die Teil der philosophischen Beweisführung geworden war. Und wenn sie noch so sehr am freien Willen

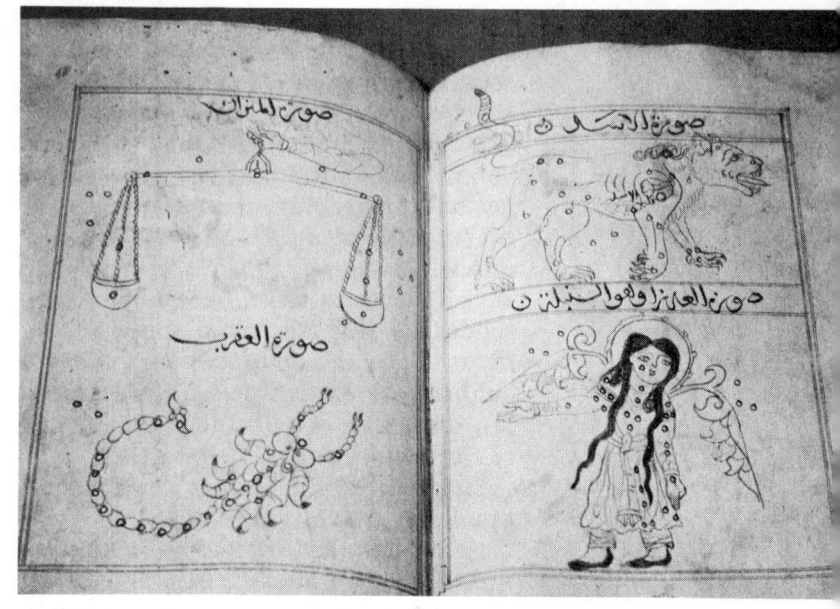

als einem Grundstein der christlichen Lehre festhielten, sie konnten Aristoteles' (oder, wenn man will, auch Augustinus') Zugeständnis nun nicht mehr ableugnen, daß die Planeten menschliche Affairen beeinflussen. Die Kirche sah sich gezwungen, die Astrologie als Wissenschaft anzusehen, und gab ihr placet, während sie gleichzeitig Magie verdammte. Thomas von Aquin sagt es in seiner *Summa theologiae* deutlich:

»Die Mehrzahl der Menschen... werden von ihren Leidenschaften beherrscht, die von körperlichen Appetiten abhängig sind. Bei diesen sind die Einflüsse der Sterne deutlich festzustellen. Dünn

Astrologische Werke aus dem Mittleren Osten waren im Westen reichlich in Umlauf und für westliche Astrologen leicht zu entziffern: Dieses Manuskript aus der Türkei des 13. Jahrhunderts enthält Zeichnungen des Löwen, der Waage und des Skorpions, Symbole, die in keiner Weise von den westlichen Darstellungen abweichen; die Jungfrau hingegen ist ohne Zweifel ein östliches Fräulein.

190

gesät sind fürwahr die Weisen, die ihren tierischen Instinkten zu widerstehen vermögen. Infolgedessen sind Astrologen in der Lage, in den meisten Fällen die Wahrheit vorauszusagen, besonders dann, wenn sie allgemeine Voraussagen machen. Besonders Voraussagen, die keine Gewißheit in sich tragen, denn nichts hindert den Menschen, den Diktaten seiner niedrigeren Anlagen zu gehorchen. Weshalb die Astrologen selbst zu sagen pflegen, daß ›der Weise die Sterne regiert‹, insofern nämlich, als er seine eigenen Leidenschaften in der Gewalt hat.«

Die Flut von Übersetzungen aus dem Arabischen brachte ein neues Element in die westliche Astrologie. Ptolemäus hatte sich in den *Tetrabiblos* fast ausschließlich mit einem Anwendungszweck der Astrologie beschäftigt: wie man die Stellungen der Planeten zur Zeit einer Geburt dazu benutzt, die Zukunft des Kindes zu sehen. Er überging dabei zwei Aspekte der Astrologie, die den Arabern wichtiger sind: *interrogationes* und *electiones*. Der erstere betraf das Stellen eines Horoskops, um die Antwort auf eine Frage zu finden – die Identität eines Diebes, zum Beispiel, oder die Beschaffenheit einer vorgeschlagenen Eheschließung. Der zweite war eine Methode, den günstigsten Augenblick für ein bestimmtes Vorhaben zu ermitteln – die Ausfahrt eines Schiffes, die Eröffnung eines Geschäfts, die Vollziehung des Eheaktes.

Die Wahl eines ganz bestimmten Zeitpunktes wurde viel von Ärzten angewandt, um den rechten Augenblick zu treffen, zu dem eine Medizin zu verabreichen, eine Operation durchzuführen war oder der Patient das Bett verlassen durfte. In gewissem Sinne wird die Methode ja noch im 20. Jahrhundert angewandt, wo zumindest manche Ärzte es für besser halten, diejenigen Mondphasen für eine Operation zu wählen, an denen der Patient mit weniger Blutverlust zu rechnen hat. Oder ein Blutspender gibt sein Blut lieber bei Vollmond, wo er heftiger blutet.

Zumindest ein arabisches Buch hat die Einstellung der englischen Kirche gegenüber der Astrologie entscheidend beeinflußt. Es war das *Intruductorium in astronomiam* von Albumasar, übersetzt von Herman von Dalmatien, der um 1140, zusammen mit Robert dem Engländer, auf der Suche nach astrologischen Werken Europa bereiste.

Albumasars Buch war besonders für diejenigen wichtig, die sich mit der Beziehung der Astrologie zum freien Willen beschäftigten. Er war der Ansicht, daß es zwar Dinge gebe, über die ein Streit unmöglich sei – Feuer war heiß, war immer heiß gewesen und würde immer heiß sein –, daß aber andere Tatbestände im Leben unbeständig seien: Er bringe heute etwas zu Papier, morgen aber würde er oder würde er nicht weiterschreiben. Die Planeten seien für die Vernunft empfänglich und

Auf dem Bildteppich von Bayeux erfährt der kürzlich gekrönte König Harold mit bösen Vorahnungen von dem ›Stern‹ (Halleyscher Komet).

Auf einer Seite eines Exemplars von Albumasars *Flores Astrologici* aus dem Jahre 1495 lenkt die Sonne ihren Wagen stolz über den Himmel, während (rechts) Venus zu sehen ist, deren Wagenräder mit der Glypte der Waage und einem Abbild des Stiers (den von dem Planeten ›regierten‹ Tierkreiszeichen) verziert sind. Auf ihrem Wagen fährt die Göttin den unsehenden Kupido.

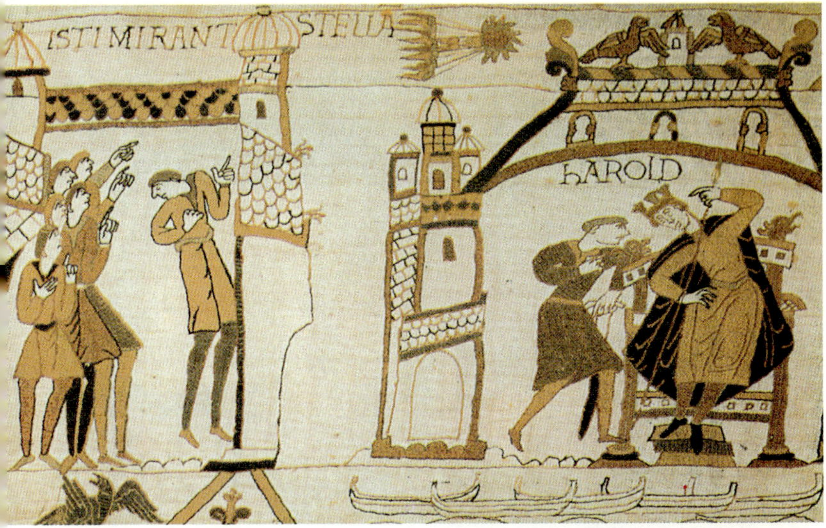
ISTI MIRANT STELLA
HAROLD

Mars quidem cōsiliatores bellorum et auctores guerrarū et insurgētes cōtra regē: mortēquoq3 subitaneā cū multitudine īfirmitatū: febres graues et abscisiones viarū: effusiōes sanguinis: casus quoq3 3bustionis et fluminis 3sumptionē. ¶ Qui si fuerit in terreis significat destructionē arborū per conbustionē caloris: et ventos validos nociuos et cōbustio frugū nouarū in tempore suo. ¶ Qui si fuerit in aere significat paucita[tem] pluuiarū et grauitatē caloris: et fulmina et calores nociuos. ¶ Et si fue[rit] in signo aquatico significat periculosa naufragia nauigātiū repēte cum [ven]tis fortiter flantibus ¶ Et si in signo quadrupedū significat impedimē[tum] in quadrupedibus quibus homines viuūt: et de his que pertinent [ad] ipm signū postea aspice planetā impedientē eum in quo signo sit: et com[pone] locutionē tuam super hoc scdm quod dictū est in rebus ♄. Et similiter narratio tua in indumento ♂ cū malo vel fortuna sicut in ♄.

Sol

Sol significat magnates: diuites: et honorabiles. Qui si fuerit impeditus hora reuolutionis detrimentū patiet omne qd eius est. ita q multum impedient: et accidēt vniuerso vulgo: infirmitates. ¶ Qui si fuerit i signis humanis erit impedimentū in his q ptinent ad eū de hoibus ¶ Si in terreo erit in his q sunt ex substantia terre et metallorum. ¶ Si fuerit in aereo erit impedimentū in aere. ¶ Si in aqtico que sunt ex aialibus aquarū impedimentum patie[n]t. ¶ Et si fuerit in loco mali fortuna verte sententiam et dic loco mali bonum: et aspice planetam impedientem eum vt supra.

Venus

Venus est significatrix mulierū sponsaliū. que cū impedita fuerit hora reuolutiōis impediet omne qd eius est. ¶ Si in humanis signis impedimentū patiet quicqd eius est in hoibus. ¶ Si in terreis q sunt ex substantia terre. ¶ Si in aereo q sunt in aere ¶ Et si in aqtico q sunt ex substantia aq. ¶ Et si fuerit in loco mali fortuna verte sententiā et dic loco mali bonum: et aspice planetā cum impedientem vt supra.

b

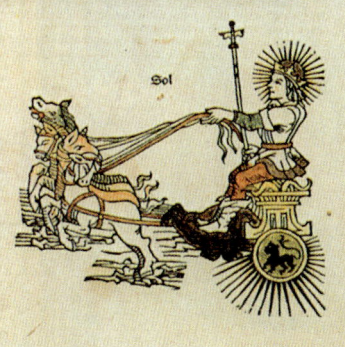

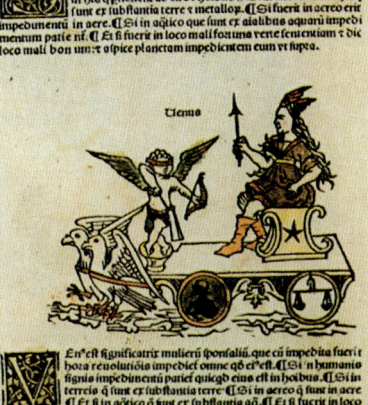

Tafel 14

ihre göttlich gesteuerten Kräfte könnten bestreitbare wie unbestreitbare Sachverhalte beeinflussen.

Übersetzungen astrologischer Bücher im 12. Jahrhundert waren außerordentlich einflußreich und wurden viel gelesen. Verschiedene wurden sehr populär. Bernard Silvester, der Mitte des 12. Jahrhunderts schrieb, verfaßte beispielsweise drei Bücher, alle über Astrologie, die weiteste Verbreitung fanden. Silvesters *Experimentarius* war eine gereimte Übersetzung eines Werkes über Geomantie (eine Voraussagemethode, bei der eine beliebige Anzahl von willkürlich auf Papier geworfenen Punkten durch Linien miteinander verbunden wurden. Die so entstandenen Muster dienten dann als Schlüssel zu bestimmten Sternbildern oder Tabellen. Der Hausastrologe eines Hotels im indischen Agra verwandte die Methode noch im Jahre 1982). Silvesters *Mathematicus* war eine Erzählung in Gedichtform, die von einer astrologischen Voraussage berichtete, und *De mundi universitate* handelte von den Sternen selbst und ihren Einwirkungen auf die gesamte Schöpfung. Das letztgenannte Buch war ein Erfolg, den man heute mit ›Superbestseller‹ charakterisieren würde. Es wurde binnen kurzem in den führenden Schulen Europas eingeführt, wo interessanterweise auch nicht der geringste Einwand gegen Silvesters Charakterisierung der Planeten zu verzeichnen war: Er nannte sie »Götter, die in persona Gott

In einem Gemälde von Pedro Berruguete († 1503) schaut der heilige Dominik zu, wie Diener der Spanischen Inquisition Bücher verbrennen. Während manche von den Flammen verzehrt werden, steigen andere in heiliger Unversehrtheit von den Flammen auf. Zu welcher Sorte astrologische Werke gehören würden, kann man nur mutmaßen; die Einstellung der Inquisition zu dem Thema war höchst zweideutig.

dienen« und dem Schöpfer nahe genug
sind, um von ihm die Geheimnisse der
Zukunft zu erfahren, welche sie »mit
unvermeidlicher Notwendigkeit der
niedrigeren Gattung des Universums«
auferlegen. Die gesamte Natur erhielt ihr
Dasein vom Himmel und könnte sich
ohne ausdrückliche Anweisung von
hoch oben gar nicht bewegen – obgleich
Silvester gleichzeitig von »was ist am
Willen frei und was ist von der Notwendigkeit getragen« spricht; ein klein
wenig verwirrend.

Eine Illustration aus
einer Ausgabe des 13.
Jahrhunderts n.Chr.
von Bernard Silvesters
Experimentarius, die
Euklid darstellt.

Der *Mathematicus* ist vielleicht die erste frei erfundene Erzählung, deren Handlung sich gänzlich auf Astrologie stützt. Es ist darin von einem römischen Ritter und seiner Gemahlin die Rede, deren Ehe kinderlos ist. Die Dame wendet sich an einen Astrologen, der ihr voraussagt, sie werde einen Sohn bekommen, der ein großes Genie und der Herrscher von Rom sein, doch eines Tages seinen Vater töten werde. Die Dame sagt es ihrem Gemahl, der ihr das Versprechen abverlangt, den Sohn in seinen Kinderjahren zu töten. Als sie schwanger wird und einem Sohn das Leben schenkt, bringt sie es natürlich nicht über sich, ihn umbringen zu lassen. Sie schickt ihn fort und versichert ihrem Mann, daß er tot sei. Das Kind, Patricida (so benamt, um sicherzugehen, daß er das Verbrechen des Vatermordes verabscheuen wird), ist hochbegabt, erlernt »die Planetenbahnen und wie das menschliche Geschick unter den Sternen steht« und »drückt den göttlichen Aristoteles an seine Brust«. Er wächst auch zu einem großen Soldaten heran, rettet Rom vor den anstürmenden Karthagern, worauf der König zu seinen Gunsten abdankt. Verständlicherweise ist seine Mutter sowohl stolz auf ihren Sohn wie auch in Angst um dessen Vater. Sie gesteht alles ihrem Gatten, der sich zu ihrem Entsetzen zu Patricida begibt und ihm gesteht, wie er ihn einst hatte töten lassen wollen, doch von den Planeten überstimmt worden sei, die zweifellos dem König befehlen würden, seinen Vater umzubringen. Patricida beschließt, Selbstmord zu begehen, um sie beide vor dem Verhängnis zu bewahren. Er ruft das römische Volk zusammen, bringt es dazu, ihm blindlings alles zu versprechen, was er von ihm verlangt, und rückt dann damit heraus, daß er zu sterben wünscht... und – oh Graus! – gerade hier bricht das höchst spannende Gedicht ab, und wir müssen uns unsere eigene Version darüber machen, was dann geschah.

Eine Seite aus Albumasars *De Magnus Conjunctionibus* zeigt einen Gelehrten und einen Ritter. Der Gelehrte stützt sich auf die Glypten der Fische und des Schützen (Verstandeskraft und Philosophie), der Ritter auf die von Skorpion und Widder (Beharrlichkeit und Mut).

Die Geschichte war durchaus ernst gemeint und wurde auch so aufgefaßt. Diejenigen, die sie als Satire sehen wollten, waren zumeist christliche Kleriker, die auf anti-astrologische Fehde aus waren. Im Text findet sich nicht eine einzige Stelle, aus der zu entnehmen wäre, daß irgend etwas anderes gemeint war als eine einfache Geschichte, und als solche wurde sie auch von den vielen Lesern begriffen.

England besaß keinerlei Astrologen, deren Ruf sich mit dem einiger Kollegen auf dem Kontinent hätte messen können, obgleich das Fach von den Universitäten gelehrt wurde. Herumreisende englische Gelehrte kamen mit Nachrichten über die jüngsten Entwicklungen in die Heimat zurück, unter ihnen Alexander Nackham (1157 – 1215), der ein Pflegebruder Richards I war, in derselben Nacht wie der König zur Welt gekommen und an derselben Mutterbrust genährt wie sein künftiger Herrscher. Er wurde ein hervorragender Gelehrter und Abt von Cirencester, und schrieb in seinem Buch *De naturis rerum* allgemein über Astrologie, Astronomie und Naturwissenschaft. Richard soll auch ›etwas über Astrologie‹ verfaßt haben, aber das Manuskript ist verschwunden.

Daß die britische Bevölkerung als Ganzes durch astrologische Vorausbestimmungen beeinflußt wurde, ist nicht zu bezweifeln. So wurde sie gemeinsam mit den meisten anderen Europäern durch die Konjunktion von Planeten in der Waage in Panik versetzt, die 1186 angekündigt wurde. Die meisten Astrologen sagten verheerende Stürme voraus (die Waage ist ein ›Luft‹-Sternbild), was zur Folge hatte, daß viele ihrer gutgläubigeren Zuhörer unterirdische Bunker aushoben, um dort die Krise zu überstehen, und in vielen Kirchen wurden Gottesdienste abgehalten, um den Schöpfer im Gebet um ein Machtwort gegen die Planeten zu bitten.

Zwei englische Schriftsteller, Roger of Hoveden und Benedict of Petersborough, bemühten sich, ihre Zuhörer zu beruhigen. Sie erinnerten daran, daß ein früher Astrologe, ein gewisser Corumphia, vorausgesagt habe, daß nur Städte in den Sandgebieten der Erde in Mitleidenschaft gezogen würden. Des weiteren aber bekundete Hoveden auch, ein englischer Astrologe, William, Schriftführer Johns, des Konnetables von Chester, habe die Meinung vertreten, daß England mit zu dem Verwüstungsgebiet gehören werde, und zwar durch göttlichen Eingriff, und daß »Fürsten auf der Hut sein sollten, Gott zu dienen und den Teufel zu fliehen, so daß der Herr ihre drohende Heimsuchung abwende«.

Als der September 1186 herannahte, verbreitete sich die Panik. Das Traktat eines sarazenischen Astrologen, Pharamella, der die Berechnungen seiner westlichen Kollegen anfocht und der Ansicht war, die Stellungen von Mars und Venus würden die Auswirkungen der Konjunktion abschwächen, kam zu spät, um die

Ängste der Abergläubigen zu beschwichtigen. In Wirklichkeit war dann der September ein milder, normal verlaufender Monat, und die Astrologen mußten zugeben, daß sie sich geirrt hatten: Die Konjunktion verursachte keine Stürme – statt dessen richtete sie im Jahr darauf die Siege Saladins im Heiligen Land an!

Mit dem 13. Jahrhundert trat der erste bekanntgewordene Hofastrologe seit der Römerzeit in Erscheinung, von dem wir Genaueres wissen: Michael Scot, der um 1230 als Astrologe des Heiligen Römischen Kaisers Friedrich II starb. Über diesen Friedrich II, der sein Leben über eine ganze Anzahl von Astrologen beschäftigt zu haben scheint, gibt es eine hübsche Anekdote: Als sich einer von ihnen bei ihm vorstellte, beschloß er, ihn auf die Probe zu stellen und fragte: »Durch welches Tor werde ich heute die Stadt verlassen?« Der Astrologe schrieb seine Antwort auf, versiegelte sie und sagte dem Kaiser, er möge sie nicht öffnen, ehe er nicht aus dem Schloß heraus sei. Daraufhin ließ Friedrich ein neues Tor in die Mauer schlagen und ging durch die roh gehauene Öffnung aus dem Schloß. Dann öffnete er die versiegelte Botschaft und las: »Der König wird heute beim Hinausgehen einen neuen Weg beschreiten.« Der Astrologe wurde eingestellt.

Scot wurde von seinen Zeitgenossen als »ein Sternenuntersucher, ein Augur, ein Wahrsager, ein zweiter Apollo« bezeichnet. Über das Leben dieses schottischen Gelehrten weiß man sehr wenig,

Michael Scot, in einem Manuskript aus dem 13. Jahrhundert abgebildet, war der schottische Hofastrologe Kaiser Friedrichs II; Dante erwähnt ihn im *Inferno*, und er kommt in Sir Walter Scotts *Lied vom Letzten Minnesänger* vor.

aber über die Art, wie sein Verstand arbeitete, gibt es eine Vielzahl von Zeugnissen – ein Verstand vollgestopft mit wunderlichem Wissen und erstaunlichen Theorien (daß zum Beispiel, weil die Finger der Hand vierzehn Gelenke haben – und die Gründe für diesen Schluß bleibt er uns schuldig! –, die natürliche Lebensdauer des Menschen 140 Jahre betragen müßte). In einer umfangreichen *Einführung in die Astrologie* behandelt er die Theorie und Praxis, wie man die Planeten verwendet, um festzustellen, was Gott mit den Menschen vorhat, und wirft dabei sämtliche alten Fragen wieder auf. Daß die Sterne Symptome, nicht Ursachen sind. Wie man sie gebrauchen kann, um »ein wenig von der Wahrheit eines jeden« zu erfahren, der in dieser bestechlichen Welt geboren wird. Er geißelt ›abergläubische Astrologen‹ (jene, die Numerologie oder Geomantie betreiben), wenngleich er nur zu gern okkulte Wahrsagemethoden beschreibt wie die aus den Wolkenformationen oder aus der Oberfläche einer Flüssigkeit.

Viele von Michael Scots' Arbeiten sind konfus und weithergeholt, aber er scheint neuartige Forschungen angestellt zu haben – zum Beispiel über die Menstruation und die Mondphasen –, er scheint fest daran geglaubt zu haben, daß der Augenblick der Empfängnis, wenn überhaupt, wichtiger ist als der der Geburt. Eine Frau sollte stets den genauen Zeitpunkt des Koitus festhalten, bei dem sie vielleicht empfängt, sagt er und erklärt sodann in allen Einzelheiten, wie die verschiedenartigen Positionen bei der Begattung mit Hilfe der Planetenpositionen bestimmte Resultate bezüglich der Empfängnis erzielen können. Bei ernsthafteren astrologischen Theorien streut er freigebig köstliche magische und abergläubische Omina ein. Um das Geschlecht eines ungeborenen Kindes festzustellen, ersuche man die schwangere Frau, einem die Hand zu reichen. Gibt sie die rechte, wird das Kind ein Knabe sein; bei der linken ein Mädchen. Niest ein Mann zwei- oder viermal, während er geschäftlich tätig ist, und steht er auf und läuft herum, so wird sein Unternehmen gelingen; wer aber drei Nächte hintereinander des Nachts zweimal niest, der kündigt Tod und Unheil an.

Zahlreiche Legenden von Hexerei und Magie ranken sich um die Gestalt von Scot. Ein Zweizeiler beschreibt seine seltsamen Kräfte:

»Stampft er mit dem Fuß in Spanien, Läuten die Glocken in Notre Damien.«

Und die Leute tuschelten, daß er sich auf einem Dämon in Gestalt eines Rappen fortbewege. Er soll vorausgesagt haben, er werde durch einen Schlag auf den Kopf sterben und trug, um dem zu entgehen, stets einen stählernen Helm. Eines Tages, während eines Kirchenbesuches mit dem Kaiser mußte er ihn absetzen. Worauf ein kleiner Stein ihm auf den Kopf fiel und ihn auf der Stelle tötete.

Einige prominentere Gestalten aus dem 13. Jahrhundert hatten lediglich ein oberflächliches Interesse an der Astrologie. Aber Interesse hatten sie alle. Albertus Magnus (1193 – 1280) zum Beispiel, einer der bedeutendsten scholastischen Philosophen des Mittelalters und Lehrer von Thomas von Aquin, hat wenig unmittelbar Astrologisches geschrieben, doch kommen seine Ansichten über das Gebiet in fast allen seinen Schriften zum Ausdruck. Zweifellos hing auch er der allgemein verbreiteten Meinung an, daß alles irdische Geschehen von den Bewe-

Das Manuskript eines der astrologischen und alchimistischen Bücher von Michael Scot, das in den ersten Dekaden des 13. Jahrhunderts in ganz Europa Berühmtheit erlangte.

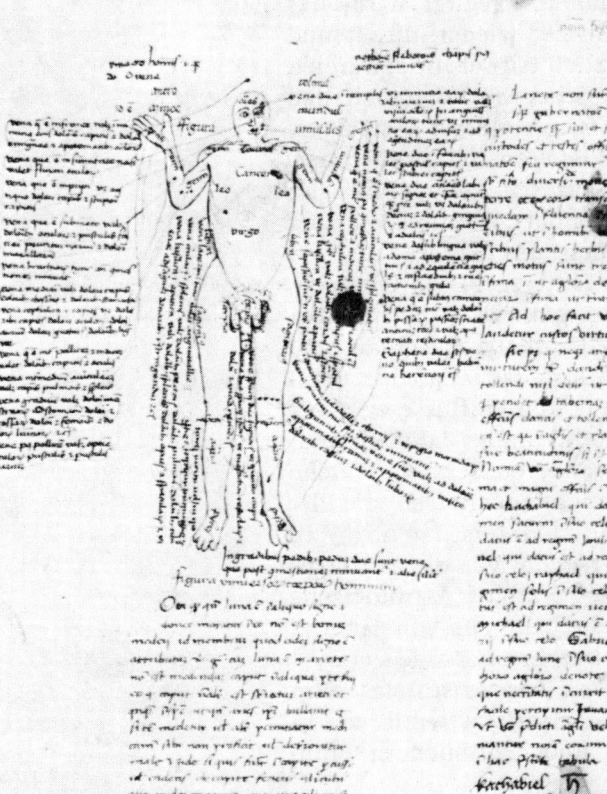

gungen der Planeten regiert wird; das versichert er immer wieder, direkt und indirekt. Natürlich tritt er für den freien Willen ein, versichert aber dennoch, daß ein genügend ausgebildeter Astrologe, sobald er die Planetenstellungen innerhalb des Tierkreises im Augenblick der Geburt erforscht hat, Voraussagen über das ganze Leben des Kindes machen kann – in den gottgegebenen Grenzen. Ferner meint er, man wäre gut beraten, den Knaben die Laufbahn einschlagen zu lassen, die ein Astrologe empfiehlt, denn infolge der planetaren Einflüsse werde er eine besondere Eignung dafür zeigen, verglichen mit anderen Berufen, welche die Eltern vielleicht bevorzugen, die Planeten aber nicht unterstützen. (Man kann hieraus ersehen, wie die astrologische Theorie sich festigte: Astrologische Beratung über die Laufbahn von Kindern hatte es auch vorher schon gegeben – von Zeitgenossen des Aristoteles zum Beispiel – aber erst jetzt wurde sie in Kommentaren und Lehrbüchern empfohlen.)

Der heilige Thomas von Aquin (1225 bis 1274), Albertus Magnus' Schüler, war nicht so sehr Wissenschaftler als Theologe. Er stand bei den Päpsten Urban IV und Clemens III hoch im Ansehen und wurde 1323, ein knappes halbes Jahrhundert nach seinem Tode, von Johannes XXII heiliggesprochen. Seine Einstellung zur Astrologie war der des Albertus ähnlich: Er verneinte, daß die Sterne Lebewesen seien, war aber der

Meinung, daß alle natürlichen Bewegungen niederer Körper von den Bewegungen der Planeten und Sterne verursacht würden. Er gab auch zu, daß viele Astrologen richtige Voraussagen gemacht hätten, wenn auch mit dem Vorbehalt, daß viele andere falsche gemacht hätten!

Roger Bacon, ein in Somerset gebürtiger und in Oxford geschulter Engländer, hatte ein gestörtes Verhältnis zur Kirche: Zweimal kam er wegen Ketzerei hinter Gitter. Er ritt eine heftige Attacke gegen Magie und jene, die sie auszuüben vorgaben, sah aber andererseits, daß manche ›Magier‹ in Wahrheit Wissenschaftler waren, die sich ernsthaft damit befaßten, die Geheimnisse des Daseins zu entwirren; ›wissenschaftliche Magie‹ war zulässig. Aber die Astrologie, wie sie von Albertus und Thomas von Aquin erklärt wurde, bejahte er vollkommen und nahm mehr oder weniger deren Standpunkt ein, ja er ging noch ein Stück weiter mit seinem Diktum, die Planeten vermöchten den Menschen zu gutem oder schlechtem Verhalten geneigt zu machen, auch wenn das eine wie das andere vom freien Willen eingeschränkt werden könne.

Er dachte viel über die Planeten und ihre Beziehung zum Christentum nach: Die Verbindung des Merkur mit dem Christentum zum Beispiel, die Tatsache, daß dieser Planet Herrscher der Jungfrau ist, und die Ähnlichkeit zwischen der exzentrischen Bahn des Merkur (die damals so schwer auszumachen war) und dem rätselhaften Kurs des christlichen Glaubens. Diese Theorie wurde klar ausgesprochen, und die Päpste wußten davon. Tatsächlich war Bacon ein großer Anhänger einer Richtung, die wir nur ›magische Astrologie‹ benennen können: Er glaubte zum Beispiel an die Wirksamkeit von gesprochenen Zauberformeln und Amuletten, sofern sie unter den rechten planetarischen Vorzeichen eingesetzt wurden, denn dann schlossen sie die wunderliche Energie der Sterne und des Menschengeistes in sich ein. Er erzählt eine Geschicht über Moses, wie dieser sich einer kompromittierenden Liebschaft mit einer äthiopischen Prinzessin mit Hilfe eines Ringes entzog, der sie ihre Liebe zu ihm vergessen machte. Und er behauptet, daß viele Wunder der Heiligen mit Hilfe magischer Anrufungen im astrologisch richtigen Augenblick vollbracht worden sind.

Daß die Astrologie sich nicht gegen die Kirche zu verteidigen hatte, wohl aber gegen Widersacher, die ausstreuten, sie sei anti-christlich, wird durch die Veröffentlichung einer Albertus zugeschriebenen Abhandlung *Speculum astronomiae* deutlich, einer weitschweifigen Verteidigung der Astrologie und Astronomie. Sie kam wahrscheinlich um 1277 heraus, etwa der gleichen Zeit, als Stephan, Bischof von Paris, und eine Reihe von geistlichen Beratern eine Verdammung verschiedener Ansichten (genau gesagt deren 219) herausbrachte, welche ›Signor de Brabant, Boetius von Dänemark und anderen‹ angelastet wurden. Viele dieser ›Ansichten‹ hatten mit Astrologie zu tun – daß nämlich (eine alte These) die Welt von Neuem beginnen werde, wenn alle Planeten an ihre alten Orte zur Zeit der Schöpfung zurückkehrten; »daß der Wille und der Verstand nicht aus eigener Kraft agierten, sondern durch eine ewigwährende Ursache, nämlich die Himmelskörper«; »daß durch bestimmte Tierkreiszeichen die menschlichen Absichten und Sinnesänderungen erkannt würden, desgleichen ob ihre Absichten erreicht werden würden«; und daß durch solche Berechnungen zu ermitteln wäre: die Ergebnisse von Reisen, die Gefangennahme von Menschen, ihre Befreiung aus der Gefangenschaft und ob sie Weise oder Schurken würden; und »daß das Christentum der Wissenschaft hinderlich sei«. Ob nun mit Absicht oder auch nur durch Zufall, das *Speculum astronomiae* gibt auf die meisten von ihnen Antwort.

Noch andere, weniger bedeutende und erheblich weniger begabte astrologische Verfasser gab es zu dieser Zeit, deren Namen überlebten und deren Bücher, trotz oft schwerwiegenden Ungenauigkeiten und Fehlern, Jahrhunderte hindurch gelesen wurden. John Holywood von Halifax ist ein Beispiel dafür. Er kam in Halifax zur Welt, studierte in Oxford und ließ sich etwa 1230 in Paris nieder; sein Name wurde latinisiert zu Johannes de Sacro Bosco. Sein Ruhm beruhte auf einem kurzen Buch, *Tractatus de sphae-ra*, das unzählige Male vervielfältigt und neu gedruckt sowie in verschiedenen Übertragungen aus dem ursprünglichen Latein gedruckt und wieder gedruckt wurde, bis hin zum Jahre 1647 – mindestens vierzig Ausgaben in einem Jahrhundert –, selbst nachdem auf die vielen astronomischen Fehler hingewiesen worden war. Es wurde von Chaucer als Quellenmaterial für seine *Abhandlung über das Astrolabium* benützt, und viele berühmte Gelehrte schrieben Kommentare dazu.

Aber das bedeutendste astrologische Buch, das im 13. Jahrhundert in lateinischer Sprache erschien, war der *Liber astronomicus* von Guido Bonatti, dem Astrologen, den Dante als einen der Dulder im vierten Abschnitt des achten Kreises des *Inferno* beschrieben hat, wie er unter den Geistern einherwandelt, die im Leben zu viel Zeit mit dem Versuch verbracht hatten, die Zukunft vorauszusagen, und jetzt dazu verurteilt waren, mit den Köpfen nach hinten herumzulaufen.

Bonatti, vielleicht der berühmteste Astrologe des 13. Jahrhunderts überhaupt, lebte davon, Fürsten zu beraten und stand eine Zeitlang im Dienste von Guido de Montefeltro. Als dieser Fürst in einen Streit geriet, der zu kriegerischen Maßnahmen führte, pflegte Bonatti auf den Glockenturm seiner Burg zu klimmen und im glückverheißenden Augenblick die Glocke zu läuten. Mit dem ersten Glockenschlag hieß er den Graf und seine Mannen die Rüstungen anlegen, mit dem zweiten ihre Rösser besteigen, und mit dem dritten schickte er sie davon in den Kampf. Filippo Villani, ein Historiker aus der Zeit, berichtet, daß Montefeltro so manche Schlacht dadurch gewann, daß er die Ratschläge seines Astrologen befolgte.

Bonatti war bei der Erläuterung seiner Kunst nicht zimperlich:

»Alle Dinge (sagte er), sind dem Astrologen bekannt. Alles, was in der Vergangenheit geschehen ist, alles, was in Zukunft geschehen wird – alles wird ihm offenbar, weil er die Wirkungen der himmlischen Bewegungen kennt, die gewesen sind, die sind und die sein werden, und weil er weiß, zu welchem Zeitpunkt sie handeln werden, und welche Wirkungen sie erzielen sollen.«

Sein *Liber astronomicus* bringt die gleiche Bescheidenheit zum Ausdruck. Er beginnt mit der Feststellung, daß sein Buch »lang und weitschweifig« sein wird – und das ist es auch. Er hat es nach lebenslanger praktischer Astrologenarbeit als Professor an der Universität von Bologna zu Papier gebracht. Seine Rechtfertigung war eigenwillig, bestimmt und dreist – besonders da, wo Gegnerschaft von Kirchenleuten im Spiele war. Astrologen, so meinte er, wüßten ein gut Teil mehr über die Sterne, als Theologen über Gott, obgleich sie Tag für Tag über

Ihn predigten. Abraham habe die Ägypter Astrologie gelehrt, Christus habe Astrologie für die Wahl eines günstigen Moments für bestimmte Vorhaben gebraucht – oder zumindest nichts dagegen gehabt. »Hat nicht der Tag zwölf Stunden?«, habe er die Jünger gefragt (Joh. XI.9) und offensichtlich gemeint, man könne sich unter ihnen eine günstige Zeit aussuchen; und Kirchenanhänger, die behaupteten, die Astrologie sei weder eine Kunst noch eine Wissenschaft, seien ›dumme Hanswürste‹.

Nichtsdestoweniger enthielt sein Buch einige nützliche Winke für ehrgeizige Geistliche. Er führt eine Reihe von Fragen auf, die von der Astrologie beantwortet werden können, und darunter ist auch die, ob der Befrager jemals Bischof, Abt, Kardinal – oder gar Papst werden wird. Das mag natürlich nur ein Scherz gewesen sein, obgleich er, ohne mit der Wimper zu zucken, im nächsten Atem-

In einer Ausgabe von Dantes *Inferno* aus dem 15. Jahrhundert befindet sich die Illustration einer Szene, in der Vergil, der Dante im achten Kreis der Hölle herumführt, ihm einige Männer zeigt, deren Köpfe bis in alle Ewigkeit falsch herum aufgesetzt sind: ein Schicksal, das, wie er erklärt, aller Astrologen und anderer wartet, die versuchen, die Zukunft vorauszusagen. Wie es scheint, war Michael Scot unter ihnen.

zug versichert, es sei zwar unpassend, solche Fragen zu stellen, doch wäre das schon oft genug vorgekommen, und ein Astrologe sollte stets bemüht sein, eine ehrliche Antwort zu erteilen. Astrologie könne und solle auch angewandt werden, wenn es darum gehe, den günstigsten Augenblick für den Beginn eines Kirchenbaus zu wählen, genauso wie das beim Bau eines Hauses, eines Schlosses oder einer Stadt angebracht sei.

Noch zwei bedeutende europäische Astrologen vor Ausgang des Jahrhunderts sollten hier Erwähnung finden. Der erste, Peter von Albano, geboren 1250, hatte eine ruhige aber ehrenvolle Laufbahn. In seiner Jugend reiste er ein wenig nach Sardinien und Konstantinopel, und, angeblich auch nach Spanien, England und Schottland, verbrachte einige Zeit an der Universität von Paris, wo Savanarola ihn bewunderte, und kehrte dann nach Italien zurück. Er konnte von sich sagen, den großen Abenteurer Marco Polo nach dessen Rückkehr aus dem Orient getroffen und mit ihm gesprochen zu haben. 1316 starb er in Padua als hoch bezahlter Professor.

Abgesehen von seiner Tätigkeit als astrologischer Schriftsteller, war er 1285 und 1287 Arzt des Papstes Honorius IV (für seine Dienste nahm er hundert Florins pro Tag, eine recht ansehnliche Summe). Seine Stellung bewahrte ihn jedoch nicht davor, Unannehmlichkeiten mit der Inquisition zu bekommen, die ihn nach seinem Tod damit bestrafte, ihn wieder ausgraben und seine Gebeine öffentlich verbrennen zu lassen. Nicht etwa weil er Astrologie praktiziert hatte, sondern wegen einiger unüberlegter Betrachtungen, die er über die Wiedererweckung des Lazarus angestellt hatte (nach drei Tagen müsse es gewesen sein, schloß er, nicht nach vier Tagen), und wegen seiner Frage, ob die Menschen, die von Christus und den Heiligen von den Toten auferweckt worden seien, nicht einfach nur in einem Trance-Zustand gewesen sein könnten.

Als Arzt hatte er einen großen Ruf, der von Autoritäten wie Regiomontanus und der Popularität seiner medizinischen Bücher noch unterstrichen wurde. In seinem bekanntesten Buch, der *Vermittler*, führt er über 200 Fragen auf, die er untersucht hat, dann ruft er die Meinungen anderer darüber in Erinnerung und darauf die Schlüsse, zu denen er selbst gekommen ist. Aber an anderer Stelle zählt er einige Einwände gegen die Astrologie auf und gibt dann mit der gleichen Offenheit seine Gegendarstellung. Dabei nimmt er den normalen Standpunkt zu dem Thema ein und betont, daß es sich um eine Wissenschaft handelt. Gewiß könnten manche Astrologen zu falschen Schlüssen kommen, weil sie unfähig seien. Aber der gute Astrologe spräche in der Mehrzahl aller Fälle die Wahrheit und irre sich nur äußerst selten bei seinen Vorhersagen.

Über die Medizin, seine Lieblingstätigkeit, sagt er, diejenigen, die sie so betrieben »wie sie sollten und die eifrig die Werke ihrer Vorgänger lesen, räumen gern ein, daß diese Wissenschaft der Astronomie nicht nur für die Medizin nützlich sondern ganz unentbehrlich ist«. Alle Arzneitränke sollten erst nach einer Untersuchung der Planetenstellungen verabreicht werden. Mit großer Ausführlichkeit befaßt sich Peter mit der Theorie der ›kritischen Tage‹ und besonders ihrer Beziehung zu den Mondphasen. Er verbreitet sich darüber, ob ein Aderlaß im ersten oder einem anderen Mondviertel stattfinden solle. Mit großer Bestimmtheit schreibt er den Planeten Verstand zu. Einen davon beschreibt er bei einer Gelegenheit als »durch alle Ewigkeiten hindurch ein sich selbst genügendes Leben führend und niemals alternd«. Immer wieder kommt er auf eine Theorie zu sprechen, nach der bestimmte Engel bestimmten Planeten zugesellt seien – Michael der Sonne, Raphael dem Merkur, Gabriel dem Mond und so weiter. Immerhin wagte er sich nicht so weit auf die Straße zur Ketzerei hinaus, daß er es mit dem Papst verdorben oder zu Lebzeiten ernsthafte Schwierigkeiten mit der Inquisition gehabt hätte.

Cecco d'Ascoli dagegen sollte Berühmtheit erlangen als einziger Astrologe, der von der Inquisition auf dem Scheiterhaufen verbrannt wurde. Über sein Leben und seine Karriere ist so gut wie nichts bekannt; eigentlich nur, daß die beiden Bücher, die ihm den Tod brachten, in Gedichtform abgefaßt waren: *l'Ascerba* und Anmerkungen über die *Himmelskugel* von Sacro Bosco. *L'Ascerba* ist nicht viel mehr als eine Art von Parodie auf Dantes *Inferno*; der *Himmelskugel*-Kommentar an sich macht keinen ketzerischen Eindruck. D'Ascoli bestätigt den menschlichen Besitz des freien Willens und bringt keine neuartigen oder extremen astrologischen Theorien vor, welche die Obrigkeit hätten aufbringen können. Aber es finden sich ein oder zwei zweifelhafte Stellen, und in einer davon gibt er Anweisungen, wie der Leser sich ein Bildnis herstellen kann, durch das er Botschaften von Geistern zu empfangen vermag (obgleich er gleichzeitig die Magie verurteilt).

Bisweilen hat d'Ascoli beißende Bemerkungen über lebende Zeitgenossen gemacht und sich vielleicht Feindschaften zugezogen. Jedenfalls wurde er 1324 von der Inquisition in Bologna für schuldig befunden, ungebührliche Äußerungen getan zu haben, und ihm wurde eine fünfzehntägige Buße des Beichtens, tägliches Aufsagen von dreißig Vater Unsern und dreißig Ave Marias, gelegentliches Fasten und regelmäßige Teilnahme an einer Sonntagspredigt auferlegt. Alle seine astrologischen Bücher wurden ihm fortgenommen, ihm wurde verboten, Astrologie zu lehren, er ging seines Professorensessels und seines Doktortitels verlustig und mußte eine hohe Geldbuße zahlen.

Drei Jahre darauf mußte er wieder vor dem Inquisitor erscheinen – diesmal in Florenz – wurde zum rückfälligen Ketzer erklärt, der die im Urteil auferlegten Bußvorschriften verletzt habe (wie, wissen wir nicht), der weltlichen Behörde übergeben und, mitsamt seinen Büchern, vom Herren Jakob von Brescia dem Feuer übergeben. Jeder, der im Besitz des Gedichtes oder der Anmerkungen angetroffen wurde, verfiel automatisch der Exkommunikation. Wir hätten vermutlich nie von Cecco d'Ascoli gehört, wäre er nicht verbrannt worden; oder er wäre vielleicht nur als Fußnote der astrologischen Geschichte an die Nachwelt gelangt. Jedenfalls ist er nicht auf Grund seiner astrologischen Lehren oder Meinungen zugrundegegangen, die keineswegs übertrieben waren. Auch hat er keine unerhörten Behauptungen aufgestellt, wie etwa, daß die Erde nicht der Mittelpunkt des Universums sei – Behauptungen, welche die Kirche erzürnt hätten.

Die meisten seiner Zeitgenossen hegten wohl den unausgesprochenen Verdacht, daß persönliche Feinde für sein Schicksal verantwortlich waren. Es war ziemlich eindeutig, daß es nichts mit Astrologie zu tun hatte. Schließlich war seine Astrologie die des Thomas von Aquin und Albertus Magnus, und der erstere war vier Jahre, bevor d'Ascolis Scheiterhaufen angezündet wurde, heilig gesprochen worden, während der letztere kurz vor der Seligsprechung stand.

Überdies war während des 14. Jahrhunderts der Astrologie zu oft von führenden Kirchenmännern wie Laien in nachhaltiger und respektheischender Weise gedacht worden, um als etwas anderes dazustehen als ein erkennbarer Teil des intellektuellen Gefüges. Man schaue sich zum Beispiel das Kapitäl der achtzehnten der sechsunddreißig mächtigen Säulen an, die das Untergeschoß des 1301 erbauten Dogenpalastes in Venedig tragen. Ruskin beschrieb es als »das interessanteste und schönste« Kapitäl, das er kenne, »alles in allem, das großartigste in Europa«.

Die Kapitäle sind achtseitig und mit sechzehn Blättern verziert; auf dem achtzehnten Kapitäl sind die Planeten in ihren Häusern, wahrscheinlich zur Zeit der Grundsteinlegung des Palastes, abgebildet.

Mars im Widder und Skorpion ist besonders eindrucksvoll mit dem abstoßend häßlichen Ritter im Kettenpanzer, der, einen Skorpion in der Hand, auf einem Widder sitzt. Venus sitzt auf einem Stier, einen Spiegel in der Rechten und eine Waage in der Linken (sie regiert Stier und Waage); der Mond ist als Frau in einem Schiff auf dem Ozean zu sehen; in der rechten Hand hält sie einen Halbmond und zieht mit der linken einen Krebs aus den Wellen.

Auf der achten Seite des Kapitäls ist Gott als Schöpfer der Menschen dargestellt, die Hand auf dem Haupt eines nackten Jünglings.

Illustration aus einer Ausgabe eines Buches von Cecco d'Ascoli, dem einzigen Astrologen, der von der Inquisition auf dem Scheiterhaufen verbrannt wurde (1327).

216

Li spiriti son quatro principali
    Lun nien dallangiol primo allorizonte
    Che in noi conserua li atti naturali
    Monstrase soa natura temperata
    Fra le doe qualita actiue e zonte
    Sana la terra per qual fa giornata

Li spiriti son. Qui dicie che quatro sono li spiriti cioe cierti pricipa li.el primo uiene da oriente & questo se chiama sussola no quasi sottol Sole uenente & questo uento e purgato dogni malitia da raggi del Sole perho signoregia alla statura intra doe qualita acti ne cioe tral caldo el freddo & intra le qualita passiue cioe humido & seccho dale actiue cioe dal caldo al freddo son sostenute & perho la cira che sottoposta a questo cientro e rimessa dalialtri:e tana a tutti li habitatori in essa & ancho e buona compressione & perho le camare o uero finestre che son poste uerso oriente in esse e buona aria & buono

217

»Ich stelle mir vor, dieses Kapitäl als
Ganzes, das Hauptkapitäl des alten
Palastes (schreibt Ruskin in *Die Steine
von Venedig)*, soll, zum ersten, die
Anordnung der Planeten zum Nutzen der
Menschen auf Erden versinnbildlichen;
zum zweiten die völlige Unterwerfung
der Zufälle und Geschicke unter den
Willen Gottes, so wie sie bestimmt
wurden von der Zeit an, da die Erde und
die Sterne gemacht und, in der Tat, in
das Volumen der Sterne selbst
eingeschrieben wurden.«

Er faßte die Einstellung des 14. Jahrhunderts zur Astrologie zusammen, welche
die folgenden dreihundert Jahre lang
unverändert bleiben sollten.

8 In neuen Revieren

Was es so enorm schwer macht, die Entwicklungsphasen der Astrologie zu verfolgen, ist die ungeheure Vielzahl von Belegen, die zu sichten sind. Wie ein Autor unseres Jahrhunderts, Don Cameron Allen, schrieb: »Die Astrologie-Literatur ist so gewaltig wie die Menschheitsgeschichte. Kein Forscher kann hoffen, ihre eng verschlungenen Fäden allein zu entwirren.« *(The Star-Crossed Renaissance, 1941.)*

Dabei hatte Allen hauptsächlich Bücher über Theorie und Praxis unseres Gegenstandes, über die ›theologischen‹ Argumente im Sinn. Aber vom 14. Jahrhundert an beginnen Anspielungen und Stellungnahmen auch in der nicht-astrologischen Literatur zu wuchern, auf die sich Anhänger und Gegner gleichermaßen stürzten, als ob es etwas ausmache, ob nun Dante oder Shakespeare oder Chaucer daran ›glaubte‹ oder nicht. Dennoch ist das Vorkommen von Astrologie in diesen Werken von großem Wert, denn wir erfahren dadurch etwas über die verschiedenartigen Ansichten des breiten Publikums zu diesem Thema.

Es ist schwierig, aus einem erfundenen Stoff die Einstellung des Verfassers zur Astrologie herauszulesen. Die alte Täuschung, daß man dem Autor die Meinungen seiner handelnden Personen unterschiebt, lauert stets und hat schon manchen zu Trugschlüssen verleitet. Und selbst wenn ein Schriftsteller klar und deutlich mit seiner eigenen Stimme zu sprechen scheint, können immer noch Zweifel über seine Beweggründe bestehen, besonders dann, wenn er sich widerspricht. Der französische Dichter Eustache Deschamps (ca. 1338 – 1415) zum Beispiel, schrieb zwei *Balladen*, in denen er die Ansicht vertritt, daß, gäbe es keinen freien Willen, die Menschheit ganz und gar von den Sternen abhinge. Und doch zieht er an anderer Stelle (in seinen *Demonstrations contre sortilèges)* gegen alle Arten von Wahrsagerei vom Leder und verwendet nach Kräften Argumente des Astrologie-Gegners Nicole Oresme (mehr über diesen später).

Mit Boccaccio (1313 – 1375) – wie auch mit seinem Bekannten Chaucer – kommen wir zu einem Mann, dessen astrologische Äußerungen im Rahmen seines Werkes ein Spiegelbild der öffentlichen Meinung darstellen, wie wir es kaum genauer finden können. Seine Einstellung entspricht fast derjenigen von ernsthaften Astrologen späterer Generationen. Wenn er zum Beispiel sagt, daß Mars und Venus in einem Horoskop die sexuellen Anlagen der betreffenden Person genau umreißen, sagt er damit nicht, daß diese Planeten tatsächlich Leidenschaften *hervorrufen*, sondern daß sie infolge ihrer Stellung im Augenblick der Geburt ihr Liebesverhalten beeinflussen. Man kann Boccaccio schwerlich als einen Proselytenmacher der Astrologie bezeichnen, aber ebenso wenig könnte man behaupten, er sei ein ernsthafter Gegner gewesen.

Dante Alighieri (1265 – 1321) hat ganz offensichtlich das Werk von Boethius (siehe S. 165) gelesen, und obgleich er im *Inferno* gewisse Astrologen verurteilt, hebt er im *Paradiso* die Astrologie geradezu in den Himmel als Dolmetscher von Gottes Wille. Selbst im *Inferno* gibt Dante zu, daß die Planeten die Menschen zum Handeln veranlassen können (»*Lo* cielo i vostri movimenti inizia«), unterstreicht dabei allerdings, daß der Mensch von diesem Augenblick des Handelns an auf sich selbst angewiesen ist. Er glaubte auch daran, daß die Stellung der Planeten dafür verantwortlich ist, wenn Kinder anders werden als ihre Eltern, indem sie zu den Erbfaktoren noch eine Reihe neuer Persönlichkeitsmerkmale und Neigungen hinzufügen.

Peter der Pflüger, für viele heutzutage das früheste bekanntgewordene englische Gedicht, das William Langland zwischen 1360 und 1399 schrieb, führt in seiner ältesten Version einen Seitenhieb gegen die Astrologie als »Übel, von dem man wissen sollte«; aber die dritte Version verrät einwandfrei seinen Glauben an den Einfluß der Planeten. Manche meinen, daß die abschätzige Bemerkung von früher im Hinblick auf die Popularität der Astrologie und Langlands Bestreben, seinem Gedicht Verbreitung zu verschaffen, gestrichen wurde.

Aber vor allem bei Chaucer (ca. 1345 – 1400) stoßen wir auf den ersten englischen Schriftsteller, dessen Werk von vorn bis hinten mit Astrologie durchflochten ist. Man könnte sagen, er habe aus Verkaufsgründen, als populäre Zutat sozusagen, in den *Canterbury Tales* davon Gebrauch gemacht. Doch klingt das nicht überzeugend. Es ist viel wahrscheinlicher, daß er von astrologischen Elementen in den Gestalten seines Gedichts aus dem einfachen Grunde sprach, weil er sie als wesentliche Bestandteile ansah und wußte, daß er durch ihre Erwähnung diese Gestalten wirklicher machte. Womit nicht gesagt sein soll, daß er ein Astrologe war, wie manche meinten, oder ein abergläubischer Narr, wozu ihn die totale Anerkennung sämtlicher astrologischer Behauptungen gemacht hätte.

Die *Canterbury Tales* eröffnen und enden mit einer astrologischen Anspielung: Der Prolog verkündet, daß die Pilgerfahrt ihren Anfang nimmt, wenn

»die junge Sonne
ihre Halbbahn im Sternbild des Widders
zurückgelegt hat...«

und am Ende des Gedichts, im *Pfarrer-Prolog*, nähern sich die Pilger dem Ende ihrer Fahrt, als

»die Kraft Saturns
mit der Waage aufzugehen begann...«

In manchen der ›Geschichten‹ wird
mehr, in manchen weniger von der
Astrologie Gebrauch gemacht. Der *Pfarrer-Prolog* hat nur diesen einen kurzen
Hinweis, aber in der *Rittergeschichte* hat
die Astrologie einen entscheidenden Einfluß auf die handelnden Personen. Ein
ausgesprochen astrologischer Streit
bricht aus, als Arcite und Palamon beide
um den Sieg in einem Kampf bitten, und
dieser Arcite versprochen wird:

»Sogleich hub Aufruhr an
Über diese Himmelsgunst
Zwischen Venus, holder Liebeskönigin,
Und Alleskönner Mars; es gab kein Ende
Trotz Friedensmühen Jupiters,
Bis daß Saturn ihr Vater, blaß und kalt,
Kriegslist-bewandert seit jeher,
Den Kniff aus der Erinn'rung zog
Die Streiter beide zu befrieden...

›Oh Tochter Venus, liebe‹ sprach der
Alte,
›Mein' Himmelsbahn in weit'stem Kreis
Birgt so viel Macht, wie niemand weiß;
In blasser See ertränke ich und bring zum
Kentern,
Mein der Gefangene im düsteren Verlies,
Mein Hals und Schlinge, die ihn
drosselt,
Mein Rebellion leibeig'ner Knechte,
Mein das Gemurr', mein der
Geheimvergifter;

Ich bin der Rächer, ich der Strafensender
Bin ich im Löwen, folgt sie auf dem
Fuß...«

Es ist hier nicht der Ort, alle astrologischen Anspielungen in den *Canterbury Tales* im einzelnen zu analysieren, aber wir können die berühmtesten nicht übergehen, die in der *Geschichte von Bath's Weib* vorkommen. Das Geburtshoroskop spielt eine große Rolle. Die Versform kürzt und vereinfacht es, Bath's Weib benutzt ihr Horoskop, um ihre vergnügte Sexualität zu entschuldigen, zumindest zu erklären:

»Denn Venus sandte von den Sternen mir Gefühle
Und meines Herzens Kühnheit kam von Mars.
Venus gab mir Verlangen und Wollust
Und Mars, wenn ich nicht irr', die Körperkraft
Als Stiergeborene mit Mars darin.
Oh jeh, oh jeh, daß Liebe jemals Sünde war!
Ich folgte stets dem Drange der Natur
Unter meines Sternbilds Machtgebot
Und konnt', wahrhaftig, nie verwehren
Mein Vernuskämmerlein dem Jüngling hold.
Mein Antlitz trägt noch Marsens Zeichen
Und auch mein ganz geheimer Ort.
Denn, so mir Gott dort oben helfe,
Ich übte, wenn verliebt, niemals Besonnenheit.

Astrologische Themen, besonders die Zeichen und Symbole der Planeten und die mit ihnen in Verbindung stehenden Gottheiten, waren von jeher als Motive für Innendekorateure beliebt. Pietro Perugino (1446–1523) hat im Jahre 1499 im Sala del Cambio von Perugia eine Reihe wundervoller Fresken gemalt. Hier sehen wir ›La Luna‹ mit einer besonders schönen Mondgöttin, die von zwei hübschen Jungfrauen auf einem Wägelchen gezogen wird; die Räder schmückt das traditionelle Krebssymbol (der Mond ist Herr über den Krebs).

Die verheerende Wirkung der Pest trieb viele Menschen, ob arm ob reich, zur Astrologie als einem Mittel, festzustellen, ob sie oder ihre Familie überleben würden. Viele Astrologen behaupteten, kommende Epidemien voraussagen zu können.

Tafel 15

Tafel 16

Stattdessen folgte ich stets meinem
Trieb,
Ob nun der Bursch' kurz, lang, schwarz
oder weiß.
Ich gab nichts drauf, ob er mich schätzte,
Wie arm er war, wie hoch sein Rang...«

Die astrologischen Tierkreiszeichen sind in einer großen Anzahl von Manuskripten des 13. Jahrhunderts über alle Themen zu finden.

Ein höchst lebendiges Horoskop, so skizzenhaft es auch sein mag. Der Aszendent ist Stier, und Mars befindet sich im Sternbild – eine Placierung, die für Halsstarrigkeit, Hitzigkeit – selbst bis zur Gewalttätigkeit –, Sinnlichkeit und Besitzgier sorgt. Interessant ist in diesem Zusammenhang, daß Boccaccio (den ja Chaucer kannte), von Andalò di Negro erfuhr, daß mit Mars im Stier Geborene »sexuell in allen Dingen« veranlagt seien, und Abholi, ein arabischer Astrologe, erklärte, daß Mars in einer ›schlechten‹ Position stets die Geburt einer abwegigen Person anzeige und, in Verbindung mit Venus ein geschwätziges, lügenhaftes Mannweib herauskäme – eine annehmbare Beschreibung der obigen Dame. Sie selbst weist ja darauf hin, daß Venus ihr »Verlangen und Wollust« gibt, wenn sie auch nicht verrät, in welcher Stellung der Planet gewesen ist; im Skorpion vielleicht?

Lustig ist, daß sie von dem Marszeichen in ihrem Gesicht und anderwärts spricht. Man glaubte vielfach, daß zwischen dem Horoskop und den ›Malen am Körper‹ eine Übereinstimmung bestünde – ja, William Lilly, der Astrologe aus dem 17. Jahrhundert, meinte, die Wahrheit der Astrologie könne dadurch unter Beweis gestellt werden, daß man jemanden nach einem Blick auf sein Geburtsdiagramm auf den Kopf zusage, wo seine ›geheimen Körpermale‹ sich befänden; und er behauptete, das schon selbst getan zu haben.

Wie wir das auch bei Shakespeare sehen werden, konnte Chaucer voraussetzen, daß seine Leser gewisse technische Kenntnisse der Astrologie mitbrachten – erheblich mehr als der Durchschnittsleser von heute. Sie wußten, was gemeint war, wenn von Aszendenten, von Planeten in einem bestimmten ›Winkel‹, von den ›Häusern‹ usw. die Rede war.

Der Leser kann natürlich bezweifeln, ob Chaucer, nur weil er den Personen einer erfundenen Handlung Astrologie-Gläubigkeit attestiert, die Theorie persönlich gelten ließ. Seine *Abhandlung über das Astrolabium*, für seinen Sohn geschrieben (und natürlich kein fiktives Werk), scheint dafür zu sprechen, daß er prognostische Astrologie – d. h. Astrologie, die für sich in Anspruch nimmt, die Zukunft voraussagen zu können – vollständig ablehnt. Gleichzeitig aber läßt sie den Schluß zu, daß *astrologia naturalis* – jene, die behauptet, die Planeten beeinflußten zumindest einige wichtige Lebensgebiete des Menschen – für ihn auf einem anderen Blatt steht. Sollte es nicht auch bezeichnend sein, daß er nicht an einer Stelle der *Canterbury Tales*, die Astrologie, ja selbst die pro-

Eine Seite aus Chaucers Abhandlung über das Astrolabium. Eher als ein Original ist dies eine Zusammenstellung von Zitaten aus älteren Schriften; die Arbeit beweist keine besondere Sympathie für die Astrologie als einer empirischen Studie.

Ite lowys my sone I prcuie wel by certeyne eui
dences thyn abilite to lerne saiences touchynge
noubres. and proporcious. and as wel considre I þi
bisy prayere in special to lerne þe tretys of þeas
strelabie. Thanne for as myche as a philoso
for seiþ he wrappeþ hym in his frende þat condescendeþ to þ rigt
ful prayers of hys frende. þerfore haue I geuen þe werkynge
of a sufficant astrelabye. as for oure orizonte compowned aft
þe latitude of oxenford/ vpon which, meuyd, bi manoure of þis litel tre
tys. I purpose to teche þe a certeyne noubre of conclusious pty
nynge to þe same instrument. I sey a certeyne of conclusi
ous for þre causes. þe firste cause ys þis. truste wel þat
al þe conclusions þat han ben founden/or elles possibly mygte
be founden in so noble an instrument as ys an astrelabye ben
vnknowe parfitly to eny mortal men in þis regioun as I sup
pose. A noþer cause is þis. þat soþly in eny tretys of þe
astrelabye þat I haue seen. þere some conclusious þat wole
not alle þinges pforme her by heuene. and some of hem be to
hard to þere to vnderstonde and to conceyue to þy tendere age
þe. This tretis diuided in v. ptyes. while I schal þe vn
restful sizte rules and naked wordes in englisch for latyn
canst þou zit but smal/my lyþel sone. and þereþe at þis but wch
þiley to þe yele tweluе conclusions in englysche. as wel as suf
filey to þese noble clerkes grekes þese same conclusions in
greke. and to arabyens in arabik/and to jewes in ebrue
and to latyn folk in latyn which latyn folke hadden hem
firste out of oþer diuerse langages. and write hem in þer
owne tunge. þat is to seye in latyn. and god wote þat in al
se þese langages. and in many mo. han þese conclusions
ben suffiisantly lerned and tauzt. and zit by diuerse
reules rigt as diuerse paþes leden diuerse folk þe rigt wey to rome
And now wole I preye mekely euy discrete psone þat reþ or he
reþ þis litel tretis to haue my rude enditynge for excused I
my superfluite of wordes/for two causes. The firste cause ys
þis þ curious endytynge and hard sentence is ful heuy at o

Raw/

gnostische, als töricht, verrucht oder irrig verurteilt?

Es wäre Chaucer schwer gefallen, sich für den Gegenstand nicht zu interessieren, zu welchem Schluß darüber er auch schließlich gekommen sein mag. Nur wenige denkende Menschen konnten der Astrologie ganz entgehen, selbst wenn sie es wollten. Petrarch, der gewiß kein Blatt vor den Mund nahm, wenn es um Aberglauben ging, und sich in seinen Briefen an Boccaccio höchst sarkastisch über mittelmäßige Astrologen äußerte, führte mit hervorragenden Ärzten Briefwechsel über astrologische Medizin, und gab in einem Brief an Kaiser Karl IV (vielleicht um sich bei ihm einzuschmeicheln) zu, daß vor langer Zeit ein Astrologe ihm vorausgesagt habe, er würde mit den größten Herrschern seiner Zeit auf allerbestem Fuß stehen.

Der Scheiterhaufentod von Cecco d'Ascoli hielt keinen Menschen vom Studium der Astrologie ab; und es ist bemerkenswert, daß gerade dieses Studium bei den Mönchen des Mittelalters florierte (die nicht nur Theologen, sondern auch Anhänger und ausführende Organe der Heiligen Inquisition waren).

Nur wenige Jahre nach d'Ascolis Hinrichtung veröffentlichte Niccolo di Paganica, ein Dominikanermönch, ein Buch über medizinische Astrologie. Vielleicht war er der Astrologe, der das Horoskop von Johannes dem Furchtlosen, dem späteren Herzog von Burgund, bei dessen Geburt 1371 gestellt hat. Sein

Buch befand sich in der Bibliothek Petrarchs. Ein anderer italienischer Dominikaner, Bischof Ugo di Castello, schrieb und veröffentlichte 1358 ein Buch über ›kritische Tage‹. Es war vor allem für Ärzte bestimmt und vertrat die Meinung, es sei viel präziser, mit astrologischen Mitteln die kritischen Tage einer Krankheit festzustellen, als einfach die körperlichen Symptome zu beobachten. Es wird auch erklärt, wie man im Zusammenhang mit bestimmten Krankheiten die Mondstellung bestimmt und die planetarischen Einflüsse deutet.

Es gab Gelehrte, die speziell astrologische Medizin studierten und ausführlich darüber schrieben. Gentile da Foligno gehörte zu ihnen.

Besondere Aufmerksamkeit wandte er der Pest zu, an der er 1348 selbst starb. Das war der berüchtigte Schwarze Tod, und seine Schrift darüber wurde im Auftrag der Universität von Perugia abgefaßt, als die Seuche gerade die Stadt befiel. (Augustinus von Trient hatte sieben Jahre zuvor über dasselbe Thema geschrieben.) Es handele sich, so ließ Gentile wissen, um eine Erkrankung, die durch gewisse Anordnungen der Planeten hervorgerufen werde – die meisten Astrologen hatten den Verdacht, daß Sonnen- und Mondfinsternisse und Konjunktionen von Saturn und Mars die Hauptverursacher seien, besonders wenn sie in einem der ›menschlichen‹ Zeichen des Tierkreises stattfanden. Man nahm an, daß die Planeten dann eine Art von

Luftfäule verursachten, die giftig wurde, wenn man sie in die Lungen einatmete. Gentile machte verschiedene Vorschläge zur Bekämpfung der Seuche, manche auf Hygiene fußend und sehr vernünftig, andere wieder auf Grund von weniger tauglichen Überlegungen wie etwa dem Einflößen von trinkbarem Gold.

Andalò di Negro war ein weiterer Theoretiker der astrologischen Medizin. Er zeigte, wie man aus den Planetenstellungen ablesen könne, ob der Patient von einer Krankheit genesen würde oder nicht, was die Ursache dieser Erkrankung war, welche Zeit die beste für die Verabreichung von Abführmitteln, für Aderlässe, Operationen und dergleichen mehr war. Er gab sogar dem Laienleser kund, wie er ermitteln könne, ob der behandelnde Arzt erfahren und redlich sei, ja, für den Fall, daß er von Natur bösartig sei, ob er ihm vielleicht durch bloßen Zufall helfen könne! Boccaccio hielt ihn für einen großartigen Mann und machte ihm Komplimente wegen seines würdevollen Auftretens und seiner ungeheuren Sternenkenntnis. »Da er fast die gesamte Oberfläche der Erde bereist und in jeder Art von Klima und unter jedem Horizont Erfahrungen gesammelt hat, weiß er durch unmittelbare Anschauung, was wir nur vom Hörensagen kennen.«

Geoffrey von Meaux soll das Nahen des Schwarzen Todes vorausgesagt haben (obgleich, um es ehrlich zu sagen, kein Beweis dafür vorhanden ist). Angeblich brachte er die Seuche mit dem Erscheinen eines denkwürdigen Kometen im Jahre 1315, eines zweiten im Jahre 1337 und einer Konjunktion von Jupiter und Saturn im Jahre 1325 in Verbindung. Offenbar war er ein Mann von Ruf: sein Name erscheint als der eines der sechs Ärzte, die Charles IV bei seiner Krönung 1326 zur Seite standen; auf Kosten des Königs mit prächtigen Pelzen angetan, hatte er Vortritt vor den sechs Chirurgen, die gleichfalls teilnahmen.

Geoffrey scheint eine Zeitlang in Oxford tätig gewesen zu sein, denn von dort stammt die Niederschrift seines Werkes über die Ursachen des Schwarzen Todes (in dem er unter anderem die Ansicht vertritt, die Pest hätte deshalb unter der Bauernbevölkerung schlimmer gewütet als unter dem Adel, weil um diese Zeit nur wenige größere Sterne im Tierkreiszeichen Wassermann gestanden hätten). In seiner Arbeit über den Kometen von 1337 erklärt er, dieser sei durch Mars und Saturn in den Zwillingen entstanden und künde deshalb Blutvergiftungen an, woraus man (da die Zwillinge betroffen seien), auf irgendeine epidemische Krankheit schließen könne, die vielleicht vornehmlich Herrscher und Klerus befallen werde. Besonders ging er auf den Ansteckungsfaktor der Seuche ein, warum sie manche Leute befalle und andere nicht, warum sie in einer Straße wüte und eine andere ungeschoren lasse. Das hatte selbstverständlich nichts mit Hygiene zu tun; nur ein gründliches Studium der Planeten konnte die Erklärung bringen. Als Heilmittel empfahl er, sich warm zu halten, nicht übermäßig zu essen und zu trinken und zwei- bis dreimal wöchentlich eine Schwitzkur zu machen. Patienten können mit einer in Wein gekochten Lösung von Kamille und Leinsamen abgerieben werden und gewürzten Branntwein trinken. Ein Ratschlag klingt auffallend vernünftig: »Jeder sollte vermeiden, mit einem, der die Krankheit schon hat, längere Zeit herumzustehen oder sich zu unterhalten, denn sie ist ansteckend, giftig und in jeder Weise tödlich.«

Gleichfalls ein begeisterter Anhänger der astrologischen Medizin war der bemerkenswerte Guy de Chauliac, geboren zur Jahrhundertwende, ein einfacher Bauernbub, dessen sich der örtliche Adel annahm, um ihm eine gute Ausbildung zu geben. Er wurde Kanonikus und Vorsteher von St. Just in Lyon, sowie Leibarzt dreier Päpste, Clemens VI, Innozenz VI und Urban V. Während er sie in ihrem Palast in Avignon betreute, lernte er Petrarch kennen und freundete sich mit ihm an. Er hatte ein geradezu unwiderstehliches Interesse an der Medizin, und unter seinen Schriften ist eine der umfassendsten Abhandlungen über Chirurgie, die aus seiner Zeit erhalten geblieben sind. Seine Arbeit war fast durchweg hieb- und stichfest und originell (er war der erste Chirurg, der zur Feststellung von Blasensteinen einen Katheter gebrauchte).

So wie Geoffrey, schrieb auch er den Schwarzen Tod der Konjunktion der drei superioren Planeten im Wassermann von 1345 zu, akzeptierte anstandslos den Zusammenhang zwischen verschiedenen Tierkreiszeichen und bestimmten Körperregionen, empfahl zur Feststellung der besten Zeit für Purgativ- und Aderlaßanwendungen die Planeten zu befragen, notierte ›kritische Tage‹ und brachte astrologische Aphorismen wie diesen zustande: »Eine Halswunde, wenn der Mond im Stier ist, ist stets gefährlich!«

Ein weiteres Anwendungsgebiet der Astrologie im 13. und 14. Jahrhundert war die Wettervoraussage. Die Meteorologen des Mittelalters benutzten, anstelle von Luftdruckmessungen, astronomische Tabellen. Angesichts der entscheidenden Rolle der Landwirtschaft in der Nationalökonomie war es nur natürlich, daß Astrologen sich der Wettervoraussage zuwandten. Einer der ersten astrologischen Meteorologen in England war von York, ein Mönch, der in der ersten Hälfte des 14. Jahrhunderts lebte (vielleicht ist er 1345 an der Pest gestorben).

Robert hat, wahrscheinlich 1325 in York, ein Buch über Wettervorhersage veröffentlicht, in das ein gut Teil origineller Gedanken eingeflossen sind. Nach einer langen Einleitung über das Wesen der vier Elemente und ihrer Einflüsse auf das irdische Wetter stellt er Regeln für die Vorhersage von Regen, Frost, Hagel, Schnee, Donner, Wind, Gezeiten auf –

und gleich auch noch für Erdbeben, Pest, Kriege und Aufruhr.

William Merlee oder Morley, Mitglied des Merton College in Oxford und Rektor in Lincolnshire († 1347) war nicht nur astrologischer Wetterprophet, sondern ist der erste Engländer, von dem wir hören, daß er (sieben Jahre lang) über das Wetter genauestens Buch geführt hat. Auf Grund dieser Aufzeichnungen stellte er eine Abhandlung über Meteorologie zusammen, in deren zwölf Kapiteln er nicht nur die Zeichen für gutes oder schlechtes Wetter bespricht, sondern sie auch auslegt. Es ist eine ausgesprochen empirische Arbeit, und Merlee verwendet darin nicht nur seine persönlichen Beobachtungen, sondern auch die von Bauern, Seefahrern und anderen Wetterabhängigen. Mindestens ein Kontinentaleuropäer hat eine Parallelstudie unternommen: Enno von Würzburg veröffentlichte ein sehr ähnliches Werk, auf dessen Seiten er demonstriert, wie er Schneefälle, Gewitter, Sturmwinde und andere Erscheinungen vorauszusagen vermochte. Mit alledem ging ernsthafter theologischer Einwand einher, wenn auch nicht sehr nachdrücklich. Der bekannteste englische Exponent war Thomas Bradwardine (ca. 1290 – 1349), bekannt als ›der gründliche Doktor‹, Rektor der Oxford Universität und Professor der Theologie, Hausprediger und Beichtvater Eduards III und 1349 Erzbischof von Canterbury (wenn er auch einen Monat nach seiner Weihung starb).

In *De causa Dei* brachte Bradwardine alle bestens bewährten Einsprüche gegen die Astrologie vor (mehr oder weniger Augustinus und anderen frühen Gewährsleuten nachempfunden). Aber nachdem er einmal klar und deutlich festgestellt hatte, wo er bezüglich Fatalismus stehe, hielt er ein recht erstaunliches Plädoyer zugunsten der Astrologie. Er stimmte gänzlich mit Ptolemäus' Stellungnahme zu dem Thema überein und erklärte, es sei ausgesprochene Christenpflicht, die Einwirkungen der Planeten auf den menschlichen Charakter zu beachten, die guten Züge, die sie eingepflanzt hätten, zu hegen und die schlechten nicht aufkommen zu lassen. Er gibt das Beispiel eines Kaufmanns, dem er einst begegnet ist, der ihm gestand, daß die Planeten zur Zeit seiner Geburt auf homosexuelle Gelüste hingewiesen hätten. Aber durch einen Willensakt sei es ihm gelungen, sie zu überwinden. Des weiteren zitiert Bradwardine aus einem Aristoteles zugeschriebenen Werk, wie Hippokrates von einem Physiognomen bedeutet worden sei, er habe das Gesicht eines mutwilligen Betrügers. Hippokrates gab zu, diese Neigungen durch Einblick in sein Horoskop schon selbst bei sich festgestellt – und sie erstickt zu haben.

Zusammenfassend schlägt Bradwardine vor, alle Theologen sollten Astrologie studieren, die Wissenschaft der himmlischen Dinge und deshalb die Gott naheste Wissenschaft.

Das war beileibe nicht die einstimmige Meinung aller Theologen. John Wycliffe (ca. 1320 – 1384), der Mann, der die erste vollständige englische Übersetzung der Bibel ins Werk setzte, widmete sich eingehend dem Studium der Astrologie und kam anscheinend zu dem Schluß, sie sei eher unwichtig als ernsthaft schlimm. Wenn er darüber sprach, wie er es in seinen Predigten zuweilen tat, behandelte er sie als einen Gegenstand, der unnütz war. Es war Zeitverschwendung für Mönche, ›hohle Sophisterei und Astronomie‹ zu studieren anstatt die Bibel. Obgleich gesagt werden muß, daß seine Argumentation (z. B. der Vorwurf, die Astrologen könnten die Frage nicht beantworten, ob die Engel die Bewegungen der Planeten regulierten, oder: die ganze Astrologie sei durch das Faktum über den Haufen geworfen, daß Josua die Sonne stillstehen ließ), nicht gerade umwerfend ist.

Ein weit klarerer, gefährlicher Gegner der Astrologie war Nicole Oresme, ein Theologiestudent aus Paris, der Leiter der Hochschule von Navarra wurde und bei seinem Tod Bischof von Lisieux war. Er scheint vor allem Anstoß daran genommen zu haben, daß die Fürsten sich allzu fest auf Astrologie und Hellseherei verließen, doch war er weit entfernt davon, die ganze Idee der Astrologie in Bausch und Bogen abzulehnen. In einer einzigen kurzen Abhandlung scheint er nachweisen zu wollen, daß im allgemeinen gerade die Fürsten, die der

Das Innungsbuch der Barbier-Ärzte von York im 15. Jahrhundert weist eine drehbare Pergamentscheibe auf, mit deren Hilfe die astrologischen Eigenschaften einer Krankheit festgestellt werden konnten. Mit dem (oben abgebildeten) kirchlichen Segen des Klerus waren die (unten dargestellten) Ärzte in der Lage, Medikamente herzustellen, welche genau in dem Augenblick zu verabreichen waren, wo sie die heilsamste Wirkung erzielen würden.

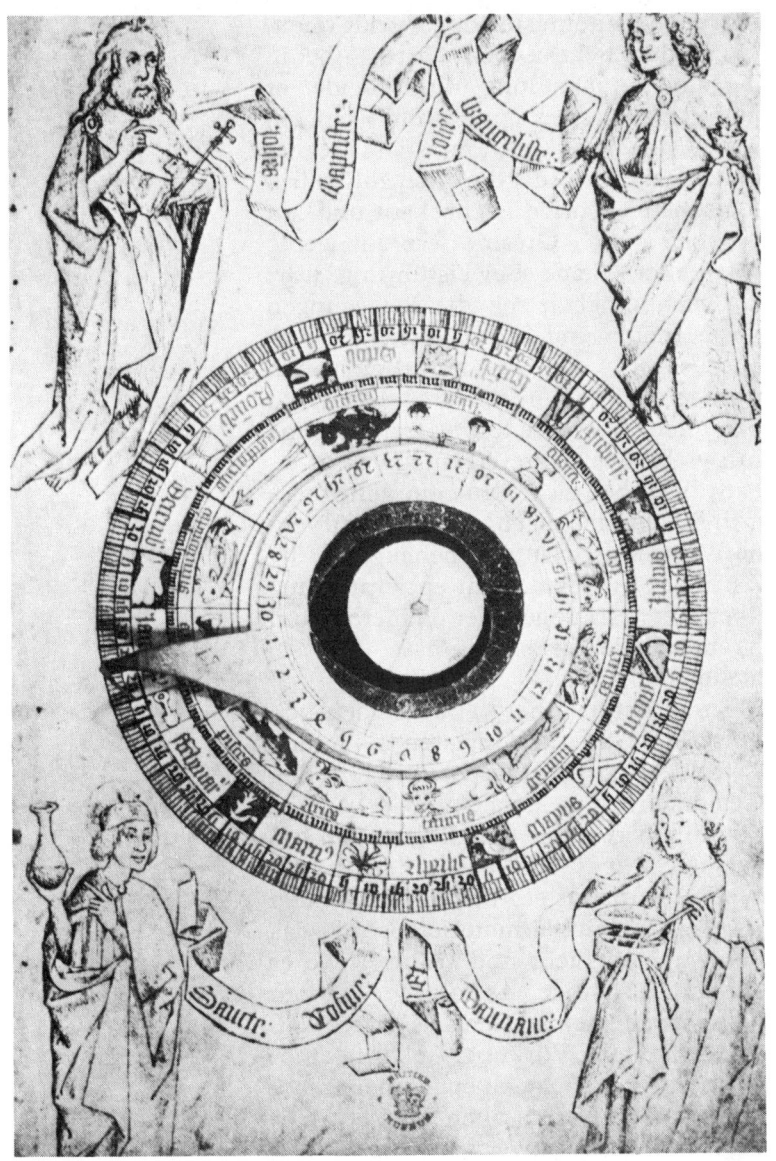

Astrologie am meisten zugewandt seien, ein unglückliches Leben führten. Aber in derselben Abhandlung unterscheidet er peinlich zwischen ›guter‹ und ›schlechter‹ Astrologie. Die meisten Gegner haben immer wieder die alten anti-astrologischen Theorien nachgekaut und tun es noch heute. Oresme war ein wenig origineller. Seine Beweisführung war: Da es unmöglich sei, die Bewegungen der Planeten und Sterne lückenlos vorauszusagen, sei es natürlich auch unmöglich, sie für Voraussagen zu benutzen. Er stellte fest – freilich ohne mit viel Beweismaterial aufzuwarten –, daß die Bibel die Astrologie verurteile, griff sie als eine ungenaue, oft irreführende Wissenschaft an und behauptete, die Astrologen wüßten nicht entfernt genug über die Wirkungen der Planeten, um irgendwelche festen Schlüsse über sie ziehen zu können.

Eine These, die er sehr deutlich umreißt, würde den meisten modernen Astrologen gut zusagen: Er lehnt den Gedanken, die Planeten oder Sterne könnten irgendeinen okkulten Einfluß auf den Menschen haben, strikt ab. Wenn überhaupt ein Einfluß vorhanden ist, sagt er, muß er materiell sein – das Resultat von Licht und Wärme, wie er annahm. Heutige Astrologen würden wohl stattdessen großenteils sagen, daß jede planetare Wirkung Ausfluß einer sehr realen, wenn auch noch unerforschten Kraft sei (von ähnlicher Beschaffenheit wie die der Schwerkraft); sie würden aber mit Oresme darin einig gehen, daß diese Kraft bestimmt nicht okkult ist.

Er wiederholt die bekannten Ablehnungsargumente wie die von der Geburt von Zwillingen, des unterschiedlichen Todestags von Leuten, die am gleichen Datum geboren sind, und so weiter. Von allen Gegnern der Astrologie scheint er entschlossen, den größten Haufen von Gegenargumenten zusammenzutragen. Und doch – und das beleuchtet die weiterhin gültige, allgemeine Einstellung – sagt er zum Schluß:

»Ich sage, der Fürst und jeder andere sollte ernsthaften Forschern der Astrologie, welche Tabellen von Beobachtungen anfertigen und kritische Regeln für die Beurteilung aufstellen, große Ehre erweisen; ebenso denen, welche wissen, wie man das Wesen der Dinge wissenschaftlich betrachten und das Wahre vom Falschen unterscheiden kann«,

und stimmt den folgenden Thesen zu: Daß viele menschliche Taten nicht geschähen, würde sie ›der Himmel‹ nicht veranlassen; daß astrologische Wettervoraussagen möglich sind (wenn auch oft ungenau); daß die Planeten gewisse allgemeine Aktivitäten wie etwa politische oder religiöse Bewegungen zu beeinflussen scheinen. Man konnte ihn nicht leicht zum Narren halten: Als er Versuche mit ›Elektionen‹ machte (Stellen eines Horoskops für einen bestimmten Augenblick, um die für ein Vorhaben günstigste Zeit zu ermitteln) und dabei scheiterte, beschwerte er sich bei einem Astrologen und bekam zur Antwort, sein eigenes Horoskop enthalte Faktoren, die anzeigten, daß er für diesen Aspekt der Astrologie nicht sehr geeignet sei. »Und warum«, fragte er bissig und mit gutem Recht, »habt Ihr mir das nicht von Anfang an gesagt?« Die Tatsache, daß er, trotz seiner Gegnerschaft, zu dem Schluß kommen mußte, bestimmte Seiten der Astrologie verdienten doch Respekt, hat doch einiges Gewicht.

Sicherlich waren Oresmes Standpunkte seinem Schutzherrn, Karl V (1337–1380) bekannt – Karl dem Klugen, wie man ihn nannte –, der eine ansehnliche Bibliothek im Louvre anlegte (sie wurde zum Grundstock der Bibliothèque Royale), und zu dessen beratenden Gelehrten auch Raoul de Presles, Philippe de Mésière und eine große Zahl von Astrologen gehörten. Er war natürlich nicht der einzige Monarch mit astrologischen Interessen. Als König Johann von Frankreich 1356 bei Poitiers geschlagen worden war, verbrachte er die Zeit der anschließenden Gefangenschaft in Gesprächen mit einem Astrologen, den die Engländer von Borges herübergeholt hatten, weil seine Voraussagen so akkurat waren.

Der ganze hundertjährige Krieg wurde inmitten einer Kakophonie von Voraussagen und guten Ratschlägen von Astrologen geführt. Jacques de Saint André, ein Kanonikus aus Tour und späterer Freund von König Johann, sagte mit Bestimmtheit den Sieger von Cocherel im Jahre 1364 voraus; Thomelin de Turgof, ein englischer Hauptmann, hatte sogar schon vorher du Guesclin als kommenden Sieger von Cocherel bezeichnet. Yves de Saint Branchier begleitete den Konnetabel von Frankreich in die Schlacht und wählte den genauen Augenblick des Angriffs. Jacques de Montciclat sagte den Tod von du Guesclin und König Johann voraus. Im Dienste Karls des Klugen selbst standen Pierre de Valois aus Coucy, der auch schon in England tätig gewesen war, und André de Sully, welcher die Schlacht vom April 1366 in Spanien voraussagte und die Horoskope von Karls drei Söhnen, Karl, Ludwig und Johann stellte.

Aber es gab auch mindere Astrologen, deren Namen keiner kennt, und die auf niederer Ebene bei der Truppe arbeiteten, Sieg oder Niederlage vor dieser oder jener Schlacht verkündend; viele von ihnen kleine Marktschreier von der Art, wie sie bei jedem nahenden Unglück aus ihren Löchern kamen, um ihre Prophezeiungen von Krankheit, Genesung oder Tod bei den Leichtgläubigen an den Mann zu bringen.

Karl selbst scheint, ungeachtet der Versuche von Oresmes, ihm sein Zutrauen zu den Planeten auszureden, einen großen Teil seines privaten wie öffentlichen Lebens nach den Ratschlägen seiner Astrologen gestaltet zu haben – die zum Beispiel ihm und seiner Verlobten Horoskope stellten, ehe sie heirateten. Er las Ptolemäus, Albenragel, Guido Bonatti sowie auch neuere Autoren, gründete eine Akademie zum Studium der Astrologie und astrologischen Medizin an der Universität Paris und stattete sie mit einer guten Bibliothek, einer sehenswerten Sammlung astrologischer Instrumente und mehreren Stipendien aus.

Natürlich gab es hier und da auch Fehlleistungen, manchmal lächerliche. In einem Fall wiesen sie einen Ritter an, seine Waffen zu einem bestimmten Zeitpunkt für einen Zweikampf bereitzuhalten, um seinen Erfolg sicherzustellen. Er tat, wie ihm geheißen, jedoch, oh Schreck – im Augenblick, als der Kampf beginnen sollte, goß es in Strömen, und die ganze Sache wurde abgeblasen. Immerhin entging er Tod oder Verwundung, was schließlich auch eine Art von Erfolg war.

Gegen Ausgang des 14. Jahrhunderts ist immer noch keine Machtverringerung der Astrologen in Sicht. Der französische, der englische, der böhmische, der deutsche Hof, sie alle verließen sich mehr oder weniger auf sie, und ernsthafte Attacken gegen sie waren alles andere als an der Tagesordnung. Allenfalls gab es Späße auf Kosten der allzu Leichtgläubigen, wie etwa die von Sebastian Brant in seinem *Narrenschiff*, das 1494 in Basel erstveröffentlicht wurde. Dieses umfangreiche satirische Werk sieht die

ganze Welt von Narren bevölkert und
greift unehrliche Köche, Winkeladvoka-
ten, Bauspekulanten, Gotteslästerer,
betrügerische Handelsleute, ehebrecherische Weiber samt und sonders mit dem
gleichen nachhaltigen Verdruß an.
Astrologen, auch ›Sterngucker‹ genannt,
befanden sich gleichfalls unter seinen
Opfern, wie die nachfolgenden Verse
zeigen:

»Nitt das der sternen louff alleyn
Sie sagen / jo eyn yedes kleyn
Vnd aller mynst jm flyegen hirn
Will man yetz sagen vssz dem gestirn
Vnd was man reden / rotten werd /
Wie der werd glück han / was geberd /
Was willen / zůfall der kranckheit
Fräuelich man vsz dem gstirn yetz seit /
Inn narrheyt ist all welt ertoubt
Eym yeden narren man yetz gloubt /
Vil practick vnd wissagend kunst
Gatt yetz vast vsz der drucker gunst /
Die drucken alles das man bringt
Was man von schanden sagt vnd singt
Das Gott nůn als on straf do hyn
Die weltt die will betrogen syn«

9 Erfolg –
und erste Zweifel

Der Astrologe Paris Ceresarius aus Mantua sagte die Wahl Pauls III zum Papst voraus. Der Papst (hier von Tizian gemalt) verlieh einem anderen Astrologen, Luca Gaurico, mit dem er regelmäßig speiste, den Adelstitel und weihte ihn dann zum Bischof von Giffoni. Sein Arzt, Andrea Turino, widmete ihm ein Buch über astrologische Medizin.

Im Laufe des Februar fand eine Konjunktion aller Planeten im Wasserzeichen Fische statt. Ein gewisser Johann Stoeffler aus Justingen schrieb in seinem Almanach von 1522, daß diese keine Freude bereiten würde, denn »im Monat Februar werden zwanzig Konjunktionen stattfinden, kleine, mittlere und große, von denen sechzehn in einem Wasserzeichen stehen werden, und das bedeutet für fast die ganze Welt einschließlich Klimata, Königreiche, Provinzen, Anwesen, Staatsbevollmächtigte, Tiere des Landes und des Meeres und für alle Erdbewohner unweigerliche Umbildung, Verwandlung und Veränderung, wie wir sie viele Jahrhunderte lang von Geschichtsschreibern und unseren Älteren kaum erfahren haben«.

War Stoeffler der erste Astrologe, der vor den kommenden planetarischen Umtrieben warnte, so ließen andere nicht lange auf sich warten. Mehr als fünfzig veröffentlichten über hundert Bücher und Broschüren voller Sorgen und Ängste; viele prophezeiten die zweite Sintflut, wenn auch manche sich gemäßigter äußerten. Agostino Nifo zum Beispiel, bestätigte zwar, daß es bestimmt mehr Regen geben werde als üblich, doch sei aus Jupiters Herrschaft über den Saturn mit einiger Sicherheit zu entnehmen, daß er sich eher segensreich auswirken werde als schädlich. Sicherlich aber würde es Überschwemmungen geben und man müsse wachsam sein. Die ernsthafteren Astrologen stimmten dem mehr oder weniger bei und überließen Voraussagen von Flut und Katastrophe (oft mit Krieg und Blutvergießen verknüpft) den Sensationskrämern, von denen es genügend gab.

Der Februar verstrich bei schönstem Wetter. Die Astrologen von Bologna, wo die Universität eine starke Fakultät unterhielt, waren baß erstaunt. Doch schien ihr Irrtum auf den Zeitfaktor beschränkt zu sein, oder die Auswirkungen der Konjunktion machten sich vielleicht nur langsam bemerkbar, denn am 19. März regnete es heftig in der Stadt, und vom 12. Mai an wurde drei Tage lang unablässig gebetet, um dem Regenguß Einhalt zu gebieten. Am 21. Mai läuteten die Bürger die Glocken von Bolognas Kirchen, in der Hoffnung, so die Unwetterschäden niedrig halten zu können; vier Tage danach wurden sie an einem Tage zweimal geläutet, und am 12. Juni läuteten sie wieder. In jener Nacht tobte eine Stunde lang ein Sturm von erschreckender Stärke. Am 30. Juni kämpften die Glocken abermals gegen den Wind an, und am 14. Juli kämpfte sich die Geistlichkeit durch ein Sturmgewitter hindurch, um sie wiederum zu läuten. Am 20., 22. und 23. Juli versuchte man, mit Glockengeläut ein Gewitter zu bekämpfen, bei dem Hagelkörner von Hühnerei-Größe auf die Straßen prasselten.

Ende August mußten der Fluten wegen Häuser geräumt werden; Vieh ertrank in Mengen. Im September wurde wieder gegen den Regen gebetet, im Oktober und November traten Bäche und Flüsse über die Ufer und überschwemmten die Äcker, und erst im Dezember hörte der Regen wieder auf. Weit entfernt davon, sich zu brüsten, man habe es vorausgewußt, stritten sich die Astrologen darüber, warum sie den Verlauf der Unwetter nicht genauer hatten voraussagen können.

Das 16. Jahrhundert über schenkten die Päpste ihr Interesse mehr denn je der Astrologie. Gleich nach der Jahrhundertwende ließ sich Julius II Voraussagen von Antonio Campanazzo machen. Leo X (1513 – 1521, der Sohn von Lorenzo de' Medici, dem Prächtigen) verließ sich großenteils auf seinen persönlichen Astrologen, Franziskus Priolus, der ein ganzes Buch über das Horoskop seines Gönners verfaßte. Anscheinend hatte er dem Papst vieles aus dessen Kindheit sagen können, wovon nur er allein gewußt hatte. Leo erwähnte oft, daß Priolus' Voraussagen auf den Tag genau stimmten. Und so muß es ein heftiger

Schock für ihn gewesen sein, als der Astrologe sich umbrachte – eine Tat, bei deren Ausführung er großes Durchhaltevermögen bewies, denn nachdem es ihm mißglückt war, sich zu ertränken, in ein Feuer zu springen, sich die Kehle mit einer Sense durchzuschneiden und aus einem Fenster zu springen, hungerte er sich schließlich zu Tode. Leo ließ sich nach Priolus' Tod von Pellegrino Prisciano aus Ferrara, Thomas Philologus, Castaneolus, Nifo und Bernard Portinarius beraten.

Leos Nachfolger, Adrian VI und Clemens VII, ließen sich zumindest astrologische Almanache widmen. Paul II (1534 – 1549) ließ Astrologen nach Rom kommen und protegierte sie bei ihrer Tätigkeit. Als er das Pontifikat übernahm, setzte er als inoffiziellen päpstlichen Astrologen den wohlbekannten Luca Gaurico ein, den er zum Bischof machte. Gaurico ließ sich auf verschiedene unbedeutende Streitfragen über das Leben Jesu ein (das Datum der Kreuzigung, die Stundenzahl zwischen Kreuzigung und Auferstehung und dergleichen), aber der Papst setzte ihn mehr für praktische Aufgaben ein, wie etwa die Bestimmung eines genauen Zeitpunktes für die Grundsteinlegung neuer Bauten um St. Peter herum (der Astrologe erschien mit großem Pomp in Begleitung eines Helfers in prächtigem Talar und rief mit lauter Stimme, als der Augenblick gekommen war, und ein Kardinal die Marmorplatte legte).

Nostradamus oder Michel von Notre-Dame (1503 – 66) war ein jüdisch-französischer Astrologe, dem wegen seiner Tüchtigkeit, mit der er die großen Pestausbrüche in Lyon bekämpfte, so manches vergeben werden kann. Obgleich für seine astrologischen Fähigkeiten bekannt, ist es unmöglich festzustellen, wie bewandert er auf diesem Gebiet wirklich war. Viel besser ist er als Hellseher bekannt geworden, dessen Prophezeiungen auf bloßen Ahnungen gefußt zu haben scheinen und in symbolische Formen gekleidet waren.

Freilich, die Persönlichkeit Papst Pauls III war nicht gerade so geartet, daß seine Vorliebe für die Astrologie deren Achtbarkeit gesteigert hätte, denn er pries die liebestreibende Wirkung des Hornes eines Einhorns, das er für 12000

Goldstücke erstanden hatte, war hochgradig abergläubisch und der Handleserei verfallen. Zudem hatte er die Taktlosigkeit, zwölf Jahre vor dem Jahr zu sterben, das sein letzter Astrologe, Marius Alterius, für dieses Ereignis bestimmt hatte. Alterius' Vorhersage, daß er es bis zum 93. Lebensjahr bringen würde, war zweifellos Teil einer Strategie, den alten Mann in Stimmung zu halten. Wie anders wollte man z. B. die Voraussage erklären, daß ein zweiundachtzigjähriger Papst im Jahre 1548 ein Jahr des Erfolges bei Frauen erleben werde, von denen er erotischen Zeitvertreib zu erwarten habe, »welcher Ihren Geist mit einzigartiger Wonne überwältigen wird«?

Pauls Günstling, Gaurico, hatte eine angesehene Astrologieschule in Ferrara, wo er viele der bekanntesten Astrologen des Jahrhunderts ausbildete. Nicht nur in Privatschulen wurde jetzt Astrologie gelehrt, sondern auch an den Universitäten. Als bestes Beispiel dafür mag im 16. Jahrhundert Bologna dienen, von wo die Professoren viele Jahrbände mit Voraussagen versandten. Zwischen 1501 und 1528 gab Jacobus Benatius täglich Vorlesungen in Astrologie, zusammen mit einem Kollegen, Jacobus Petramellarius, Doktor der Philosophie und Medizin, der dort bereits seit 1496 Astrologie gelehrt hatte.

Niemand in Bologna hätte seine Zeit damit verschwendet, für das intellektuelle Ansehen der Astrologie eine Lanze zu brechen. Man nahm sie als gegeben an. Anderwärts lagen die Dinge ähnlich. An der Pariser Universität war Astrologie so fest im Lehrplan eingebettet, daß Gaurico 1512 ernstlich daran dachte, seine Zelte in Italien abzubrechen und nach Paris zu gehen, mit der Begründung, die dortige Universität sei ihr mehr verpflichtet. Sie hatte dort in der Tat eine lange Tradition, und 1437 hatte die Universität angeordnet, daß alle Ärzte und Chirurgen ein Exemplar des neuesten Almanachs als medizinisches Lehrbuch besitzen müßten. Jean Avis brachte vierzig Jahre lang jährlich Almanache für die medizinische Fakultät heraus. Dennoch haben Historiker behauptet, die theologische Fakultät in Paris habe sich der Astrologie widersetzt, was nie der Fall gewesen ist.

Viele europäische Monarchen haben sich um die Wette um die Dienste von Regiomontanus bemüht, einem ganz hervorragenden Astronom und Astrologen, und in Frankreich war Nostradamus (1503 – 1566) Leiter einer Gruppe von Astrologen, die auf die Witwe Heinrichs II, Katharina von Medici, starken Einfluß hatte. (Im übrigen beruhte und beruht noch heute der Ruhm des Nostradamus auf Verkündungen in Denkspruchform über künftigen Untergang, die in so verschwommene Symbole gekleidet sind, daß man alles und jedes aus ihnen herauslesen kann.) Heinrich IV sorgte dafür, daß ein Astrologe bei der Geburt seines Sohnes, des späteren Ludwig XIII, anwesend war, welcher seinerseits wieder Jean Baptiste Morin (1583 – 1656) beorderte, der Geburt seines Sohnes beizuwohnen, des späteren Ludwig XIV. Morin versteckte sich hinter den Vorhängen des königlichen Schlafzimmers, um den genauen Augenblick abzupassen, an dem der junge Ludwig XIV und seine Neuvermählte den Eheakt vollzogen, so daß er das Empfängnishoroskop jedes künftigen Dauphins ausarbeiten konnte, der noch als Resultat dieser Paarung zur Welt kommen mochte.

In Spanien riet ein Astrologe Philip II von seinem geplanten Besuch bei Mary Tudor ab, weil sein Horoskop eine Verschwörung gegen Philip zeigte. (In England hatte Mary, wie wir sehen werden, ihren eigenen Astrologen.) Rudolf II, der Habsburg-Kaiser, beschäftigte mehrere Astrologen. Und in England wurde die vom Eroberer begonnene Tradition fortgesetzt, denn die meisten Monarchen waren an den Planeten und deren Auguren interessiert. Heinrich VI befragte einen Master Welch über den Zeitpunkt seiner Krönung und nahm später Richard de Vinderose, einen in Frankreich ausgebildeten Engländer, als Hofastrologen in seine Dienste. Eduard VI bevorzugte Master Eustache, und Heinrich VII und Eduard VI setzten ihr Vertrauen in zwei Italiener, William Parron und den berühmten Jerome Cardan (1501 – 1576), Mathematiker und Arzt sowie auch Astrologe, der als erster auf den Gedanken kam, die Blinden das Tastlesen zu

Eine Seite aus den *Jahrhunderten* von Nostradamus, einer Folge gereimter Verse, die so vage formuliert sind, daß sie alles Beliebige bedeuten können. Im Zweiten Weltkrieg ließ Heinrich Himmler durch einen Astrologen eine Auswahl dieser Vierzeiler übersetzen, die den Untergang Englands vorauszusagen schienen. Zuvor, im 17. Jahrhundert, soll eine französische Ausgabe der *Jahrhunderte* die Hinrichtung Karls I und die große Feuersbrunst in London vorausgesagt haben.

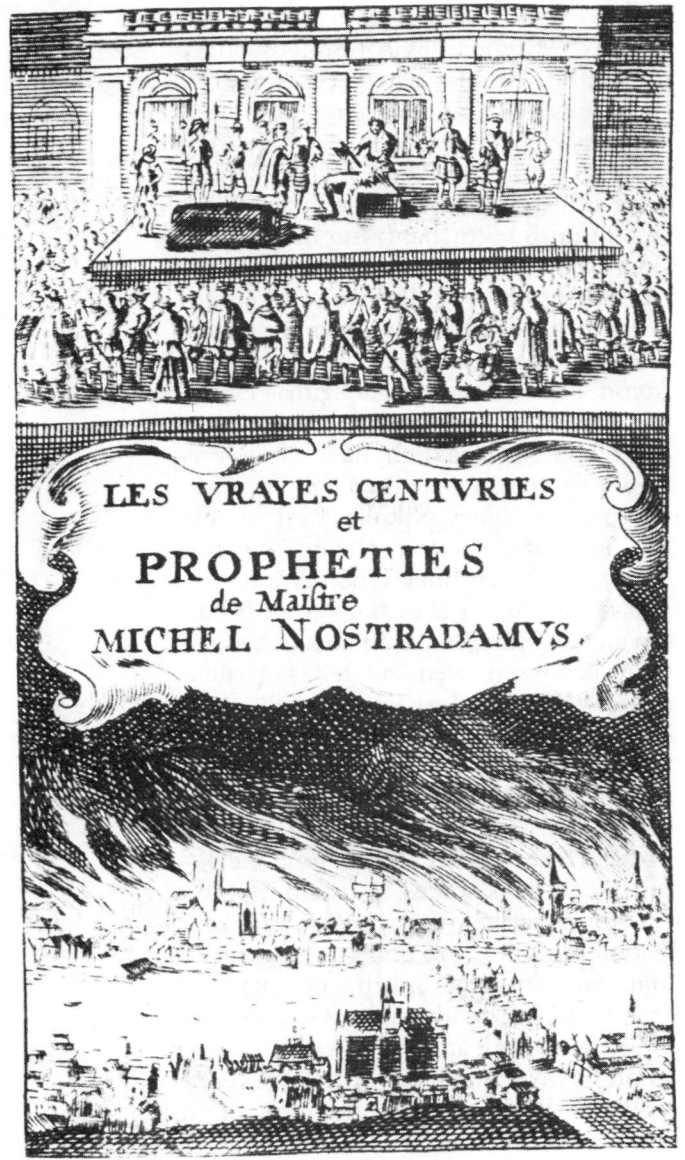

LES VRAYES CENTVRIES
et
PROPHETIES
de Maistre
MICHEL NOSTRADAMVS.

lehren. Um 1520 setzte sich John Robyns, Mitglied des All Souls College in Oxford (und später Hausprediger Heinrichs VIII und Domherr von Christchurch und Windsor), in der Frage der Kometen mit seinem König in Verbindung und begab sich sogar nach Woodstock und Buckingham, um die Diskussion darüber mit Heinrich fortzusetzen. Der König, kein schlechter Mathematiker, war in der Lage, den astronomischen Berechnungen zu folgen. Weit entfernt davon, der Astrologie gleichgültig gegenüberzustehen, untersagte er seinen Bischöfen ausdrücklich, dagegen zu predigen. Er ließ sich auch von einem deutschen Astrologen, Nikolas Kratzer, der ihn besuchte, beraten, ebenso wie von Robyns. Ob Kardinal Woolsey tatsächlich Heinrich ein Horoskop gestellt hat, um sich bei ihm Liebkind zu machen, ist nicht bewiesen, wenn auch das Gerücht es so wollte. Woolsey ließ sich jedenfalls in anderen Dingen selbst astrologisch beraten.

Nach Heinrichs Tod kam Cardan nach England, eigens zu dem Zweck, Eduard VI das Horoskop zu stellen (und gleichzeitig auch das seines Hauslehrers John ,Cheke). Staatssekretär Sir William Paget bekam ein Buch von Bonatus gewidmet, und Sir Thomas Smith, der spätere Staatssekretär, war von der Astrologie so hingerissen, daß er »vor lauter Gedanken daran des Nachts kaum schlafen« konnte. Opposition gab es wenig; zuweilen wurde die Astrologie Zielscheibe von

Satire oder derbem Humor, aber die größten Geister der Zeit waren zumindest der Sache gegenüber aufgeschlossen. Sir Thomas More machte einige harmlose Späße darüber (wie etwa den vom Astrologen, der die Untreue seiner eigenen Frau nicht vorher wußte, und ähnliche Kindereien), weiter aber ging er nicht. Erasmus andererseits, geschworener Feind des Aberglaubens, ließ sich nicht nur von Astrologen beraten, sondern befragte die Planeten selbst.

Wie verhielt es sich nun mit den großen Astronomen – denn schließlich

Der Astrologe Larivière wurde von Heinrich IV von Frankreich beordert, der Geburt des Kindes beizuwohnen, das später Ludwig XIII wurde.

befinden wir uns im Jahrhundert des Kopernikus, Tycho Brahe, Kepler und Galileo? Sie sahen die Astrologie als Teil ihres Wissensgebietes an. Sie verstanden, astrologische Diagramme auszuarbeiten und zu interpretieren und benutzten die Astrologie, um entweder hinzuzulernen (von ihrem Standpunkt aus gesehen) oder Geld zu verdienen.

Der polnische Astronom Nikolaus Kopernikus (1473 – 1543), der 1543 in seinem Werk *De revolutionibus orbium coelestium* die (natürlich keineswegs neue) Theorie entwickelte, daß die Sonne der Mittelpunkt des Planetensystems sei, hatte astrologische Werke in seiner Bibliothek, die er oft genug zur Hand nahm. *De revolutionibus* ist rein astronomisch und enthält kein Wort Astrologie, und Gegner haben das gründlich ausgeweidet. Aber schließlich ist in Ptolemäus' *Almagest* auch kein Wort Astrologie zu finden – was ihn als Autor der *Tetrabiblos* nicht im geringsten gehindert hat.

Das Erscheinen eines neuen, sehr hellen Sterns am Himmel im November 1572 veranlaßte Tycho Brahe (1546 – 1601), sich längere Zeit mit astronomischen und astrologischen Betrachtungen zu beschäftigen. Er schrieb einige Seiten über die astrologische Bedeutung des Sterns, die, seiner Meinung nach, größer sein werde als bei irgendeiner früheren Planetenkonjunktion. Wahrscheinlich, schrieb er, kündige er politische Umwälzungen und vielleicht religiöse Wand-

Papst Leo X (hier von Raffael gemalt) befragte 1520 den Astrologen Dominicus Maria Castaneolus, der ihm voraussagte, daß er über alle Feinde triumphieren, viel Gold zusammentragen und seine Herrschaft klug erweitern würde. Er nahm durch den Verkauf von Kardinalshüten und Mitgliedschaften bei den Rittern von St. Peter viel Geld ein, machte den Päpstlichen Stuhl zur obersten Macht in ganz Italien und stellte die Päpstliche Macht in Frankreich wieder her.

Tafel 17

CATHERINE DE MÉDICIS
CHEZ SON ASTROLOGUE

Le Jeudi 7 Novembre (1577), commença
à paroiſtre une comette vers le midy. Ces
fols d'aſtrologues diſoient qu'elle préſageoit la
mort d'une royne. Ce que ayant entendu la royne
mère entra en frayeur et appréhenſion que ce
fuſt elle…
                                              L'ESTOILE

E. BLANCHE.

Tafel 18

Katharina von Medici (1519 – 89) soll sich in den Jahren des verarmten und obskuren Daseins vor ihrer Ehe mit Heinrich II von Frankreich mit Astrologie beschäftigt haben. 1914 fertigte Jacques Emile Blanche diese Darstellung eines Besuchs bei ihrem Astrologen Ruggieri als Illustration für einen französischen Almanach an.

lung an. Sein bereits stark vorhandenes Interesse an der Astrologie scheint sich durch den neuen Stern noch verschärft zu haben. In seinen Mathematikvorlesungen an der Universität von Kopenhagen zwei Jahre danach, verweilte er viel bei der Verteidigung der Astrologie: sie sei zwar, meinte er, keine Wissenschaft, die man hinsichtlich ihrer Ergebnissicherheit mit Geometrie oder Astronomie vergleichen könne, nichtsdestoweniger wäre es töricht, an ihr vorbeizugehen. Mit den Jahren blieb, ja wuchs sein Interesse. Er stellte Angehörigen der dänischen Königsfamilie Horoskope, wobei er lieber eigene astronomische Beobachtungen als Unterlagen verwandte, als von den existierenden Ephemeriden Gebrauch zu machen. An der dubiosen Idee, Tierkreiszeichen Einflüsse auf ganze Städte oder Länder zuzusprechen, hatte er seine Zweifel, nicht aber – wie es scheint – an der Bedeutsamkeit der Planetenstellungen bei der Geburt des Menschen für dessen künftiges Schicksal.

Der deutsche Astronom Johannes Kepler (1571 – 1630) war stets von der Astrologie gefesselt. Sein eigenes ›Horoskop-Buch‹, das er als Student gewissenhaft führte, hat uns Einblick in seine jungen Jahre gegeben. In Graz nahm er 1594 eine Stelle als Mathematik- und Astronomielehrer an und fertigte dort vier Jahresalmanache an, für die er je 20 fl erhielt – ein nützlicher Zuschuß zu einem Jahresgehalt von nur 120 fl. Entweder war er

Jean Baptiste Morin,
Arzt und königlicher
Professor der
Mathematik in Paris.

ein ausgezeichneter Astrologe oder er
hatte großes Glück, denn in seinem
ersten Almanach prophezeite er sehr kal-
tes Wetter und einen Einfall der Türken.
Beides traf prompt ein: Es sei so kalt
gewesen (schrieb er an jemanden), daß
Menschen ums Leben kamen; wenn sie
ihre Nasen bliesen, fielen diese ihnen ab.
Zur gleichen Zeit fielen genau am 1.
Januar die Türken ins Land und richteten
zwischen Wien und Neustadt große Ver-
wüstungen an.

Sein restliches Leben verbrachte er –
ob er wollte oder nicht (und wenn er sich
auch gelegentlich darüber beschwerte,
scheint er doch nichts Ernsthaftes dagegen gehabt zu haben) – teilweise als

Berufsastrologe. Seine antiastrologischen Spöttereien sind bekannt: Daß Astrologie die Stieftochter der Astronomie sei, oder daß er aus Geldgründen gezwungen sie, einen Fuß in eine Dreckpfütze zu setzen. Doch entsprangen diese wohl eher seiner Ungeduld, und es besteht kein Zweifel, daß er die Sache ernst nahm. In der Einleitung zu *Tertius interveniens* warnt er seine Leser, daß, wenn sie auch mit Recht den Aberglauben der Sterngucker ablehnten, sie nicht das Kind mit dem Bade ausschütten sollten, denn

»nichts ist oder geschieht am sichtbaren Himmel, das nicht in einer verborgenen Art und Weise von den Kräften der Erde und Natur verspürt wird, [so daß] diese geistigen Kräfte hier auf Erden ebenso davon beeinflußt werden wie der Himmel selbst.«

Kepler zerbrach sich sein Leben lang den Kopf über die planetaren Einflüsse auf den Menschen, ohne je aufzuhören, über die Quacksalber herzuziehen. Doch zweifelte er keinen Augenblick daran, daß irgendwo in dieser (wie er es sah) verderbten Wissenschaft ein Körnchen Wahrheit stecke – und mehr als nur ein Körnchen: Seine generelle Einstellung war, daß die Planeten dem menschlichen Charakter eine Grundform geben,

»in der Art von Schlingen, die ein Landmann nach Belieben um Kürbisse auf dem Feld bindet: sie bringen den

HIERONYMI CAR
DANI, PRÆSTANTISSIMI MATHE-
MATICI, PHILOSOPHI, AC MEDICI,
ARTIS MAGNÆ,
SIVE DE REGVLIS ALGEBRAICIS,
Lib. unus. Qui & totius operis de Arithmetica, quod
OPVS PERFECTVM
inscripsit, est in ordine Decimus.

ΕΙΣ ΤΟ ΡΕΠΙΕΡΟΝ ΤΙΓΙΕΙ ΜΕΜΩΝ ΟΤΙ ΤΕΝΗ ΣΕΤΑΙ · HIE. CAR.

Habes in hoc libro, studiose Lector, Regulas Algebraicas (Itali, de la Cossa uocant) nouis adinuentionibus, ac demonstrationibus ab Authore ita locupletatas, ut pro pauculis antea uulgo tritis, iam septuaginta euaserint. Nec solum, ubi unus numerus alteri, aut duo uni, uerum etiam, ubi duo duobus, aut tres uni æquales fuerint, nodum explicant. Hunc aut librum ideo seorsim edere placuit, ut hoc abstrusissimo, & planè inexhausto totius Arithmeticæ thesauro in lucem eruto, & quasi in theatro quodam omnibus ad spectandum exposito, Lectores incitarentur, ut reliquos Operis Perfecti libros, qui per Tomos edentur, tanto auidius amplectantur, ac minore fastidio perdiscant.

Kürbis nicht zum Wachsen, aber sie bestimmen seine Form. Das gleiche trifft auf den Himmel zu: Er beschenkt den Menschen nicht mit seinen Gewohnheiten, seiner Geschichte, seinem Glück, mit Kindern, Reichtum oder einem Eheweib, aber er formt seinen Zustand, seine Beschaffenheit...«

Der einzige Mann in England, dessen Geist man mit Keplers oder Brahes vergleichen könnte, war der erstaunliche Elisabethaner John Dee (1527 – 1608). Hätte er der Lockung der Magie widerstanden, wäre sein Ruf besser, als er ist. Aber auch so bestreitet niemand seine Leistungen als Navigator, Mathematiker und Philosoph, auch wenn ihn seine abenteuerlichen Vorstöße ins Okkulte schließlich in die Hände des Meisterkurpfuschers Edward Kelley und die Gefilde der Alchemie und des ›Umgangs mit Engeln‹ geraten ließ.

Dee kam in Mortlake als Sohn eines kleinen Bediensteten am Hofe Heinrichs VIII zur Welt. Er zeigte schon früh eine Neigung zur Mathematik und besuchte, nach einer Grundausbildung in einer Schule in Chelmsford, das St. John's College in Cambridge, wo er eifrig studierte – und auch den Grundstein zu seinem Ruf als Magier legte, indem er für eine College-Aufführung des *Frieden* von Aristophanes eine Flugmaschine konstruierte, die so echt aussah, daß die Zuschauer vermeinten, es sei Hexerei im Spiel.

Girolamo Cardan, der italienische Arzt, Mathematiker und Astrologe, war der illegitime Sohn eines bekannten mailändischen Juristen. Er wurde dort Professor der Mathematik. Verfasser einer ausgezeichneten Abhandlung über Algebra, war er vor allem als Astrologe bekannt. Gegen Ende seines Lebens kam er ins Gefängnis, weil er versucht hatte, das Horoskop Christi zu stellen.

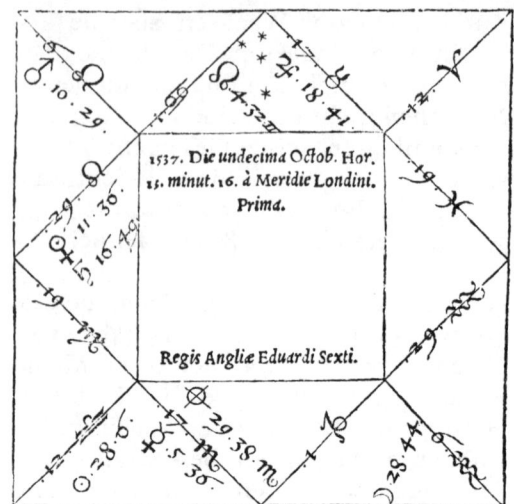

1537. Die undecima Octob. Hor.
15. minut. 16. à Meridie Londini.
Prima.

Regis Angliæ Eduardi Sexti.

Das Horoskop von
Eduard VI von England,
welches von Cardan
1578, fünfundzwanzig
Jahre nach dem Tod des
Königs, veröffentlicht
wurde.

Seine Hauptinteressen waren Mathematik und Navigation, und er setzte
seine Studien in diesen Fächern an der
Universität von Louvain fort. Das Navi-
gationsstudium erforderte natürlich
große Beschlagenheit in Mathematik
und Astronomie, und Dee erklärte, er
habe, als er Cambridge verließ, schon
»Tausende von Beobachtungen der
himmlischen Einflüsse und Eingriffe in
diesen elementaren Teil der Welt
gemacht«. Aber in Louvain machte er
sich einen Ruf als Logiker; viele berühmte Leute strömten bald zur Universität,
um seine Vorlesungen zu hören. Wieder
zurück in England – über Paris und
Reims, wo er auch mit riesigem Erfolg
las und Studenten bis zur halben Mauer-
höhe hockten, um ihn zu hören – nahm
er eine Rente von hundert Kronen im

262

Jahr von Eduard VI an und genoß die Protektion der Herzogin von Northumberland, deren Gemahl Rektor der Universität in Cambridge war.

Um diese Zeit, um 1550 herum, hören wir zum erstenmal von Dee als Horoskopsteller. Mag sein, daß er Horoskope zuerst im Zusammenhang mit einem erwachenden Interesse an der Medizin verwandte. Jedenfalls füllen sich seine Tagebücher mit Diagrammen und dazugehörigen, zuweilen amüsanten, Notizen:

»Mrs. Brigit Cook, geboren gegen sieben Uhr am St. Davidstag, welches der erste Tag im März, ein Mittwoch, ist, aber ich konnte noch nicht herausbekommen, ob es vor oder nach der Mittagsstunde war. Doch ist sie im Glauben, erst 27 Jahre alt zu sein... aber das kann nicht sein.«

John Dees Ansichten über Astrologie waren die gleichen wie die Johannes Keplers. Es war

»eine mathematische Kunst, welche vernunftsmäßig demonstrieret die Eingriffe und Folgen der natürlichen Lichtstrahlen und geheimen Einflüsse der Sterne und Planeten auf jedes Element und elementaren Körper zu jeder Zeit in jedem zugewiesenen Horizont...«

Der Menschenkörper, wie überhaupt alle irdischen Körper wurden, wie er meinte,

»verändert, gelenkt, beordert, erfreut und betrübt durch die beeinflussende Tätigkeit von Sonne, Mond und anderen Sternen und Planeten.«

Sein Interesse an dem Gebiet wirkte sich fast so sehr als Ursache dafür aus, daß die Geschichte ihn als Gelehrten vernachlässigte, wie sein Interesse an der Alchemie und dem Okkulten ganz allgemein. Es sollte ihn auch, gleich zu Anfang seiner Karriere, erheblich in Schwierigkeiten bringen. Zugegeben, Mary Tudor zeigte Sympathie und Interesse für ihn, erklärte sich zu seiner Schutzherrin und ließ ihn für sich und ihren künftigen Gemahl, Philip von Spanien, Horoskope stellen und diese miteinander vergleichen (eine *Synastrie*, wie die Astrologen diese Art von Horoskop-Vergleichen nennen).

Aber Dee zog es nicht zu Mary, vielleicht weil sein eigenes Horoskop ihn davor warnte, oder wegen der Hinrichtung Northumberlands, des Gatten seiner Schutzherrin, und ihrer Protestantenverfolgungen. Was auch der Grund sein mochte, es dauerte nicht lange und er tauschte geheime Botschaften mit ihrer Schwester, Prinzessin Elisabeth, aus, die damals, so gut wie eine Gefangene, in Woodstock saß. Dee war ein Vetter von Elisabeths Amme, Blanch Perry, die immer noch als Bedienerin bei ihr war, und Zuträgerin zwischen den beiden spielte.

Titelblatt eines Buches, welches Galileo seinem Schutzherrn Ferdinand von Medici, dem herrschenden Großherzog von Toskana, widmete, durch dessen Zutun er 1592 den Lehrstuhl für Mathematik an der berühmten Universität von Padua erhielt. Der Stich zeigt Galileo zur Linken im Gespräch mit Ptolemäus und Kopernikus.

DIALOGO
di
GALILEO GALILEI LINCEO
AL SER.ᵐᵒ FERD. II. GRAN. DVCA DI
TOSC ANA

Man kann sich die Gefahren, die in dieser Situation steckten, leicht ausmalen, und Dee steuerte einen noch verwegeneren Kurs: Er schickte Elisabeth das Horoskop der Königin und machte sie auf die kontrastierenden Partien in den beiden Horoskopen aufmerksam. Römische Astrologen waren schon für weit geringere Vergehen hingerichtet worden, und als Gerüchte über Dees Indiskretionen in Umlauf kamen, konnte es nicht weiter überraschen, daß Denunzianten ihn beschuldigten, er sei in eine Verschwörung zur Ermordung der Königin verwickelt.

Im Frühjahr 1555 wurde eine Reihe von Mitgliedern des Haushalts der Prinzessin festgenommen und der Hexerei beschuldigt, »dessen, daß sie des Königs, der Königin und der Dame Elisabeth's Horoskope errechneten«. Dee wurde verhaftet, seine Räumlichkeiten durchsucht, seine Schriftstücke gelesen. Er wurde des Hochverrats angeklagt und, noch schlimmer, daß er einen Schutzgeist habe, welcher die beiden Kinder eines seiner Ankläger, Ferrys, angegriffen habe, wobei das eine zum Erblinden, das andere zu Tode kam.

Selbst in jenen abergläubischen Zeiten scheint man den zweiten Anklagepunkt für etwas übertrieben gehalten zu haben, denn die Starkammer (Gerichtshof für politische Straftaten) sprach Dee frei und entließ ihn in die Obhut des Bischofs Bonner von London, der ihn auf seinen Glauben hin zu prüfen hatte. Eine Zeit-

John Dee (rechts unten), der große Elisabethanische Magus – Geograph, Magier, Astrologe. Der Einfluß von Edward Kelley (links oben), der hauptsächlich an Alchemie und Magie interessiert war, war in starkem Maße für Dees intellektuellen Abstieg in seiner zweiten Lebenshälfte verantwortlich. Dee stand auch unter dem Einfluß der Arbeiten von Roger Beacon (oben rechts), dem englischen Philosophen und Wissenschaftler, dem ein Interesse an den ›schwarzen Künsten‹ nachgesagt wurde, und von Paracelsus (links unten), dem hochgradig individualistischen Arzt, dessen Untersuchungen auf dem Gebiet der Alchemie Dee besonders fesselten.

266

lang verbrachte er in einer kleinen Zelle zusammen mit einem Ketzer, Barthlet Green, der dann abgeholt und auf dem Scheiterhaufen verbrannt wurde. Es scheint jedoch, daß Bonner Dee nicht zu überführen vermochte: er kam schließlich frei. Es nimmt nicht wunder, daß er die Gunst der Königin nicht wiedererlangen konnte. Unvorsichtig wie er war, erneuerte er sogar den Kontakt mit Elisabeth und scheint ihr während Marys

Edw. Kelly Prophet or Seer to Dr Dee.

Roger Bacon an English man

PARACELSUS Receits from the Inspiration of Spirits.

D^r. Dee avouisheth his Stone is brought by Angelicall Min.

letzter Krankheit Mut in bezug auf die Nachfolge gemacht zu haben. Als Mary dann 1558 starb und Elisabeth tatsächlich Königin wurde, war eines der ersten Dinge, die sie tat, Lord Robert Dudley, den späteren Grafen von Leicester, zu beauftragen, Dee privatim aufzusuchen und ihn nach einem glückverheißenden Datum für ihre Krönung zu fragen. Sie nahm den von ihm vorgeschlagenen 15. Januar, ohne viel zu fragen, an. Und wenn das Horoskop für diesen Tag ihr eine erfolgreiche Regierung versprach, so hat es nicht gelogen.

Es ist viel darüber gerätselt worden, was alles Dee für Elisabeth getan hat, nicht nur als Astrologe, sondern (wie manche Biographen zu verstehen gegeben haben) auch als Geheimagent. Seine Berichte an sie signierte er, amüsanterweise, mit einem Zeichen, das ein Augenpaar darstellen sollte, aber verdächtig nach ›007‹ aussieht. Über den Wert seiner Arbeit als Navigator, als der er elisabethanische Seefahrer und Forscher beriet, gibt es kaum einen Zweifel. Und alles spricht dafür, daß er, unter anderen Fächern (wie z.B. Chemie), auch Astrologie gelehrt hat. Einer seiner Schüler war Sir Philip Sidney, dessen Ansichten darüber eines seiner Sonnette widerspiegelt;

»Auch wenn die staub'gen Geister schmäh'n,
Und Narren glauben, diese Leuchten reinen Lichts,

Die doch an Zahl, Verfahren, Größe, Ewigkeit
Wunder versprechen, Wunder an sich zieh'n,
Kein beß'res Recht am Himmelszelt sie hätten
Als flimmern lassen schwarzes Nachtgestrüpp,
Oder zu tanzen vor des Himmelsstarrers Aug'.
Was mich betrifft, ich weiß, wie tätig die Natur,
Und weiß, daß große Ursach' großes Tun gebiert,
Und weiß, daß die dort oben Herrn der Erdenwürmer sind.«

Dees Analyse von Sidneys Charakter durch sein Horoskop (gestellt als Sidney etwa 16 war) ist interessant: Es unterstreicht vielversprechende Talente für Rhetorik, Dialektik, Naturphilosophie, Grammatik und Sittenlehre und zeigt ihn als einen begabten jungen Mann, welcher »von der Natur für das Studium der Rechenkunst und von der Geburt her für die Erlernung der Himmelsphilosophie ausgestattet ist«.

Verschiedene Seiten an Dees Lebensstil und Laufbahn sprechen für die Theorie, daß er für Elisabeth mehr war als nur Astrologe – daß er sie mit politischen Informationen versah, die er auf seinen Reisen durch Europa auflas. Wegen verschiedener astronomischer Erscheinungen während ihrer Regierungszeit hat sie ihn tatsächlich um Rat gefragt und ihn hier und da in seinem Haus in Mortlake aufgesucht, um sich neue Bücher anzuschauen (er besaß die bestausgestattete Bibliothek im Lande und eine der besten Europas) oder ein neues Spielzeug zu besichtigen. In seinem Tagebuch findet sich eine seltsame Eintragung über einen Besuch der Königin bei ihm, vier Stunden nach dem Tode seiner ersten Frau, bei dem es ein großes Gelächter über die Wirkungen seines neuen ›magischen Glases‹ gab – wahrscheinlich eines Zerrspiegels. Aber sie muß ihm auch stattliche Geldzuwendungen gemacht haben, denn er lebte in großem Stil. Das Haus in Mortlake war groß, er kaufte viele teure Bücher und baute sich nicht weniger als drei Laboratorien für seine chemischen und alchimistischen Experimente. Die Armut, die ihn zeit seines Lebens plagte, war mehr die Folge seines Über-die-Verhältnisse-Lebens als des Mangels an Mitteln.

Selbst die schützende Hand der Königin konnte Dee nicht vor Angriffen bewahren: der Geruch der Hexerei war an ihm hängen geblieben. Nicht lange nach Elisabeths Thronbesteigung predigte Bischof Jewell öffentlich gegen ihn, und John Fox nannte ihn in seinem Buch *Taten und Denkmäler* (1563) ›Dr. Dee, der große Zauberer‹, ein ›Teufelsbeschwörer‹. Bei späteren Ausgaben mußte Fox die verleumderische Stelle herausnehmen, aber der Schaden war angerichtet. Und Dee machte die Sache nicht dadurch besser, daß er sich mehr und

Königin Elisabeth I hatte eine Schwäche für John Dee, der den günstigsten Zeitpunkt für ihre Krönung errechnete und die (wie er schrieb) »mir größte Sicherheit versprach gegen jedweden in ihrem Königreich, welcher um meiner seltenen Studien und philosophischen Übungen willen, ungebührlich meinen Sturz herbeiführen möchte«.

mehr der Alchemie und ›Unterhaltungen mit Engeln‹ zuwandte, letzteres in Gesellschaft seines neuen Partners Kelley, eines verrufenen Halunken, welcher unter anderem dem widerstrebenden Dee die Aufforderung eines Engels zuleitete, die beiden sollten sich ihre Frauen

ELIZA, TRIVMPHANS

teilen – ein Ansinnen, das bei Dees angetrauter Gattin auf wenig Begeisterung traf.

Dees Hang zur Astrologie währte bis an sein Ende: 1603 und 1604 stellte er seinen Enkeln Horoskope und sagte seinem ältesten Sohn großen Reichtum aus den Händen eines ausländischen Fürsten voraus (was sich voll und ganz bestätigen sollte, denn der Knabe wurde später Leibarzt des Zaren Michael Feodorowitsch Romanow). Aber leider überwog der üble Ruf, der ihm in seinen letzten zwanzig Lebensjahren anhaftete, den Wert seiner Arbeit für die Regierung, ganz zu schwiegen von seiner Beschäftigung mit Astrologie. Und letzten Endes hat er höchstwahrscheinlich mit dazu beigetragen, daß die Zeit nahte, in der Astrologie zunehmend außer Kurs geriet. Weit verbreitet ist die Meinung, Dee sei das Original von Shakespeares Prospero gewesen. Das mag so sein oder nicht, man kann auf jeden Fall annehmen, daß in der kleinen Welt Londons im 16. Jahrhundert Shakespeare auf Dee getroffen ist, und vielleicht hat dieser ihm eine Beschreibung von Bermuda, der Insel von *Der Sturm*, gegeben. Shakespeare war an Astrologie so interessiert wie irgendeiner zu jener Zeit. Wer wissen möchte, wie der Durchschnittsbürger darüber dachte, braucht sich jedenfalls nur seine Stücke anzuschauen.

Zu Elisabeths Zeiten wurde die Astrologie fester in die intellektuelle Struktur Englands integriert als in irgendeiner anderen Geschichtsepoche. Kaum ein einziger Mensch mit etwas Intelligenz sprach sich gegen sie aus, es handle sich denn um ihre besonders abergläubischen Aspekte, und die meisten hielten die Astrologie für eine Offenbarung der Mittel, mit deren Hilfe Gott die irdischen Dinge regelt.

Wie natürlich und durchdringend dieser Glaube war, kommt auf vielen Gebieten der zeitgenössischen Literatur zum Ausdruck, besonders prägnant in Walter Raleighs *Weltgeschichte:*

»Und wenn wir nicht ableugnen können, daß Gott der Quelle und dem Brunnen, der kalten Erde, den Pflanzen, Steinen, Mineralien, dem Kot der niedrigsten Kreatur Wirkungskraft gegeben hat, warum sollten wir da den schönen Sternen ihre Wirkung absprechen? Denn wenn wir sehen, wie zahlreich, von welcher Pracht und Größe sie sind, mögen wir nicht glauben, es könne im Schatz Seiner unendlichen Weisheit just für jeden Stern eines besonderen Wertes, einer Kraft, einer Verrichtung ermangeln, wo doch jedes Kräutlein, Pflanze und Blume, welches das Antlitz der Erde schmücket, solches hat. Denn so wie diese nicht allein dafür geschaffen sind, die Erde zu verschönern, ihr staubiges Antlitz zu verdecken und beschatten, sondern auch um Mensch und Tier zu nähren und kurieren, wurden nicht gleichermaßen diese unergründlichen, wundersamen Körper

nicht nur zu dem einen Zweck ins
Firmament gesetzt, es zu schmücken,
sondern als Werkzeuge und Träger
Seiner göttlichen Vorsehung, so weit es
Seinem gerechten Willen zu bestimmen
gefallen hat?«

Daß Shakespeare diesen Standpunkt teilte, kann man wohl mit Fug und Recht

Wie fast jeder Gebildete
seiner Zeit hielt Sir
Walter Raleigh die
Astrologie für einen
Teil des Struktur-
schemas des Sonnen-
systems und gab
dieser Meinung beredt
in seiner großen
Weltgeschichte Aus-
druck. Er schrieb die
letztere während seiner
Einkerkerung im
Londoner Tower. Sie
wurde 1614, vier Jahre
vor seiner schändlichen
Hinrichtung,
veröffentlicht.

274

annehmen, wenn man voraussetzt, daß er, wie so viele, seinen Figuren seine eigenen Ansichten in den Mund gelegt hat.

Es fällt gewiß nicht schwer, sich vorzustellen, daß wir seine Stimme durch die des Ulysses in der großen Rede über Rang und Würde in *Troilus und Cressida* hindurchhören:

»Der Himmel selbst, Planeten und dies
Zentrum
Reih'n sich nach Abstand, Rang und
Würdigkeit
Beziehung, Jahreszeit, Form, Verhältnis,
Raum,
Amt und Gewohnheit und in der
Ordnung Folge;
Als Hauptplanet in höchster
Herrlichkeit
Vor allen andern; sein heilkräftig' Auge
Verbessert den Aspekt bösart'ger Sterne
Und trifft, wie Königs Machtwort,
allbeherrschend
Auf Gut und Böses. Doch wenn die
Planeten
In schlimmer Mischung irren ohne
Regel,
Welch Schrecknis! Welche Plag' und
Meuterei!
Welch Stürmen auf der See! Wie bebt die
Erde!
Reißt nieder, wühlt zerschmettert und
entwurzelt
Die Eintracht und vermählte Ruh' der
Staaten
Ganz aus den Fugen!«

Shakespeares Publikum hätte diese Ansprache, einschließlich der Technikalien, sofort verstanden. Die Mehrzahl einer heutigen Zuhörerschaft braucht eine Anmerkung, die erklärt, was zum Beispiel ›schlechte Aspekte‹ sind. Shakespeare wußte, daß seine Zuhörer verstehen würden, so wie sie die anderen technischen Bemerkungen in seinen Stücken verstanden, die oft genug Witze enthielten, welche den Zuschauern des 20. Jahrhunderts zu entgehen pflegen. Elisabethanische Theaterbesucher begriffen auch spontan, was der Dichter damit beabsichtigte, daß er alle Attacken gegen die Astrologie in seinen Stücken (nicht daß sie zahlreich sind), Dummköpfen wie Launcelot Gobbo oder Schuften wie Edmund in *König Lear* in den Mund legt.

Nicht daß sich Shakespeare nicht mit Gusto über astrologische Quacksalber lustig macht (so z. B. wenn Antipholus aus Ephesus den Dr. Pinch in der *Komödie der Irrungen* ein »bloßes Gerippe, einen Marktschreier / Einen fadenscheinigen Gaukler und einen Wahrsager« tituliert. Oder, in einem anderen oft mißverstandenen Zusammenhang: Cassius' berühmtes, an Brutus gerichtetes Wort aus *Julius Caesar*, daß

»Menschen zuweilen Herren ihres
Schicksals sind.
Der Fehler, lieber Brutus, liegt nicht in
unseren Sternen.
Nein, in uns selber, daß wir Unterlinge
sind.«

Das heißt, Menschen müssen den rechten Augenblick wählen (was jeder befugte Astrologe verschreiben würde), um sein Schicksal anzupacken. Tun sie es nicht, ist es ihr eigener, nicht der Sterne Fehler. Freier Wille wird nicht nur zugestanden, nein, er wird betont.

Und schließlich, falls noch Zweifel vorhanden sind, gibt Shakespeare im vierzehnten Sonnett seine eigene Meinung zu dem Thema zu verstehen:

»Nicht aus den Sternen ich mein Urteil pflück'
Und doch lernt' ich Astronomie, soviel ich weiß;
Doch nicht vorauszusagen gutes oder schlecht' Geschick,
Pest, Teuerung, ob es kalt im Sommer oder heiß;
Noch kann ich Zukunft den Minuten sagen,
Jeder zuweisen den ihr gehör'gen Donner, Regen, Wind,
Oder Gekrönten Segen zu versprechen wagen
Aus Vorzeichen, die ich am Himmel find...«

Das heißt, man soll Astrologie vernünftig und realistisch anwenden.

Natürlich gab es wieder andere, die leichtgläubiger waren, so wie etwa Shakespeares Wirtin Mrs Mountjoy, von der man in mindestens zwei Fällen weiß, daß sie das Haus in der Silver Street verließ, um einen Astrologen aufzusuchen, der zwar John Dee weit unterlegen, dafür aber auf seinem Spezialgebiet erfolgreicher war: Simon Forman (1552 – 1611).

Wie so viele Astrologen seiner Zeit war Forman ein Mann, der sich selbst unterrichtet hatte, der, gleichzeitig mit seinem Wissen über Medizin, auch etwas Wissen über das in Frage stehende Gebiet aufgelesen hatte – und zeit seines Lebens wurde er vom Staatsrat und vom Königlichen Ärztekollegium gepiesackt, weil er sich ohne Zulassung als Amateurarzt betätigte. Nichtsdestoweniger baute er sich (nicht zuletzt dank

Simon Forman, ein führender Astrologe unter Elisabeth I, der von Angehörigen jeder Gesellschaftsschicht konsultiert wurde. Sein Tagebuch enthüllt nicht nur den Umfang seiner Praxis, sondern auch seinen erstaunlichen sexuellen Erfolg bei seinen Klientinnen.

seinem mutigen Verbleiben in der Hauptstadt, um während der Pest den Kranken beizustehen) einen vertrauensvollen und rentablen Patienten- und Klientenkreis als Arzt-Astrologe auf.

Seine Tagebücher und Agenden (ausführlich widergegeben in A.L. Rowses *Simon Forman)* zeigen einen Querschnitt Elisabethanischen Lebens, angefangen mit den Bedienstetenklassen (wenngleich es kaum einen Armen gab, der seine Honorare nicht aufbringen konnte) bis zu den Berühmtheiten, den reichen Kaufleuten, Politikern und dem Landadel, darunter Frances Howard, Gräfin von Essex und Somerset. Unter allem anderen geben die Tagebücher auch sein unersättliches Liebesleben wieder: Er scheint die meisten seiner weiblichen Klienten verführt zu haben, wenn auch das einzige, noch vorhandene Portrait von ihm es überraschend erscheinen läßt, wie schnell sie ihm verfielen.

Die Verschiedenartigkeit der Probleme, mit denen die Menschen zu Forman kamen, gibt einen Überblick darüber, wozu die einfachen Leute die Astrologie gebrauchten: Kaufleute fragten wegen der Aussichten bevorstehender Reisen an, Schiffsversicherer erkundigten sich über mögliche Gefahren, die den Schiffen drohten, Frauen wollten wissen, ob ihre Liebe erwidert werde, ob sie schwanger werden oder jemals heiraten würden. Es gab Erkundigungen über entlaufene Hündchen, gestohlene Ware:

wer hatte diesen Silberling aus der Börse genommen und wo war er versteckt? Es gab wahrhaftig keinen Bereich menschlichen Lebens, über den Forman nicht mit irgendeiner Frage konfrontiert wurde. Bei ihm und seinem Nachfolger, William Lilly, erreichte die Astrologie den Höhepunkt des Absurden, insofern als bei den lächerlichsten Angelegenheiten vorausgesetzt wurde, sie würden sich den Einwirkungen der Planeten zugänglich zeigen.

Im übrigen Europa war man in der zweiten Hälfte des 16. Jahrhunderts lange Zeit bestrebt – vor allem in Deutschland –, die Astrologie auf eine ernsthafte, wissenschaftliche Grundlage zu stellen, indem man Aufzeichnungen über Planetenpositionen und ihre anscheinende Bedeutung sammelte und kritisch miteinander verglich. Johann Garcaeus (1530 – 1575) veröffentlichte vierhundert Geburtshoroskope bedeutender Zeitgenossen, von denen ein Viertel prominente Akademiker waren, damit man vergleichend über sie diskutieren könne.

Wie so oft, ergaben sich auch melodramatische Episoden. Valentin Nabod, ein Mathematikprofessor aus Köln, zum Beispiel, schrieb einen interessanten Kommentar über Ptolemäus. Als er aber sein eigenes Geburtsdiagramm betrachtete, glaubte er, daß ihm Gefahr durch ein Schwert drohe. Er mietete sich in einem Haus in Padua ein, wo er sich hinbegeben hatte, und schloß sich mit

Eine gewisse Emilia Lanier konsultierte 1597 den Astrologen Simon Forman über die Karriere ihres Ehemanns, eines Musikus. Forman stellte ihr das Horoskop, beriet sie und verführte sie darauf (wie bei ihm üblich). Der englische Geschichtsforscher A.L. Rowse nimmt mit Sicherheit an, daß Emilia Lanier auch die Geliebte eines anderen Elisabethaners wurde – William Shakespeares. Tatsächlich war sie die ›Dunkle Lady‹ seiner Sonette.

einem Eßvorrat dort ein. Der Hausbesitzer, der die Miete nicht einkassieren konnte, ließ nach einiger Zeit die Tür niederbrechen – und fand die Leiche des erstochenen Nabod.

Diese Art von Schauergeschichten, die eiligst von den Astrologen weiterverbreitet wurden, mag dazu beigetragen haben, Ignoranten von der Macht astrologischer Voraussage zu überzeugen. Ein etwas ernsthafterer Versuch war die Veröffentlichung von Heinrich Ranzovius' Katalog von *Kaisern, Königen und Fürsten, welche die Kunst der Astrologie geliebt, verschönt und ausgeübt haben* im Jahr 1580. Dieser enthält zahlreiche Berichte über Erfolge von Astrologen aus der Feder von Manilius Antonius, Kammerherrn der Päpste Sixtus IV und Julius II, von Dethlevus Reventlovius, der für Karl V tätig war und mit Erfolg den Ausgang von dessen Krieg mit dem Kurfürsten von Sachsen voraussagte, von Matthaeus Delis, der Philip II von Spanien das Schwinden seiner Macht nach der Thronbesteigung prophezeite. Jedoch waren auch so manche, scheinbar erfolggekrönte Vorhersagen darunter, die nachweisbar erfunden waren, was denjenigen hochwillkommene Munition in die Hand gab, die zu behaupten begannen, die Astrologen hätten sich aufs Bücherfälschen verlegt.

In England florierte das volkstümliche und bis zu einem gewissen Grade auch das wissenschaftliche Interesse für Astrologie fast das ganze 17. Jahrhundert hindurch weiter. Jedoch schon Ende des 16. Jahrhunderts fielen im übrigen Europa lange Schatten nicht nur auf das Treiben der Quacksalber, sondern auch auf die Tätigkeit wirklicher Astrologen. Die verschiedenartigsten Gründe trugen zum allmählichen Abflauen des ernsthaften Interesses an der Astrologie bei. Ganz sicherlich spielten die sich verändernden Vorstellungen eine Rolle, die der Mensch sich vom Universum machte. Die immer mehr um sich greifende Erkenntnis, daß im Mittelpunkt des Sonnensystems die Sonne und nicht die Erde stand, schien irgendwie die ganze Idee der Astrologie zu entwerten.

Von größerer Wichtigkeit jedoch war wohl die Tatsache, daß man die gewaltigen Entfernungen zwischen den Planeten erkannte (von den Sternen gar nicht zu reden). Es schien höchst unwahrscheinlich, daß sich bei einem derartigen Abstand irgendein ›Einfluß‹ (welcher Art auch immer) bemerkbar machen könne. Des weiteren gewann der Gedanke ständig an Boden, daß eine ›wissenschaftliche‹ Idee auch einer technischen Erklärung fähig sein sollte; die Verkündung ›dies ist so‹ genügte nicht mehr. Schließlich und endlich war auch der geistige Anspruch des Wissenschaftlers im Wechsel begriffen. Das Zeitalter der Aufklärung mußte, verständlicherweise, eine ›Wissenschaft‹ ablehnen, die eine Kruste von magischen und ausgesprochen hirnverbranntem Humbug angesetzt hatte, so wie die Vorstellung, ein

Horoskop könne die Heiratsaussichten des Bruders des Fragestellers enthüllen, oder alle Einzelheiten einer früheren Inkarnation aufzählen; oder daß eine verläßliche Antwort auf jede Frage gegeben werden könne, man brauche nur ein Horoskop für den Augenblick der Fragestellung anzufertigen.

Die Wende setzte schon um 1560 ein, als auf eine Reihe von Päpsten, die im großen und ganzen dem Okkulten recht zugetan gewesen waren, plötzlich eine Anzahl folgte, die eine persönliche wie auch politische Abneigung dagegen hatten. Julius II und Adrian VI (erste Hälfte des 16. Jahrhunderts) begannen, die

Eine Kommission arbeitet 1582 an der Neugestaltung des Kalenders unter dem Vorsitz Papst Gregors XIII, der eine Bulle erließ, durch die das Jahr um zehn Tage gekürzt wurde, und den Gregorianischen Kalender ›neuen Stils‹ schuf, der schließlich in ganz Europa eingeführt wurde.

Inquisition zu Aktionen gegen die ›Magier‹ zu ermutigen – wenn auch Julius zur gleichen Zeit einen Astrologen anwies, eine günstige Zeit für die Grundsteinlegung des Schlosses Galliera und die Errichtung seines eigenen Standbildes in Bologna zu bestimmen. Pius IV autorisierte 1562 in einer päpstlichen Bulle die Verfolgung verschiedener Arten von Abtrünnigen, einschließlich solcher, die vorgaben, die Zukunft mittels ›Wahrsagens durch Lose‹ voraussagen zu können. Gregor XIII befahl der Inquisition, gegen diejenigen Juden vorzugehen, die zum gleichen Zweck Dämonen anriefen.

Astrologie wurde in keiner dieser Anweisungen speziell erwähnt, wenn auch Kardinal Francesco Albizzi sie 1566 als ›die häufigste Art der Wahrsagerei‹ bezeichnete, und zwar einer, deren Ausführende zur Buße angehalten werden und des Landes verwiesen werden müßten.

Im Jahre 1586 wendete sich das Blatt endgültig zum Schlechten, als Sixtus VI, der nach dem Tode Gregors XIII (der Astrologie nicht abhold) eine Bulle gegen alle diejenigen erließ, die prognostische Astrologie ausübten oder auch nur Bücher darüber besaßen. Gott allein, so besagte die Bulle, kennt die Zukunft, und nicht einmal Dämonen können sie voraussehen, wenn es auch durchaus statthaft ist, das Wetter, Naturkatastrophen, gute oder schlechte Ernten, den Verlauf von Reisen vorauszusagen oder Astrologie für medizinische Zwecke zu gebrauchen. Das Stellen von Horoskopen jedoch ist unstatthaft, und wahrlich hat Gott dafür gesorgt, daß jede einzelne Seele einen Engel hat, dessen Pflicht es ist, sie vor den Einflüssen der Sterne zu behüten (Sixtus glaubte also offensichtlich, daß die Sterne gewisse Kräfte hätten).

Die Astrologen waren wenig beeindruckt, es sei denn, sie lebten direkt unter dem päpstlichen Auge. Es wurden weiter Jahrbücher mit Wettervoraussagen, günstigen Daten für Aderlässe oder Aussaaten und sonstiges herausgegeben, und wenn auch Astrologie an der Universität von Bologna nicht mehr gelehrt wurde, sollte sie noch jahrelang in den Lehrplänen anderer Universitäten beibehalten werden. Ein gutes Beispiel ist Salamanca: Gabriel Serrano dozierte dort zwischen 1592 und 1598 Astrologie; Bartolomé de Valle war 1612 bis 1615 Professor der Astrologie, Francesco Reales (ein Priester) von 1615 bis 1624, Núnez de Zamora von 1624 bis 1640, Sanchez de Mendoza von 1647 bis 1673, und, bis auf eine kurze Zwischenpause, war der Lehrstuhl fortlaufend bis zum Jahre 1770 besetzt.

Das läßt die Vermutung zu, daß die Inquisition nicht sonderlich darauf aus war, etwas gegen die Astrologie zu unternehmen, was auch immer der Papst gesagt haben mochte. Und tatsächlich verschwand sie nicht vollständig von der Bildfläche, nicht einmal im Vatikan. Denn noch 1618 wandte sich ein Astrologe an einen der dortigen Kardinäle, und Sixtus selbst nahm die Widmung einer Buchserie von Ionnes Paulus Gallicius von Salo an, die sich mit Natur und Wesen der Planeten befaßte (mit der Strahlung, durch die sie ihren Einfluß von bestimmten Stellungen im Tierkreis aus geltend machten). Er betonte dabei, daß es in der Medizin absolut nötig sei, von einem Horoskop Gebrauch zu machen, um den Patienten richtig zu behandeln. Immerhin ließ die Herausgabe der mehr auf Spekulation beruhenden Almanache in Italien definitiv nach, während sie im übrigen Europa unvermindert anhielt, zuweilen dadurch, daß italienische Astrologen heimlich Manuskripte an Drucker in anderen Ländern schickten. Rizza Casa zum Beispiel veröffentlichte Voraussagen für die Jahre 1586 – 1590 auf französisch in Lyons.

Von nun an verhielten sich die Päpste im allgemeinen ablehnend, jedenfalls in der Öffentlichkeit und jedenfalls gegenüber Astrologen, die behaupteten, die Zukunft voraussagen zu können. 1631 bestätigte Urban VIII noch einmal die Bulle von Sixtus und drohte jedem, der sie ignorierte, mit Einzug des Vermögens, ja mit dem Tode. Er wandte sich vor allem gegen Vorhersagen in der Politik und Religion und trug die gleiche Antipathie gegenüber Prophezeiungen von Ereignissen im Leben von Päpsten und ihren Verwandten zur Schau, wie gewisse römische Kaiser gegenüber Voraussagen ihres eigenen Sturzes.

Die Astrologen wehrten sich so gut es ging. Petrus Antonius de Magistris Galathei (1614–1675) vertrat in einer Abhandlung die Ansicht, daß die Bulle von Sixtus V nur gegen abergläubische Astrologen gerichtet gewesen sei, und es bestimmt Bereiche der Astrologie gebe, die weiter blühen und gedeihen sollten. Dem war schon so; aber ein Gemisch aus Zeitstimmung und ernsthaftem Umdenken, die Basis der Astrologie betreffend, erschwerte es jungen Studenten, alte Ideen zu akzeptieren, und zwang sogar mitunter ehemalige Verfechter der Astrologie, ihre Position neu zu überdenken.

Tommaso Campanella (1568–1639) war so ein Fall. Dieser bedeutende Philosoph der Renaissance hatte sich wiederholt für die Astrologie ausgesprochen und ging während seiner langen Einkerkerung (wegen eines Komplotts zur Befreiung Neapels von spanischer Tyrannei) so weit, an Papst Paul V zu schreiben, er sei aus astrologischen Gründen gegen ihn eingenommen! Eine Menge anderer astrologischer Andeutungen, Erörterungen und Voraussagen flatterten aus seiner Gefängniszelle. Er schrieb fünf oder sechs Bücher über Astrologie, versicherte darin, daß die Einflüsse der Sterne physikalischer Natur seien, und dementsprechend sei die Astrologie ein für das Studium seitens Wissenschaftler höchst geeignetes Fach.

Außerdem stritt er, etwas unbesonnen, die Bullen von Sixtus und Urban an,

Tycho Brahe in Uraniborg, seiner Sternwarte auf der Insel Hven (Ven), die für den größten Astronomen seiner Zeit von Friedrich II von Dänemark ausgestattet wurde.

Tafel 19

Tafel 20

wobei er argumentierte, Religion dürfe nicht korrektes wissenschaftliches Experimentieren und Diskutieren verbieten. Astrologen sollten nicht härter behandelt werden als Ketzer. Und schließlich: daß es höchst ungehörig sei, nicht nur Voraussagen kommender Ereignisse zu untersagen, sondern selbst schon Andeutungen einer Möglichkeit, daß dies oder jenes geschehen *könne* – mit anderen Worten einfache Mutmaßungen. Trotz alledem stimmte Campanella schließlich bei, daß eine päpstliche Bulle als solche eben eine päpstliche Bulle sei, die befolgt werden müsse. Er ging sogar so weit, sich damit einverstanden zu erklären, daß Astrologie keine Wissenschaft im wahren Sinne sei – obgleich, nichtsdestoweniger, einem wissenschaftlichen Studium zugänglich.

Doch Veröffentlichungen wie *Apologia*, in der Campanella seine zuvor geäußerten Meinungen widerrief, waren kaum geeignet, dem Ansehen der Astrologie angesichts der steigenden Opposition wieder auf die Beine zu helfen. Die Letztere richtete sich hauptsächlich gegen die schlimmsten Schwachsinnigkeiten des Metiers. Und doch stritt niemand ab, daß Sonne, Mond und Planeten auf irdische Dinge einwirkten, ja sogar auf Leben und Charakter der Menschen. Was aber mehr und mehr angefochten wurde, war die Möglichkeit einer Voraussage aufgrund von Planetenstellungen und -bewegungen. Polemik gegen die Astrologen war oft nicht nur sehr heftig,

Der Hofastrologe des Herzogs von Ferrara beriet den Künstler Francesco del Cossa, als er 1470 im Palazzo di Schifanoia, dortselbst, seine Monatsfresken malte. (Unterstes und oberstes Bild) *März*, ein Mädchen, das den Frühling versinnbildlicht, schwebt über dem Widder, während Venus auf ihrem von Schwänen gezogenen Triumphwagen eintrifft.(Die beiden mittleren Bilder) *April*, ein Jüngling mit dem Frühlingsschlüssel in der Hand, schwebt über dem Stier, während Mars auf seinem Wagen einfährt.

sondern überaus lang. Alexander de Angelis aus Spoleto, Leiter der Jesuiten-Akademie in Rom, brachte 1615 nicht weniger als fünf Bücher gegen die Astrologie heraus. Es waren nicht so sehr neue astronomische Erkenntnisse, die seine Argumentation besonders schlagkräftig machten – die Argumente waren nicht viel mehr als ein Wiederkäuen der alten. Die Schlagkraft kam eher aus einer neuen Betrachtungsweise, einem neuen Zeitgefühl, ein Gefühl, das mehr von Gelehrten und Wissenschaftlern Besitz ergriffen hatte, als vom ›Mann auf der Straße‹.

10 Zurück in die Finsternis

Jahrhundertelang hatte der Mann auf der Straße, ob ›gut-bürgerlich‹ oder verhältnismäßig arm, Astrologen befragt, solange er sich ihre Honorare leisten konnte; mehr noch aber verließ er sich auf die jährlichen astrologischen Kalender, die für eine verhältnismäßig geringe Summe allerlei Rat und Hilfe boten.

Diese kalenderartigen Almanache enthielten zuerst nur einfach Angaben von astronomischen Ereignissen: Zwischen Markttagen, Feiertagen, heiligen Tagen waren die Tage vermerkt, an denen Mond- und Sonnenfinsternisse sich ereignen würden, wann Vollmond und wann Neumond war, und Notizen über bemerkenswertes Himmelsgeschehen wie Planetenkonjunktionen. Im Mittelalter kursierten diese handgeschrieben oder als ›Block-Almanache‹ aus Holz, Metall oder Horn mit Kerben und Zeichen zur Markierung der Mondphasen und Kirchenfesttage. Mitunter waren sie so klein, daß sie in die Tasche paßten, doch gab es auch kunstvoll ausgeführte, die man sich beim Kamin an den Nagel hängte.

Nach Erfindung der Buchdruckerkunst waren Kalender dieser Art mit die ersten Bücher, die herauskamen. Ein gedrucktes Exemplar wurde 1448 von Gutenberg herausgebracht – acht Jahre vor seiner berühmten Bibel – , und innerhalb von dreißig Jahren gab es schon eine größere Anzahl, in denen nicht nur astronomische Fakten zu finden waren, sondern auch darauf basierende Voraussagen. Die erste gedruckte ›Vorbedeutung‹, die noch existiert, trägt das Jahresdatum 1470, aber in wenigen Jahren erschienen mehr davon, gedruckt in Deutschland, Frankreich, Italien, Ungarn, Holland und Polen. Der erste englische Kalender, den wir haben, ist von 1500, von einem Italiener, William Parron, der eine Zeitlang am Hofe Heinrichs VII lebte, aber kurz nach dem Tode der Königin siebenunddreißigjährig verschwand.

Handgeschriebene Kalender kursierten noch lange nach der Erfindung der Buchdruckerkunst, und einige ›Block-Almanache‹ waren noch Ende des 16. Jahrhunderts in Gebrauch. Aber schon wesentlich früher waren gedruckte Exemplare in Umlauf. Ein großer Teil davon kam vom Kontinent und enthielt Wettervoraussagen, Prophezeiungen über gute und schlechte Ernten, Angaben über ›gute‹ und ›böse‹ Tage und sogar über zukünftige Getreide- und Obstpreise und dergleichen.

Auch politische Vorhersagen schlichen sich ein. Das Interesse an Geschehnissen in Hofkreisen scheint bei den

Während in den Straßen öffentlicher Jubel herrscht und der neugeborene Timur seiner Mutter gereicht wird, suchen die Astrologen eifrig in ihren Nachschlagebüchern, um sein Horoskop zu stellen.

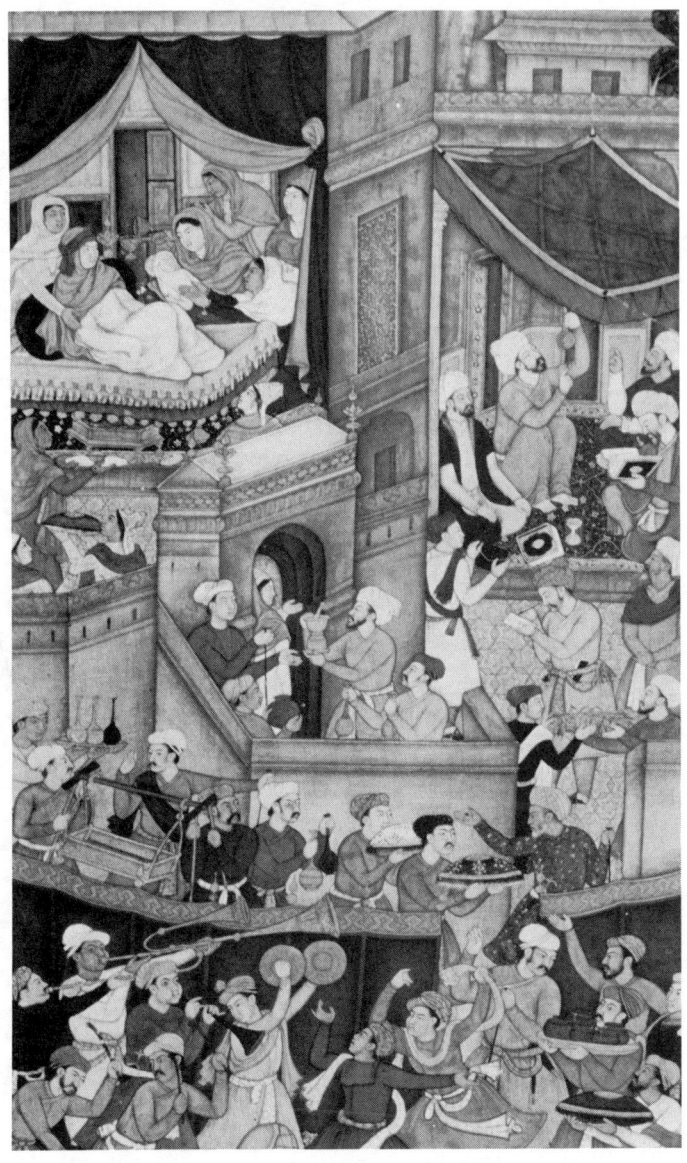

damaligen Almanachlesern so verbreitet
gewesen zu sein, wie bei Klatschspalten-
lesern im 20. Jahrhundert. Die Familie
Laet, die Generationen von flämischen
Astrologen hervorgebracht hat, deren
Almanache in Antwerpen herauskamen,
spezialisierte sich anscheinend auf diese
Sparte. Einmal sagten sie (für 1517) voraus, König Heinrich VII würde geruhen,
»seine Zeit in Ehren mit schönen Frauen
zu verbringen«, später aber prophezeiten
sie, er würde Eheschwierigkeiten haben.

Die Almanache verkauften sich wie
warme Semmeln an jede soziale Schicht.
Obgleich der Adel sich ohne weiteres

Seit Jahrhunderten
werden Zusammen-
hänge zwischen den
Mondphasen und der
weiblichen Periode,
zwischen Mondtätigkeit
und Geisteskrankheit
hergestellt, wie diese
Illustration aus dem
17. Jahrhundert zeigt,
welche *L'influence de
la lune sur la teste des
femmes* darstellt.

Hausastrologen leisten konnte (und viele aus den Kreisen taten es), kauften sie auch Jahresalmanache, genau so, wie die Leute sich heutzutage Do-it-yourself-Gesundheitsbücher anschaffen, die sie dann im Wartezimmer des Arztes lesen. Viele Universitäts-Graduierte ›holten‹ sich die Almanache, Seeleute waren versessen darauf, Leutnant zur See, John Weale, der unter Admiral Blake diente, nahm »ein Fläschchen Tinte, einen Taschenalmanach und einen gedruckten Almanach« auf die Reise mit. Noch im Jahre 1709 schafften die Quäker von Derbyshire sich für anderthalb Pennys einen Almanach für ihre Leihbibliothek an.

Sie waren ungeheuer populär, teils weil sie nützlich waren (als Taschenkalender zum Beispiel), teils als beliebter Zeitvertreib. Manche enthielten religiöse, medizinische, magische, ja sogar sexuelle Ratschläge: Befanden sich Planeten in einer bestimmten Stellung, so war Geschlechtsverkehr ausgesprochen gefährlich – das traf besonders auf die ›Hundstage‹ im Juli und August zu. Ein Satiriker meinte, dies sei die Jahreszeit des allgemeinen Ehebrechens, denn die meisten Ehemänner richteten sich nach den Sex-Verboten der Astrologen, und die Frauen suchten anderwärts Befriedigung nach dem Motto: »Wenn der Mann nicht will, dann muß ein anderer!« Aber es gab auch positiven Ratschlag: In seinen Notizen für Mai 1581 forderte Walter Gray seine Leser schlicht auf: »Laßt uns Venus umarmen«, und ein Zeitgenosse riet den seinen, sie sollten ›Venus im Mai sittsam‹ und im November ›lecker‹ umarmen. Bevölkerungsstudien zeugen dafür, daß die Leute danach handelten.

Dorothy Partridge, eine Hebamme, die zusammen mit Sarah Jinner zu den ganz wenigen Astrologinnen gehörte, zierte sich (ein Jahrhundert später) weniger. Sie fand im Januar »einen munteren, feisten Bettgenossen sehr gute Arznei für diese Jahreszeit«; aber auch Dezember und Januar waren muntere Monate, und eine besonders günstige Zeit, »der Frau ein Gatte zu sein« war, wenn der Mond sich im Schützen befand.

Der erste Engländer, der den Markt mit seinen Almanachen überschwemmte, war William Lilly (1602 – 1681). Sohn eines Freisassen aus einem Dörflein in Leicestershire, der als Diener eines ungebildeten Ratsherrn nach London ging und eine reiche Witwe ehelichte, erlernte er die Astrologie bei einem verrufenen Magister. 1635 lehrte und praktizierte er Astrologie. Als Merlinus Anglicus Junior gab er 1644 seinen ersten Almanach heraus, der bis 1682, dem Jahr nach seinem Tode, erschien. Lillys Tagebücher geben, wie die von Forman, das Abbild eines Zeitalters. Sie zeigen das enorme Arbeitspensum, das er für seine männliche wie weibliche Klientel aus allen Bevölkerungsschichten absolvierte (er wurde von Karl I ebenso wie von Bediensteten, Armeegenerälen, Geldsäkken und Nichtsen konsultiert).

War Lilly vielleicht der bestbekannte
Astrologe des 17. Jahrhunderts, so gab es
auch noch andere, kaum weniger
bekannt neben ihm. (Wenn auch keiner
es punkto Verbreitung seiner Voraussagen mit ihm aufnehmen konnte: Lilly
wurde tatsächlich einmal unter der
Anklage eingesperrt, das Große Feuer

Lillys Almanache,
welche zu seinen
Lebzeiten ›Bestseller‹
waren, enthielten oft
Illustrationen, die
symbolische Vorher-
sagen waren: in
*Monarchie oder keine
Monarchie* gab dieser
Holzschnitt zu
verstehen, daß ein
großer Brand eine Stadt
vernichten würde.

von London gelegt zu haben, mit der Begründung, daß seine (behauptete), diesbezügliche Voraussage so genau gewesen sei, daß er es gelegt haben *mußte*, um sich ins Recht zu setzen!). Lilly, der nach Veröffentlichung seines Lehrbuches *Christliche Astrologie*

Sarah Jinner, eine der wenigen Astrologinnen des 17. Jahrhunderts, gab ihre Almanache zwischen 1658 und 1664 heraus.

(1647) noch bekannter wurde, hatte auf dem Gipfel seiner Laufbahn fast zweitausend Anfragen im Jahr zu beantworten. Und er hatte zwischen der Regierungszeit der Königinnen Elisabeth und Anne rund zweihundert Kollegen.

Unter den vielen, die wir hier nicht namentlich aufführen wollen, dürfte, nach allem, was wir hören, bei manchen der Leumundspegel nicht sehr hoch gewesen sein. Der eine, ›ein ordentlicher, stattlicher Mann, aber dabei habgierig‹, hatte schon wegen Betrugs am Pranger gestanden. Ein anderer benutzte sein städtisches Amt, um sich durch falsche Buchführung mit Zielscheiben für das Bogenschießen ein kleines Vermögen zu machen, worauf er sich nach Frankfurt absetzte. Ein dritter machte sich weniger durch seine Fachkenntnisse – es hieß, er ›nibbele‹ nur an der Astrologie – einen Namen als durch einen Zweizeiler. Als er vom Tode des Richters Sir Thomas Jay hörte, eilte er an dessen Grab, verrichtete sein Geschäft darauf und hinterließ einen Zettel mit der Inschrift:

»Hier liegt begraben der Sir Thomas Jay
tat heißen,
Da er nun tot, tu' ich sein Grab
bescheißen.«

Doch gab es natürlich eine Vielzahl respektabler Astrologen, manche von ihnen aus den Reihen der Geistlichen. Man erzählte sich, daß die Knie von

Richard Napier (1590 – 1674), dem Pfarrer von Great Linford in Buckinghamshire, ›eine Hornhaut vom Beten‹ bekommen hätten, weil er, jedesmal wenn er begann, ein Horoskop zu stellen, auf die Knie ging. Er überschüttete seine Mitbrüder förmlich mit ›ganzen Kleidersäkken voller Bücher‹ und bekehrte so manchen von ihnen.

Ihre Beratung in- und außerhalb der Almanache blieb so ausgedehnt wie die ihrer Vorgänger. Während des Bürgerkriegs vervielfachte die Besorgnis von Eltern um ihre kämpfenden Söhne, von Bruder um Bruder, Ehefrau um Ehemann, ihr Arbeitspensum, und, wenn es ihr Beruf war, ihr Einkommen: 1662 war die Rede von £ 500, die Lilly im Jahr einnahm (das sind, gering gerechnet Fr. 60 000 im heutigen Gegenwert).

Die Kehrseite war, daß nicht nur rivalisierende Astrologen mit einander widersprechenden Almanachen herauskamen und den royalistischen oder den parlamentarischen Truppen persönliche Visiten abstatteten, sondern die Zeitungen veröffentlichten auch noch sich widersprechende Voraussagen von Erfolg oder Mißerfolg. Lilly hatte großes Glück, als er in der ersten Kriegsphase den Sieg der ›Rundköpfe‹ (ein Spottname für die parlamentarischen Truppen wegen ihres kurzgeschnittenen Haares) bei Naseby voraussagte, der auch eintraf. Der Erfolg machte ihn berühmt, aber er wurde rundherum von seinen Rivalen angegriffen, sowohl von denen die auf der parlamentarischen Seite standen wie auch den royalistisch gesinnten. Denn obgleich er Cromwell unterstützte (und eine Zeitlang sogar für den Republikanischen Staatsrat arbeitete), beriet er gleichzeitig auch Karl I und besorgte sogar die Feile, mit welcher der König aus Schloß Carisbrooke zu entkommen hoffte!

Das ernsthafte Interesse intelligenter Männer an astrologischen Publikationen jeder Art ging in England langsamer zurück als anderwärts. Gewiß, in den 1560er Jahren begannen ein paar Leute, die astrologische Theorie als wissenschaftlich nicht stichhaltig anzugreifen, besonders was die Voraussage anbetraf. Aber die Astrologen hatten ihre Antwort bereit: Sie, oder jedenfalls die meisten von ihnen, hätten niemals behauptet, daß in der Zukunft etwas *geschehen würde*, sie sagten höchstens, daß ein Ereignis, eine Wende in der Gesundheit, ein Glückswechsel *wahrscheinlich* sei. Tatsächlich waren ihre Almanache so angefüllt mit, ›vielleicht‹, ›es mag‹, ›es könnte sein‹, daß sie so kritisiert wurden, wie man unseren Astrologen heute Verschlagenheit vorwirft. Und doch behaupteten sie nichts weiter, als daß die Sterne niemanden zu etwas zwängen; sie machten ihn nur geneigt, dies oder das zu tun.

Ein Abschnitt der Almanache, der stets mit Interesse gelesen wurde, betraf das Wetter. (Jeder Almanach enthielt Wettervoraussagen, oft genau zutreffende.) Die Voraussagen der Astrologen stützten sich größtenteils auf die Bewegungen des Mondes, der, wie man annahm, die Erdatmosphäre regulierte. In Frankreich gab Jean Baptiste Lamarck zwischen 1800 und 1811 seinen *Annuaire Météreologique* heraus, der auf Monddaten basierte, und in Deutschland prägte Rudolf Falb (1838 – 1903) den Ausdruck ›kritische Tage‹ für Daten, an denen sich Erde, Mond und Sonne in bestimmten, zueinander in Beziehung stehenden, Positionen befanden, die mit bestimmten Wetterarten in Verbindung gebracht wurden. In Rußland ging Demschinskij ähnliche Wege; er publizierte Voraussagen nicht nur für seine Heimat, sondern auch für die Vereinigten Staaten und Japan. Und – um einen Augenblick noch weiter in die Zukunft vorzupreschen – die Nachkommen von Lilly und Genossen im 20. Jahrhundert veröffentlichten ihre Wettervoraussagen in der *Daily Mail* in England, in der auch Demschinskijs langfristige Prognosen zu lesen waren und als erstaunlich zutreffend anerkannt wurden.

Astrometeorologie war weiterhin im Schwunge. Berufsmeteorologen äußern sich zwar ausgesprochen skeptisch darüber, geben aber teilweise zu, daß man sich noch nicht gründlich genug mit den Zusammenhängen zwischen Planetenstellungen und dem auf der Erde herrschenden Wetter beschäftigt hat. Das wäre durchaus zu empfehlen, besonders angesichts der Erfolgsnachweise des amerikanischen Astrologen John Nelson, der zwischen 1946 und 1971 für das RCA-Sendernetz Untersuchungen von Funkstörungen durchgeführt hat und bei 1500 Vorhersagen, die er 1967 (oft Monate im voraus) machte, eine Erfolgsrate von 93,2% erzielte, ein Verhältnis, das er neun Jahre hintereinander aufrecht erhielt! Meteorologen sind seit einiger Zeit endlich daran, zu prüfen, ob nicht Klimazyklen mit den Bewegungen der sogenannten Solarplaneten Merkur, Venus und Jupiter in Verbindung stehen. Es gibt, sagt man, einwandfreie Beweise für Wechselbeziehungen zwischen dem Höchststand der Sonnen-Gezeiten und Sonnenfleckentätigkeit sowie eine Verbindung zwischen Sonnenfleckentätigkeit, kosmischen Strahlenbombardement der Erde und Klimawechsel als Folge davon.

Doch kehren wir zum 17. Jahrhundert zurück, wo erst um 1650 ein allgemeiner Meinungsumschwung gegen die Astrologie stattfand. Und auch da ist es bemerkenswert, daß keiner der Verfasser antiastrologischer Schriften so weit ging, die Astrologie durch Beweismittel zu vernichten. Sie machten sich nur über sie lustig – und, weiß der Himmel, sie bot sich geradezu als Zielscheibe an. Oft genug steckten politische Hintergründe hinter den Spottattacken, was höchstwahrscheinlich der Fall war, als, anfangs des folgenden Jahrhunderts, der politische Satiriker Jonathan Swift (unsterblich geworden durch *Gullivers Reisen*) einen seiner gefährlichen Pfeile auf den Astrologen John Partridge abschoß. Denn Partridge war ein lautstarker Anhänger der Whig-Partei und Republikaner, während Swift schon frühzeitig zu den Tories übergegangen war.

Die Voraussagen des Isaac Bickerstaff für 1708 war der Titel eines Talmi-Almanachs, mit dem Swift den Astrologen am Boden zerstörte. Darin beteuerte der angebliche Verfasser mit eiserner Stirn, daß es seine ehrliche Absicht sei, das Publikum vor den trügerischen Behauptungen schlechter Astrologen zu bewahren und sagte unter anderem voraus, Partridge selbst werde am 29. März 1708 um 11 Uhr abends sterben, dicht gefolgt von Ludwig XIV und dem Papst. Kurz nach dem 29. März veröffentlichte Swift in allen Einzelheiten einen Bericht über Partridges trauriges Dahinscheiden, und dieser hatte seine liebe Mühe nachzuweisen, daß er noch am Leben war.

Nach wie vor gab es keine neuen Beweismittel für die Grundlagen der Astrologie. Auf keinen Fall kamen sie jedenfalls von den Astronomen. Es ist behauptet worden, Newton sei geradezu persönlich für das Absinken der Astrologie in England verantwortlich gewesen. Nichts aber könnte falscher sein als das. Wohl mag sein Werk zum Wandel des allgemeinen Meinungsklimas mit beigetragen haben, aber er hielt bis zu seinem Tod eisern an seinem Glauben an die Astrologie fest und war Edmund Halley gegenüber sehr kurz angebunden, als dieser ihn schalt, daß er an solchen Unsinn glaube: »Sir«, gab er zurück, »ich habe die Materie studiert – Sie nicht.«

Aber der Zeitgeist war gegen ihn. An den Universitäten wurden offene Zweifel laut, und zum erstenmal wurde der Gebrauch der Astrologie in der Medizin in Frage gezogen. Das Königliche Ärztekollegium wandte sich dagegen, obgleich dessen Präsident zwischen 1601 und 1604 selbst Almanache verfaßt hatte, und in der *Pharmacopoeia* (Arzneibereitung) des Kollegiums Astrologie angewandt wurde. John Locke, den man den Inspirator des Aufklärungszeitalters genannt hat, und dessen Philosophie maßgebenden Einfluß auf europäisches Denken hatte, ließ gelten, daß Kräuter eine größere Heilwirkung besäßen, wenn sie zu bestimmten Jahreszeiten gesammelt würden.

Dennoch erlebte zur Jahrhundertwende das wissenschaftliche Interesse an der Astrologie seinen tiefsten Tiefstand seit Jahrhunderten, vielleicht seit dem 3. oder 4. Jahrhundert v. Chr. Wenn auch noch immer kein konzentrierter Angriff auf die Theorie seitens der Astronomen oder Universitäten erfolgt war, stand es doch nun so, daß jene an Einwirkungen von Himmelskörpern auf die Erde nicht mehr automatisch interessiert waren. Es wurde einfach vorausgesetzt, daß sie, abgesehen von den offensichtlichen Sonnen- und Mondeinwirkungen, keine hatten. Die intellektuellen Aspekte des Gegenstands, die philosophischen und theologischen Folgerungen wurden allenfalls noch von einer verschwindenden Minderheit diskutiert, sonst gar nicht.

Mit dem Jahre 1720 war es mit den erwähnenswerten Astrologen des 17. Jahrhunderts vorbei – Francis Moore starb 1714, John Partridge im Jahre darauf –, und mit ihnen war eine Generation ausgestorben, die, was auch ihre Fehler gewesen sein mochten, die Astrologie ernst genommen und sie mit einem Anspruch auf Gelehrtentum betrieben hatten. Lillys *Christliche Astrologie* zum Beispiel, ein immens langes Werk (etwa 350 000 Worte in drei Bänden), stellte ein intelligentes Stück Arbeit dar. Was man auch immer von Lillys abenteuerlichen Ideen denken mag, über das, was Astrologie vermag und was sie nicht vermag – kein Autor des 18. Jahrhunderts hätte eine solche Arbeit zustandegebracht. Sie waren viel weniger an der intellektuellen oder empirischen Wahrheit ihrer Behauptungen interessiert, und meistens einfach nicht intelligent genug für die Materie. Alles in allem waren sie Marktschreier.

Aber das 18. Jahrhundert kam mit seiner neuen Richtung des ›wissenschaftlichen Empirismus‹ daher und ignorierte entschlossen das Verlangen der Astrologen, ihr Fach solle nach den gleichen Maßstäben gemessen werden. Die Einstellung hat sich bis heute erhalten: Auf einer Konferenz in den 1970er Jahren zeigte sich ein Wissenschaftler unzufrieden mit dem statistischen Material, das die Notwendigkeit der Prüfung gewisser Aspekte der Astrologie beweisen sollte. Als man ihn fragte, welche Art von Beweisen er denn akzeptieren *würde*, antwortete er mit großartiger Geste: »Ich kann mir *kein* Beweismittel vorstellen, welches mich überzeugen könnte, daß an der Sache irgend etwas daran ist.«

Waren im 18. Jahrhundert ernsthafte Astrologen spärlich gesät und sogar noch spärlicher im 19., so gab es um so mehr geldscheffelnde Quacksalber; das beweist der weiterlaufende Almanach-verkauf. *Partridge's Jahresalmanach* verkaufte sich noch über ein Jahrhundert lang nach dessen Tod, und der *Old Moore's Almanach* erscheint noch jetzt in den 80er Jahren.

1764 verkaufte *Old Moore* über 80 000 Exemplare in einem Jahr, obgleich seine Prophezeiungen noch unbestimmter und verstümmelter waren als in früheren Ausgaben.

Eine Neuentwicklung im 18. Jahrhundert waren Almanache, die sich speziell an Leserinnen wandten: *The Ladies' Diary* zum Beispiel, das 1704 erschien und Artikel über berühmte Frauen, Rezepte und Rätsel neben astrologischen Beiträgen brachte. Sein Herausgeber, ein Schullehrer aus Coventry namens John Tipper, hatte den Ehrgeiz, »das schöne Geschlecht in die Gefilde der Mathematik einzuführen«. 1750 setzte es 30 000 Exemplare im Jahre ab und wurde viel von der Herrenwelt gelesen.

Gegen Mitte des Jahrhunderts gab es einen Schub in Richtung Religion, als wollten die Astrologen ihre Stellung stärken, indem sie den Schöpfer auf ihre Seite zogen. Sie betonten, daß nur Gott die komplizierten Bewegungen der Planeten so subtil ersonnen haben könne, und selbst die Zusammensetzung der Materie bewiese Gottes Existenz.

Das Tageswerk der astrologischen Ratgeber ging weiter, wie es immer gegangen war: Rat für die Liebe, für Krankheit und verlorene Gegenstände wurde angeboten. Es muß genug Allgemeininteresse vorhanden gewesen sein, um ein stattliches Heer von Astrologen standesgemäß zu ernähren. Allerdings spricht die Tatsache, daß man öfters von Zurechtweisungen von Leuten hörte, die nur kamen, um ihren Spaß zu haben, und daß der Rat umging, erst zu kassieren und dann erst mit dem Horoskop zu beginnen, dafür, daß man dem Beruf in allen Schichten der Bevölkerung jetzt doch mit einigem Argwohn begegnete.

In ihrem eigenen Interesse und dem ihrer Anhänger veröffentlichten Astrologen bei Geburt wichtiger Nachkommen und bei sonstigen wichtigen Ereignissen natürliche Diagramme der betreffenden planetaren Stellungen. Kurz nach dem Höhepunkt der französischen Revolution wurden Diagramme zur Geburt Louis XVI und Königin Marie Antoinettes zugleich mit solchen für das Datum ihrer Hinrichtung veröffentlicht.

1790 gab es genug Astrologen, um ein eigenes Journal zu gründen, das ausschließlich »einer Wissenschaft« gewidmet war, »die schon von den Patriarchen der ersten Zeitalter erlernt worden, jedoch durch Unwissen von Scharlatanen viel übler Nachred' und Irrtum ausgesetzt ward«. Doch wurde das Journal nicht viel gekauft (weil ein großer Teil mit nicht-astrologischem Gerede über das Okkulte angefüllt war) und ging nach der siebenten Nummer ein.

In der Provinzpresse verstreute Zeitungsinserate beweisen, daß das Geschäft der Astrologen noch immer blühte. Sie boten nicht nur an, bei Einsendung von Geburtstag, -zeit und -ort

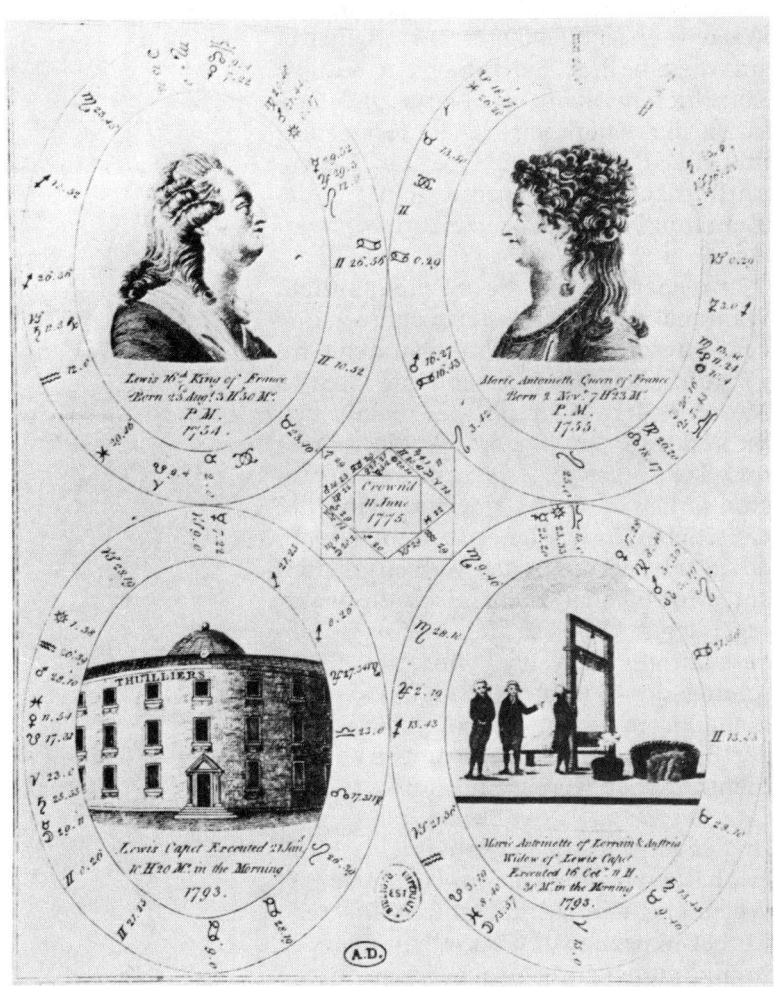

eine »genaue Beschreibung von Haut-
und Haarfarbe, Muttermalen und sonstigen äußeren Kennzeichen, Tempera-
ment etc.« zu geben, sondern (um John
Worsdale aus Lincolnshire zu zitieren)
auch »jenen Personen, die mit Erkran-
kungen verschiedenster Art behaftet
sind«, zu helfen. Bei Erhalt der nötigen
Einzelheiten »kann die Natur und Herkunft der Krankheit genau festgestellt
und für alle heilbaren Übel ein Gegen-
mittel nach den uralten Regeln der elementaren Philosophie verschrieben werden«.

In Amerika lag die Sache ähnlich.
Während der Jahrhundertwende wurde
der Astrologie an den Universitäten einige Aufmerksamkeit geschenkt. Charles
Morton, der während des englischen
Bürgerkrieges in Oxford studiert hatte
und 1686 auswanderte, um in Charle-
ston, Massachusetts presbyterianischer
Geistlicher zu werden, nahm in Harvard
das Studium moderner Wissenschaften
auf. Morton lehnte energisch die wahr-
sagerischen Aspekte der Astrologie ab,
beschäftigte sich aber mit der Erfor-
schung der Zusammenhänge zwischen
Planeten und der Meteorologie sowie
den Einflüssen ihrer Bewegungen auf den
menschlichen Körper und Geist.

»In der ganzen Angelegenheit (so schloß
er), halte ich dafür, daß in Fragen des
Wetters und der Temperaturen unserer
Körper in bezug auf Gesundheit oder
Krankheit bei guter Beobachtung durch

klugen und philosophischen Verstand brauchbares Wissen erlangt werden kann; was aber alles übrige anbelangt, das vorgegeben wird, so möchten die Bücher, so darüber geschrieben sind, entsprechend ihrem primitiven Muster ein gar seltsam Feuer anrichten...«

Andere Harvard-Gelehrte zeigten Interesse: Zum Beispiel Samuel Willard, der Vizepräsident von 1701 bis 1707, und sein Nachfolger, John Leverett. Willard erklärte, daß »Astrologen ihre Voraussagen hatten, die sich manchmal als richtig erwiesen haben« (eine recht vorsichtige Zustimmung, wenn man es Zustimmung nennen kann).

Isaac Greenwood, einer der ersten Harvard-Professoren der Mathematik und Naturphilosophie, ersetzte 1728 Mortons *Leitfaden* mit seiner eigenen *Philosophischen Abhandlung über die Veränderlichkeit und Veränderung der natürlichen Welt*, in der er, ungeachtet seiner Ablehnung der prognostischen Astrologie, versicherte, daß durch

»Gezeiten im Meer, Winde in der Atmosphäre, vielerlei Veränderungen in leblosen und lebenden Körpern sowie im menschlichen Organismus selbst erzeugt werden. Astrologie scheint eine philosophische Grundlage zu haben, und wir wissen nicht, wieviele Wunder und Mysterien echte Folgeerscheinungen dieser großen Alternative in der Natur sein können.«

Das ganze 18. Jahrhundert über bewahrte Harvard diese vorsichtig positive Grundhaltung. 1762 fand eine Dissertation Anklang, in der es hieß, daß »die Himmelskörper bestimmte Veränderungen in Tierkörpern verursachen«, und öffentlich erklärt wurde, die Zeit sei nahe, da »Virginia die Griechen in Philosophie, die Ägypter in Geometrie, die Phönizier in Arithmetik und die Chaldäer in Astrologie überflügeln« werde.

Genauso wurden astrologische Studien in der Yale-Universität geduldet. Samuel Johnson, der dort 1715 promovierte, um unabhängiger Priester zu werden, brachte 1716 in seiner *Verbesserten Enzyklopädie* einen Aufsatz ›Die Sternenhimmel und ihre Kraft und Einflüsse für das Gebiet der Astrologie‹; und wenn auch 1718 in einer Dissertation der Standpunkt vertreten wurde, »alle diese Voraussagen von Astrologen über mögliche künftige Ereignisse sind trügerisch und eitel«, so war dies ein Angriff auf prognostische, nicht aber ›natürliche‹ Astrologie.

Was die Meinung gebildeter Nicht-Akademiker anbetrifft, so kann man sie vielleicht aus einem Artikel in Chambers' vielgelesener *Cyclopaedia* ersehen, der gleichfalls die prognostische Astrologie als ›Aberglauben‹ anprangerte, natürliche Astrologie aber unangetastet ließ. Allerdings hieß es darin, man »dürfe nur im nachhinein durch Phänomene und Beobachtungen Schlüsse darüber ziehen«.

Astrologie-Gegner machten sich in volkstümlichen Karikaturen Luft: Hier sind in den Himmel starrende Astrologen umgeben von närrischen Weibern, einem Berufsnarren und einem Magier, der in einem magischen Kreis steht und sich ein paar aufdringliche Teufel vom Leibe hält.

313

BROUGHTON'S
MONTHLY PLANET READER
AND
ASTROLOGICAL JOURNAL.

Vol. 1.   PHILADELPHIA, NOVEMBER 1, 1860.   No. 8.

NATIVITY OF
Hon. JOHN BELL,
February 19th, 1796, at
6.30 A. M.

Wer Chambers nicht auf seinem Bücherregal hatte, der hatte meist zumindest ein, zwei Almanache; sie waren fast so gebräuchlich und ungefähr auch so geartet wie die englischen der Epoche, abgesehen vielleicht von einer speziellen Beschäftigung mit Landwirtschaft und Meteorologie. Culpepper war außerordentlich beliebt, und Mitte des 18. Jahrhunderts war das verbreitetste medizinische ›Nachschlagewerk‹ im amerikanischen Heim sein *Londoner Arzneimittelbuch.* Nach einer Weile wurde es angegriffen, vor allem von Cotton Mather, einem freien Priester und Schriftsteller, der zwar herzlich einfältig war, wenn es um Engel und Meerjungfrauen ging, aber eine instinktive Abnei-

Luke Broughton war ein äußerst tüchtiger Astrologe in Amerika, Mitte des 19. Jahrhunderts. Er hatte nicht nur eine große Klientel, sondern gab auch einen eigenen Monatsalmanach heraus, in dem er die Charaktere seiner Zeitgenossen analysierte.

gung gegen die Astrologie hatte (hauptsächlich aus religiösen Gründen). Anzunehmen, so sagte er, daß die Heilkraft bestimmter Kräuter dadurch verstärkt werden könne, daß man sie zu bestimmten Zeiten lese, sei etwa so töricht wie der Götzendienst und Aberglaube der Katholiken, sich an bestimmte Heilige zwecks Einwirkung auf unsere diversen Leiden zu wenden.

Amerikanische Farmer scheinen im 17. und 18. Jahrhundert besonders astrologisch-tierärztlicher Beratung zugetan gewesen zu sein: In einem Almanach stand zu lesen, daß »zum besseren Erfolg beim Aderlaß, Arznei-Nehmen, Rinder-, Schaf- und Schweineschlachten einer wissen muß, wo oder in welchem Körperteil das Zeichen ist«, und im *Landwirt Journal* von 1718 verordnet John Smith, Pferde bei abnehmendem Mond zu kastrieren, »wenn die Zeichen entweder in der Jungfrau oder im Mars sind«, des weiteren, daß »Lichtmeß (wenn es bei zunehmendem Mond begangen wird), der beste Zeitpunkt ist, um die Säue decken zu lassen«.

Tüchtige Farmer müssen ihr Leben ganz und gar nach dem Tierkreis und den Planeten ausgerichtet haben, wenn wir den Journalen jener Zeit Glauben schenken wollen: In *Des Landwirts Führer* von 1712 wird dem Leser geraten, »Schafe und anderes Vieh zu kastrieren, wenn der Mond im Widder, Schützen oder Steinbock ist. Schere deine Schafe bei zunehmendem Mond im Stier, der Jungfrau oder Waage, und ihre Felle werden um so schneller und dicker wachsen, wie man es auch beim Haareschneiden beobachtet. Und wenn der Mond in harmonischem Aspekt zur Venus ist, dann um so besser«. Fünfzig Jahre später riet *Des Stadt- und Landmanns Erfahrener Hufschmied* den Farmern, welche ›Pferdefohlen‹ haben wollten, ihre Stute vor Vollmond und wenn das Tierkreiszeichen weiblich ist, zum Hengst zu bringen. »Um Stutenfohlen zu bekommen, decke nach Vollmond und in den männlichen Zeichen.«

Auch Rat für den Gartenbau gab es — (Bäume sollten im Winter gepflanzt und umgegraben werden ›vor allem bei Neumond‹, Obstbäume bei zunehmendem Mond gepflanzt und veredelt, umgepflanzte Bäume bei abnehmendem gesetzt werden — denn der abnehmende Mond hilft dem Gewächs, seine Wurzeln nach unten zu senden, während der zunehmende ihm hilft, nach oben zu wachsen) — und persönliche Ratschläge: »Es ist gut zu baden, wenn der Mond im Stier, der Jungfrau oder dem Steinbock ist; am besten aber zwei oder drei Tage danach oder bei Vollmond.«

Natürlich gab es Gegnerschaft. Manche fanden es lächerlich, daß »in vielen Landesteilen ... ein Bürger kein Lamm oder Schwein kastrieren wird, noch sich oder ein Familienmitglied am Arm schröpfen läßt, ohne zuerst den Almanach besichtigt zu haben, um herauszufinden, was der Rechenkünstler, der ihn zusammengestellt hat, für die Astral- und Mondeinflüsse auf den Körper an diesem Tag beglaubigt hat«. Aber auch ernsthafte Forschung wurde betrieben. Im Jahre 1764 stellte ein Dr. James Greenhill die Wechselwirkungen zwischen den Anfällen eines epileptischen Sklaven und den verschiedenen Mondphasen fest. Andere Ärzte, die eine astrologische Ausbildung genossen hatten, wendeten sie auf die Patientenbehandlung an. Samuel Deane, ein angesehener Landwirt, veröffentlichte seine Theorie über die Einwirkungen der Planeten auf die Obstbaumkultur im *New England Farmer oder Georgischen Wörterbuch* (1797):

»So mancher mag es wunderlich finden, wenn einer Äpfel bei Vollmond erntet. Doch, wie wir wissen, werden Tiere wie Pflanzen mitunter vom Mond beeinflußt. Warum also sollten wir uns nicht vorstellen können, daß eine größere Menge seiner Ausstrahlung in die Frucht gelangt, wenn die Anziehung der Himmelskörper am stärksten ist? Wenn dem so ist, so nehme ich meine Äpfel im Zeitpunkt ihrer größten Vollendung ab, wenn sie am meisten von dem in sich haben, das sie am besten erhält...«

Um diese Zeit waren einige beratende Astrologen in Amerika tätig: Joseph Stafford von Rhode Island, Nathaniel Low aus Boston, John Jarman, Nathaniel

1775

The flying days and months are hurrying on,
Years press on years, impatient to be gone,
With eager steps to bring th' important hour,
When angry fires this system shall devour.

318

Ames und Daniel Leeds aus Philadelphia, John Tobler aus North Carolina. Low und Ames waren in der ersten Hälfte des 18. Jahrhunderts Rivalen. Ames hielt sich zugute, den Tod von George II und die Siege von Georges III Streitkräften im französischen und indischen Krieg vorausgesagt zu haben, derweil Low am Vorabend der französischen und amerikanischen Revolutionen warnte, daß bestimmte Planeten-Aspekte »Politiker anstacheln könnten, sich neue Wege und Methoden auszudenken, um die Regierungsgeschäfte zu regeln«. Schließlich erledigte der vielseitige Benjamin Franklin Leeds, indem er den Streich nachmachte, den Swift seinerzeit Isaac Bickerstaff gespielt hatte: Er sagte Leeds' Tod voraus, bewies ihn und ruinierte dem armen Mann das Geschäft, trotz dessen Beschwörungen, daß er gesund und höchst lebendig sei.

Über die Betätigung dieser amerikanischen Astrologen wissen wir nicht viel, aber ein Tagebuch aus der Zeit verrät zumindest, daß auf Rhode Island Kapitäne von Kaperschiffen die Astrologen befragten, wann für sie die beste Zeit zum Auslaufen sei. (Zwei von ihnen, denen empfohlen wurde, am Freitag, dem 24. Dezember auszulaufen, befolgten allerdings den Rat mitten in einem Schneesturm und gingen mit Mann und Maus unter.) Kaufleute scheinen in ähnlicher Sache von den Astrologen Gebrauch gemacht zu haben, ja, in einem Fall tat das auch Franklin.

Im großen und ganzen aber stützten sich die Astrologen in Amerika, gleich wie im englischen Mutterland, hauptsächlich auf die Popularität ihrer Almanache. Von den ersten Anfängen der gedruckten Almanache an war stets zu beobachten, daß je lebendiger die Feder eines Astrologen war, er um so mehr Erfolg hatte: Lillys volkstümlicher Erfolg war in starkem Maße seinem pfiffigen, polternden Stil zu verdanken. Gegen Ende des 18. Jahrhunderts, als natürlicher Skeptizismus die allzu einfache Beschaffung von Vorhersagen unmöglich machte, wurde es für die Astrologen noch notwendiger, ihre Leser zu unterhalten, und die Tradition des astrologischen Journalisten machte sich immer mehr fühlbar, um dann schließlich, anderthalb Jahrhunderte später, ihre Kulmination im Zeitungsastrologen zu finden.

William Lilly, der populärste und bestbekannte Astrologe des 17. Jahrhunderts in England, wurde von den höchsten parlamentarischen Führern konsultiert, obgleich er zur gleichen Zeit in eine Verschwörung zum Zweck der Flucht Karls I aus dem Gefängnis verwickelt war.

Anfang des 19. Jahrhunderts war der beliebteste Almanach in England die *Vox Stellarum*, die 1839 über eine halbe Million Exemplare verkaufte – erstaunlicherweise eigentlich, wenn man bedenkt, daß sie im Unabhängigkeitskrieg redaktionell entschieden auf seiten der Amerikaner stand, überzeugt, daß der Ausgang ›den Weg zur Freiheit ebene‹, und unverhohlen die französische Revolution mit ihrem ›glorreichen und frohen Geist der Freiheit‹ begrüßte.

Das ganze Jahrhundert hindurch verkauften sich die Almanache, besonders die billigeren, in großem Stil; 1897 wur-

Tafel 21

Tafel 22

Im 18. Jahrhundert wurden viele Illustrationen zum Thema ›Die Planeten und ihre Einflüsse‹ veröffentlicht. Die hier abgebildeten zeigen die Wirkungen von Merkur und Venus. Das Bild *Merkur* zeigt Merkur mit den Zwillingen im Hintergrund. Unter ihm sind Männer mit den ›merkurischen‹ Tätigkeiten der Gelehrsamkeit und des Handels befaßt. Ein Hahn steht in der Mitte, und im Hintergrund sieht man ein Schiff, Sinnbild von Handel und Verkehr. Im *Venus*-Bild (oben) ist die Göttin vom Stier und dem blinden Kupido umgeben, und unter ihr geht Hofmachen, Musik und Festefeiern vor sich.

den über eine Million Exemplare von *Old Moore's Penny Almanach* gedruckt und innerhalb von zehn Monaten restlos abgesetzt (die Voraussagen waren natürlich für 1898). Während Königin Victorias Regierung hörte man Klagen, daß es praktisch niemanden innerhalb der ›niederen Klassen‹ gab, der nicht Besitzer eines Almanachs war und in den meisten Fällen danach lebte: seinen Rasen nicht mähte, wenn Regen vorausgesagt war und dem Vieh keine Heilmittel gab, wenn der Tag ›ungünstig‹ dafür war.

Der Verdienst – wenn man es so nennen kann – an der wachsenden Popularität rein astrologischer Magazine (welche die Art von Voraussagen der Almanache alten Stils mit Zeitungsartikeln und Klatsch kombinierten), gebührt zum Teil zwei Männern, Robert Cross Smith und Richard James Morrison, beide 1795 geboren. Smith wurde 1824 Chefredakteur einer neu gegründeten Zeitschrift *Der schweifende Astrologe des Neunzehnten Jahrhunderts*, in dessen zwölfter Ausgabe zum erstenmal sein Pseudonym ›Raphael‹ auftauchte, das in den nächsten paar Jahren berühmt werden sollte. Er führte auch eine wöchentliche Folge von Artikeln ein, welche die planetaren Auswirkungen auf Liebe und Heirat, Finanzen, Geschäfte und Reisen voraussagten – der erste Fall von wöchentlichen Vorhersagen in einer Zeitschrift.

Dem *Schweifenden Astrologen* ging bald der Atem aus; Smith hatte mehr Glück mit dem *Prophetischen Boten*, dessen erstes Heft 1826 herauskam und der bei seinem Tod (1832) übernommen und weitergeführt wurde – bis 1858. Es gab mindestens noch fünf ›Raphaels‹ nach Smith.

Aber im Grunde genommen war Morrison der bedeutendere der beiden; er arbeitete unter dem Pseudonym ›Zadkiel‹. Der ehemalige Marineoffizier wurde 1830 Berufsastrologe und begründete *Zadkiel's Almanach*, dessen Auflagenhöhe mit der des *Prophetischen Boten* rivalisierte. Neben seinem Journalismus trug Morrison viel dazu bei, die Astrologie wieder einigermaßen respektabel zu machen. Er beschwerte sich zum Beispiel über die Marktschreier-Astrologen, die schon für fünf Schillinge arbeiteten, wo doch »kein Mensch von Bildung sich soweit erniedrigen würde, einen solchen Bettellohn anzunehmen«, und empfahl, daß jedermann, der einen Astrologen konsultieren wolle, einen Inhaber des Diploms des Britischen Verbandes für Astralwissenschaft aufsuchen solle. Dieser Verband wurde 1844 mit 107 Mitgliedern gegründet, er war aber von kurzer Lebensdauer.

In seinem Almanach von 1861 veröffentlichte Morrison die Beobachtung, daß die Stellung des Saturn in diesem Jahr »sehr schädlich für alle Personen sein wird, die am oder nahe dem 26. August geboren sind. Unter den Betroffenen ist bedauerlicherweise der werte Prinzgemahl unseres Königreiches. Solche Personen sollten der Gesundheit

Der ›astrologische Mann‹ wurde immer weiter verwendet, wie hier in einem amerikanischen Almanach aus dem 18. Jahrhundert.

THE ANATOMY of MAN's BODY, as governed by the twelve CONSTELLATIONS, viz.

♈ governs the Head and Face.

♉ Neck.

♋ Breast

♍ Bowels

♏ Secrets

♑ Knees

♊ Arms.

♌ Heart.

♎ Reins.

♐ Thighs.

♒ Legs.

♓ The feet.

Aries ♈ a Ram. *Taurus* ♉ a Bull. *Gemini* ♊ Twins.
Cancer ♋ a Crab-Fish. *Leo* ♌ Lion. *Virgo* ♍ a
Virgin. *Libra* ♎ Balance, or Scales. *Scorpio* ♏ a
Scorpion. *Sagittarius* ♐ an Archer. *Capricornus* ♑ a
Goat. *Aquarius* ♒ a Young Man pouring water
out of a pot. *Pisces* ♓ a Fish.

TO know where the Sign is, find the Day of the
Month, and against the Day in the 6th Column, you
have the Sign or Place of the Moon, and the Part
of the Body it governs.

The Names and Characters of the Seven PLANETS

♄ Saturn, ♃ Jupiter, ♂ Mars, ☉ Sol, ♀ Venus,
☿ Mercury, ☽ Luna.

peinlichste Beachtung schenken.« Am 14. Dezember 1861 starb der Prinzgemahl an Typhus.

Weit entfernt davon, für seine Präzision beglückwünscht zu werden, wurde Zadkiel im weiteren von einem Leitartikel des *Daily Telegraph* angegriffen und sah sich gezwungen, einen Konteradmiral gerichtlich zu belangen, der ihn im selben Blatt beschimpft hatte. Er gewann den Prozeß, nachdem eine lange Zeugenschlange von adligen Klienten für ihn ausgesagt hatte. Aber der Lord Oberrichter war stark gegen ihn eingenommen, ließ ständiges Gelächter im Gerichtssaal ungestraft durchgehen und brachte eine sehr geringe Buße in Anschlag. Zadkiel erhielt nur zwanzig Schillinge und mußte seine Kosten selbst begleichen. Die Verkaufszahl der nächsten Ausgabe profitierte zwar durch die ›Publicity‹, aber als beratender Astrologe hatte er von diesem Augenblick an so gut wie ausgespielt.

Morrison/Zadkiel konnte sicherlich nicht von der Beschuldigung freigesprochen werden, am Okkulten interessiert zu sein – vor allem am Kristallsehen, einer Beschäftigung, die letzten Endes seiner Verleumdungsklage zugrunde lag. Aber er war auch ein ernstzunehmender Astrologe, der zum Beispiel 1852 eine populäre Kurzfassung von Lillys *Christlicher Astrologie* erarbeitete und herausbrachte. Und auch andere machten sich einen Namen, wie William Joseph Simmonite, der in den Vorstand der Londoner Meteorologischen Gesellschaft gewählt wurde (welcher Morrison gleichfalls als Mitglied angehörte), sowie Richard Garnett (1835 – 1906), der am Britischen Museum tätig war.

Garnett kam in einem Aufsatz, *Die Seele und die Sterne* betitelt und 1880 im *Universitäts Journal* erschienen, mit einer Ansicht über die Astrologie heraus, welche im Widerspruch zu der vieler Berufsastrologen stand, die sich noch immer mit Almanachen und Voraussagen befaßten. Garnetts Ansicht war, daß, weit entfernt davon, die Astrologie für eine okkulte Wissenschaft zu halten,

Alan Leo, einer der bestbekannten Astrologen seiner Zeit, dessen Lehrbücher noch immer gedruckt und von Astrologie-Schülern benutzt werden.

wie es viele Leute taten, es »notwendig
ist, auf der strikt empirischen Natur derselben zu beharren«, und daß sie, »mit
einziger Ausnahme der Astronomie, was
die Sicherheit ihrer Angaben betrifft,
eine der exaktesten von allen exakten
Wissenschaften ist«, und daß die Berech-
nung des Astrologen »mit keinem kabali-
stischeren Verfahren vorgenommen wer-

THE HIEROGLYPHIC FOR 1852.

den als der Arithmetik. Der Einfluß, den er den Himmelskörpern zuschreibt, mag imaginär sein, keineswegs aber ist er okkult...«

Garnett warf damit einen Blick in unsere Zeit, in der die Astrologen zum großen Teil seine Meinung teilen. Andere aber sollten den Weg für das Neuerwachen des Interesses an der Astrologie ebnen. Allan Leo (W.F. Allen, 1860 – 1917) war einer davon.

Leo ist eine wichtige Figur in der westlichen Astrologie, seine Handbücher werden noch verkauft. Durch seinen Freund ›Sepharial‹ (W. R. Old, 1864 – 1929) wurde er in Madame Blawatskys Theosophische Gesellschaft in London eingeführt. Er wurde Astrologe von Beruf und organisierte eine Art von Fabrikbetrieb in Hampstead (London), wo andere Astrologen damit beschäftigt waren, Horoskope zu errechnen und mehrere Kontoristen, Leos Meinungen darüber zu Papier zu bringen. Es war das viktorianische Gegenstück zur heutigen Computerhoroskop-Firma, und Leos *Moderne Astrologie Verlags-Gesellschaft* hatte bald Filialen in Paris und New York.

Leos Kontorchef erfand das System, nach dem ›Billige-Jakob‹-Astrologen noch heute arbeiten. Man beantworte ihre Inserate in den Bestseller-Astrologie-Zeitschriften und bekommt eine Anzahl von zusammengehefteten Vervielfältigungen ins Haus geschickt: ein Blatt für das Sonnenzeichen, eines für das aufgehende Zeichen und je eines für

Zadkiels Almanach für 1852 enthielt diesen ›Hieroglyphen‹, der einen verwundeten Löwen, gegen Eingeborene kämpfende Kolonialtruppen und eine verzweifelte Britannia zeigt. Er konnte (wie früher Lillys Hieroglyphen) zur Illustrierung einer Vielzahl von Katastrophen verwendet werden. Was aus dem Stier-reitenden Mönch gemacht wurde, ist weniger ersichtlich.

die Mond-, Venus- und Merkurstellungen. E. H. Bailey, der eine herzliche Abneigung gegen ihn hatte, beschrieb später einmal einen Durchschnittsvormittag in Lyncroft Gardens (Hampstead) – eine Schilderung, die seitdem schon häufig abgedruckt worden ist.

»Die Frühpost war gerade eingetroffen, und Albanus Leon (Leo) war eifrig dabei, einen gewaltigen Haufen Briefe jeder Form und Größe zu sortieren... Die meisten enthielten Überweisungen, denn Leon hatte eine riesige Kundschaft, und das Einkommen aus seinem Geschäft hatte jetzt eine vierstellige Ziffer im Jahr erreicht, und es sah so aus, als würde es sich mit der Zeit noch erhöhen. An diesem Morgen war die Post besonders umfangreich und der Haufen mit Zahlkarten und Postscheckanweisungen wuchs zusehends. Gewiß, die meisten lauteten nur auf einen Shilling, aber diese, zusammen mit den fünf und zehn Shilling-Überweisungen und drei oder vier im Wert von einem Pfund und dazu noch diverse Bankschecks in verschiedener Höhe machten im Endeffekt ein ganz schönes Sümmchen aus.«

›Raphael‹ und ›Zadkiel‹ gehörten der Astrologengeneration an, welche das Problem hatte, die ›modernen‹ Planeten Uranus (entdeckt 1781) und Neptun (1846) in die alte Tradition integrieren

Die astronomische Sternwarte in Delhi, die für Beobachtungen zu astrologischen Zwecken benutzt wird, wurde um 1724 für Kaiser Muhammed Schah erbaut. Die hier gezeigte *Misra-Yantra*-Anlage ermöglichte es Astronomen, zur Mittagstunde die Meridiane für vier Orte zu errechnen, zwei in Europa, einen in Japan und einen im Stillen Ozean; ferner Meridianhöhen festzustellen und den genauen Zeitpunkt des Eintritts der Sonne in den Krebs zu errechnen. Der *Samrat Yantra*, ein enormes Gnomon (Sonnenuhrzeiger), das ein Dreieck mit der Hypotenuse parallel zur Erdachse bildet, mißt die Tageszeit mit bis zu einer halben Sekunde Genauigkeit und mißt auch das Sinken der Sonne und anderer Planeten.

zu müssen; 1930 sollte noch Pluto hinzukommen. Die Entdeckung war eine neue, willkommene Waffe in den Händen der Anti-Astrologen. Aber die Astrologen gaben zurück, daß sie, statt neue Probleme zu schaffen, eher alte lösten. Betrachtete man das Horoskop von, sagen wir, Königin Elisabeth I oder einem der Caesare, so war es ganz klar, daß sich darin einige Charakterzüge fanden, welche sich nicht aus den Stellungen jener Planeten erklären ließen, die den alten Astrologen bekannt waren. Ganz offensichtlich handelte es sich da

um Einflüsse der jetzt neu entdeckten Planeten, und wenn man diese in die alten Geburtsdiagramme einfügte, bekam man ein viel vollständigeres Bild.

Ähnlich wie bei den alten, wurden die Wirkungen der ›neuen‹ Planeten in fortgeschrittenen Horoskopen in einem Prozeß des Probierens und Aussonderns erarbeitet. Harveys Entdeckung der Blutzirkulation hatte ja schließlich auch nicht all das entwertet, was man vorher über Körperfunktionen wußte, sie hatte einfach nur weitere Funktionen festgestellt. Genau so war es auch mit den ›modernen‹ Planeten.

11 Ins zwanzigste Jahrhundert

W ährend Alan Leo der erste war, der das Allgemeininteresse an der Astrologie in England neu belebte, war es der große Psychologe Carl Gustav Jung (1875 – 1961), der wohl mehr als irgend jemand wenigstens ein paar Wissenschaftler dazu gebracht hat, sich über das Gebiet Gedanken zu machen.

Jungs Interesse an der Astrologie scheint ein natürlicher Ableger seiner Beschäftigung mit dem ›kollektiven Unterbewußtsein‹ gewesen zu sein, seiner Überzeugung, daß, »obgleich unser Erbe aus physiologischen Pfaden besteht, es doch geistige Prozesse in unseren Vorfahren waren, die diese Pfade geschaffen haben«. Daß in Wahrheit das Verhältnis des 20.-Jahrhundert-Menschen zum Leben durch seine Urgeschichte geformt wird. Jung sah die Tierkreiszeichen als archetypisch – als etwas, das eine tiefere Bedeutung hat, als wir wissen; und wir werden uns der Archetypen bewußt, wenn wir von hoch emotionellen Umständen aufgerüttelt werden, Umständen von der Art, welche Menschen veranlaßt, einen Astrologen aufzusuchen.

Jung scheint das Horoskop als Ausgangspunkt verwendet zu haben, von dem aus er eine Brücke des Sich-Verstehens zwischen sich und dem Patienten bauen konnte, indem er darin und in seinem eigenen Horoskop Gemeinsamkeiten fand. Während der Vorarbeiten zu seinem Aufsatz über *Synchronität* (der von ihm geprägte Ausdruck, mit dem er die blinden Zufälle, die in fast jedermanns Leben vorkommen, bezeichnet, die nicht nur verblüffend, sondern erschreckend wirken können), prüfte er mit seinen Assistenten die Horoskope von 180 anscheinend glücklich verheirateten Ehepaaren. Er suchte darin nach den üblichen astrologischen Hinweisen einer zufriedenstellenden Partnerschaft. Später fügte er noch mehr Daten hinzu und untersuchte schließlich die 966 Horoskope von 483 Paaren, nicht nur in ihren Originalpaarungen, sondern auch willkürlich gepaart, so daß 32 220 Paare als gegeben vorausgesetzt und untersucht wurden.

Während des Ersten Weltkrieges wurde (wie auch im Zweiten) Astrologie für Propagandazwecke benutzt.

Die Untersuchungsergebnisse fand Jung am Ende etwas unbefriedigend. Doch wies er darauf hin, daß sich in den Zwillingshoroskopen der glücklich Verheirateten eine statistisch bedeutsame Zahl jener Aspekte befand, die man traditionell als Anzeichen einer zufriedenstellenden Verbindung ansieht. Er drückt sich dabei ein wenig extravagant aus:

»Man nimmt drei Streichholzschachteln, tut 1000 Ameisen in die erste, 10 000 in

Preis 10 Pf. = 15 Heller.

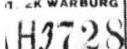

Das Ende des
Weltkrieges,
wie es in den Sternen
geschrieben steht.

(Das Horoskop des Weltkrieges)

Von einem Astrologen.

Leipzig
Verlag von Siegbert Schnurpfeil.

die zweite und 50 in die dritte, und dazu
noch je eine weiße in alle drei, schließt
die Schachtel und bohrt in jede ein Loch,
das so klein sein muß, daß immer nur
eine Ameise auf einmal
hindurchkrabbeln kann. Die erste
Ameise, die aus jeder der drei Schachteln
herauskommen wird, ist immer die
weiße.

Die Chancen, daß dies tatsächlich
geschieht, sind äußerst gering. Selbst in
den ersten beiden Fällen steht der
Wahrscheinlichkeitsfaktor im
Verhältnis von 1:100 × 10000, was

Elsbeth Ebertin, die
erste praktizierende
Astrologin, wurde in den
20er und 30er Jahren die
erfolgreichste unter
allen Astrologen
Europas. 1917
veröffentlichte sie ihren
ersten astrologischen
Almanach und wurde
von da an häufig
konsultiert. Sie war eine
der ersten, die große
Macht für Adolf Hitler
prophezeite. Ihr Sohn,
Reinhold Ebertin, kam
1940 mit seiner
*Kombination der
Gestirneinflüsse* heraus,
das eines der
wichtigsten zeit-
genössischen
Lehrbücher wurde. Er
war der Begründer des
wichtigsten deutschen
astrologischen Magazins
Kosmobiologie.

bedeutet, daß ein derartiger Zufall nur in einem von zehn Millionen Fällen erwartet werden kann. Es ist unwahrscheinlich, daß irgend jemand es erleben würde. Und doch ereignete es sich in meinem statistischen Experiment, daß genau die drei Konjunktionen, auf welche die astrologische Tradition Nachdruck legt, in einer höchst unwahrscheinlichen Art und Weise zusammenkamen.«

Jung war sich der statistischen Schönheitsfehler seines Experiments bewußt und beanspruchte nie, daß es etwas anderes bewiese, als daß – um es mit J. S. Haldanes Worten auszudrücken – »das Universum nicht nur wunderlicher sein mag, als wir annehmen, sondern wunderlicher als wir annehmen *können*.« Aber sein astrologischer Aufsatz *(Synchronität, ein akausales Verbindungsprinzip*, 1955) bewirkte, daß sich einige bedeutende Geister der verrufenen Wissenschaft zugewandt haben, und gerade in den letzten zwanzig Jahren ist das spezielle Interesse ständig größer geworden.

Ehe Jungs recht spezialisiertes Interesse Gestalt annahm, finden sich isolierte Beispiele eines Wiederauflebens ernsthafter Bemühungen auf astrologischem Gebiet. 1891, als die französische Öffentlichkeit sich kaum dafür interessierte (und es geschehen konnte, daß ein Wissenschaftler versicherte, Astrologie sei eine altehrwürdige Wissenschaft, deren Regeln restlos verlorengegangen seien), wurde eine Art von kabbalistischer Astrologie wieder ins Leben gerufen, was zu einer Veröffentlichung einer übersetzten Teilpartie von Morin de Villefranches *Astrologia Gallica* führte. Diese wiederum interessierte einen Artillerieoffizier, namens Paul Choisnard (1867 – 1930), der in der Folge der erste moderne Astrologe wurde, welcher versucht hat, eine verläßliche Menge statistischer Nachweise für den Einfluß der Planeten auf die menschliche Persönlichkeit zusammenzutragen.

Madame Blawatsky war diejenige, die das Interesse in Deutschland wiedererweckte, das sich dann, namentlich durch die Arbeiten von Karl Brandler-Pracht (geboren 1864) erweiterte. Brandler scheint die Astrologie in Amerika erlernt zu haben, wo er als Schauspieler tätig war. Er gründete die Deutsche Astrologische Gesellschaft und brachte die *Astrologische Rundschau* heraus, die das führende derartige Organ in Deutschland war, bis die Nationalsozialisten 1938 ihr Erscheinen verboten.

Nach dem Ersten Weltkrieg begann, inmitten der Ungewißheit des Friedens, die Astrologie in Deutschland wirklich Boden zu gewinnen, und die Publikation von Ephemeriden (Tabellen der Stellungen der Himmelskörper) und Almanachen schoß in die Höhe. Die bekannteste Astrologin in der Zeit zwischen den Kriegen war ohne Zweifel Elsbeth Ebertin (1880 geboren), eine ernsthafte Astrologin mit einem Schuß Genialität für

Mitte des 17. Jahrhunderts vernachlässigten die populären Almanache bereits die echte Astrologie zugunsten der Wahrsagerei. Diese drei reizenden Titelseiten aus dem 19. Jahrhundert lassen in den Abbildungen von Zauberern und dem unvermeidlichen Nostradamus den Zusammenhang mit ›Magie‹ erkennen.

Tafel 23

ALMANACH PROPHÉTIQUE
50
1873
1873
50
Centimes
Centimes
SE VEND ICI.

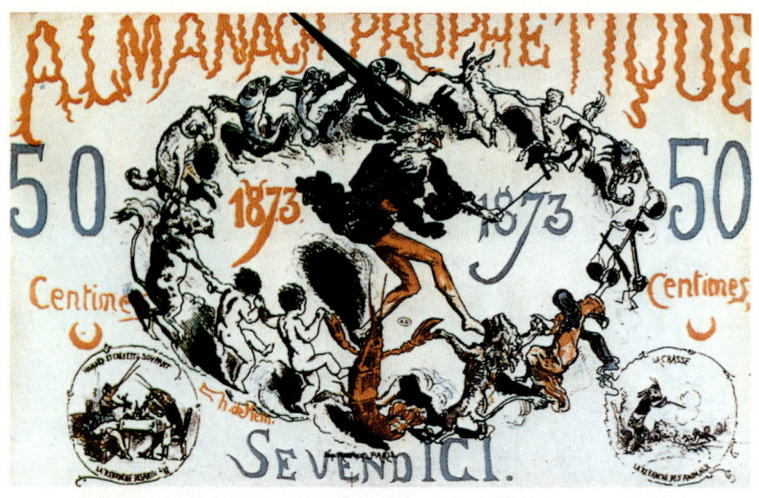

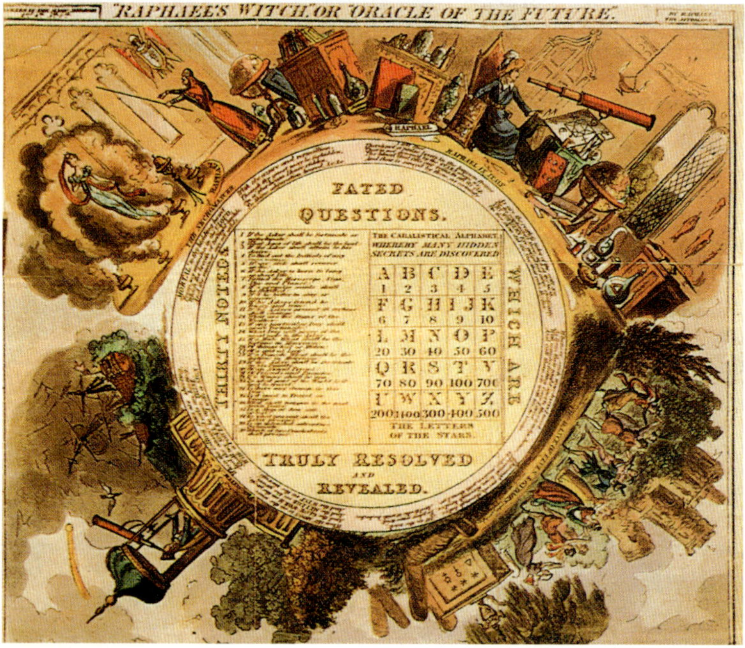
"RAPHAEL'S WITCH, OR ORACLE OF THE FUTURE."
FATED
QUESTIONS.
THIRTY NOTED
WHICH ARE
THE CABALISTICAL ALPHABET WHEREBY MANY HIDDEN SECRETS ARE DISCOVERED
A B C D E
1 2 3 4 5
F G H I J K
6 7 8 9 10
L M N O P
20 30 40 50 60
Q R S T V
70 80 90 100 700
U W X Y Z
200 400 300 400 500
THE LETTERS OF THE STARS.
TRULY RESOLVED
AND
REVEALED.

Tafel 24

populären Journalismus, den sie mit Beratung kombinierte. Als Frau Ebertin 1923 die Geburtsangaben Adolf Hitlers bekam, schrieb sie in ihrem Jahrbuch, daß er sich »durch Unvorsichtigkeit Gefahren aussetzen« könne – was er prompt während des Münchner Putsches tat, als er sich beim Hinfallen die Schulter brach, bevor er verhaftet und eingesperrt wurde. Das war gute Reklame für Frau Ebertin.

Obgleich die deutsche Polizei ab und zu einzelne Astrologen wegen Wahrsagerei verfolgte, wuchs das Interesse weiter. Zwischen 1923 und 1936 wurden jährliche Astrologenkongresse abgehalten, und nur innere Streitigkeiten machten ehrgeizige Bestrebungen, ein wissenschaftliches Studium zu ermöglichen, zuschanden. Die Deutschen haben das Verdienst, den mutmaßlichen Wert der Astrologie für die im Entstehen begriffene Kunst der Psychoanalyse erkannt zu haben, und einer von Jungs Bewunderern, O. A. H. Schmitz (1873 – 1950) zeigte als erster Wege dafür auf, obgleich der eigentliche Pionier Herbert Freiherr von Kloeckner (1896 – 1950) war, der mit seiner 1926 erschienenen Schrift *Grundlagen für die astrologische Deutung* die Astroanalyse in das psychologiebewußte 20. Jahrhundert hinüberrettete.

Angesichts des intensiven Interesses, das jetzt in Deutschland herrschte – nach einer Schätzung von Elic Howe in *Uranias Kinder*, 1967, wurden dort, in den zwanzig Jahren nach 1921 min-

Raphaels Hexe oder Orakel der Zukunft bringt eine Liste von *Schicksalsfragen, wahrheitsgemäß Gelöst und Enthüllt*, mit Hilfe des *Kabalistischen Alphabets*, den *Buchstaben der Sterne*. Unter den Fragen sind: »Ob dem Befrager sein Wunsch in Erfüllung gehen wird«, »ob der Befrager für ein langes Leben geboren ist« und »ob eine Wette gewonnen werden wird«.

destens vierhundert Fachbücher und -schriften mit astrologischer Thematik veröffentlicht –, muß vermutet werden, daß Hitler und die NSDAP die Astrologie für ihre eigenen Zwecke ausnutzten. Wie es auch bei anderen homogenen Gruppen der Fall war, stellte sich ein Teil der Astrologen hinter Hitler, ein anderer gegen ihn; auf beiden Seiten ergaben sich böse Folgen. Dr. Karl-Günther Heimöth, zum Beispiel, ein Arzt und Psychologe, der eine astrologische Studie über Homosexualität veröffentlichte und durch sie zu einer Freundschaft mit Ernst Röhm, dem Oberkommandierenden der SA (Sturm-Abteilung) kam, wurde, zusammen mit Röhm und vielen anderen, im Juni 1934 im Auftrag des ›Führers‹ ermordet. Der Astrologischen Gesellschaft in Deutschland dagegen gelang es, mit heiler Haut davonzukommen, indem sie sich in das ›Establishment‹ einbauen ließ und, selbst nach 1934, als die Nationalsozialisten alle ›Wahrsagerei‹ verboten und die Veröffentlichung von Almanachen und astrologischen Zeitschriften für illegal erklärten, den Astrologen ein gewisses Maß an Sicherheit gewährten.

Nichts zeugt davon, daß Hitler selbst an Astrologie interessiert war, manches dagegen, daß er ihr gründlich mißtraute. Er wird oft beschuldigt, sich einen persönlichen Astrologen gehalten zu haben, und der Name, der am häufigsten in Verbindung damit auftaucht, ist der von Karl Ernst Krafft (1900 – 1945). Krafft

Karl Ernst Krafft, der Schweizer Astrologe, der im Zweiten Weltkrieg von den Deutschen für ›schwarze‹ Propaganda eingesetzt wurde, sagte richtig den Anschlag auf Hitler im November 1939 voraus; er starb sechs Jahre später auf dem Wege nach dem Konzentrationslager Buchenwald.

wurde in der Schweiz geboren, ist deutscher Abstammung und wurde ein sehr tüchtiger Astrologe. Er wurde gleichfalls ein glühender Hitler-Verehrer und schrieb am 2. November 1939 an einen Dr. Fosel, der damals im Reichssicherheitshauptamt (RSHA – Himmlers geheimer Geheimdienst) arbeitete, eine Warnung, daß Hitlers Leben zwischen dem 7. und 10. November in Gefahr sein würde – durch »die Möglichkeit eines Mordversuchs mittels explosivem Materials«.

Die Nationalsozialisten waren genauso gegen astrologische Voraussagen über das Leben von Staatsoberhäuptern, wie es die Caesaren gewesen waren und übergingen die Warnung. Als am 9. November eine Bombe im Bürgerbräukeller in München wenige Minuten nach Hitlers Weggang explodierte, konnte Krafft es sich nicht verkneifen, ein Telegramm an Rudolf Hess zu senden, in dem er darauf hinwies, daß er es ihnen ja vorhergesagt habe. Sein Brief an Fosel wurde aus der Registratur ausgegraben und Hitler vorgelegt, der ihn an Dr. Goebbels weitergab. Noch am selben Tag wurde Krafft von der Gestapo verhaftet und zum Verhör vorgeführt. Es gelang ihm, sie davon zu überzeugen, daß solche genauen Voraussagen unter gewissen Umständen möglich seien, und er wurde wieder entlassen.

1940 wurde Krafft von Goebbels nach Berlin gerufen und erhielt den Auftrag, die Voraussagen des Nostradamus durchzugehen und diejenigen zu übersetzen, die als Propaganda gegen die Alliierten benutzt werden könnten. Man stellte sich vor, daß diese, wenn man sie über unbesetzten Gebieten abwarf, den Bewohnern zu der Meinung verhelfen würden, es liege in der Natur der Dinge, von den Nazis regiert zu werden. Und wahrhaftig, nach einigen Wochen emsiger Arbeit meldete Krafft, er sei auf Verse gestoßen, welche die Invasion von Holland und Belgien prophezeiten und das Dritte Reich und den Zweiten Weltkrieg voraussahen. Er schrieb eine Broschüre zur Verbreitung in Belgien und Frankreich, in der er, gestützt auf vierzig Vierzeiler von Nostradamus, den bevorstehenden Zusammenbruch Englands voraussagte. Doch im Mai 1941, etwa drei Wochen später, flog Hess, der Stellvertreter des Führers, in einem eigenmächtigen Versuch, einen Frieden auszuhandeln, nach Schottland – einem Versuch, den die Alliierten mit über vierzig Jahren Haft belohnten. Martin Bormann befand, daß die beste Art, wie man das deutsche Volk von dem Vorfall unterrichten könne, die war, Hess für geisteskrank zu erklären, und binnen kurzem wurde bekanntgegeben, er sei von ›Hypnotiseuren, Astrologen und dergleichen‹ geistig zerrüttet worden. In Großbritannien meldete die *Times* tatsächlich, Hess sei Hitlers Privatastrologe gewesen!

Die ganze Sache gab der Gestapo einen guten Vorwand, generell mit der Astrologie aufzuräumen, und diejenigen, die bis dahin den Schutz eines sympathisierenden Himmler genossen hatten (der die Entlassung eines der ihren, Wilhelm Wulff, aus einem Konzentrationslager veranlaßt hatte, um ihn für sich und seine Frau arbeiten zu lassen), sahen sich nun selbst verhaftet und in Konzentrationslager geschickt.

Eine Reihe hoher Nazis waren davon entzückt, denn wenige von ihnen mochten Himmler und viele hielten ihn für übergeschnappt. Reinhard Heydrich zum Beispiel, pflegte im Hinblick auf Himmler und einen anderen hohen Bonzen zu sagen: »Der eine macht sich wegen der Sterne auf seinen Achselklappen verrückt, der andere wegen der Sterne in seinem Horoskop!« Zusammen mit Gesundbetern, Hellsehern, Graphologen, Christian-Science-Anhängern und Spiritisten waren die Astrologen endgültig abgemeldet. Krafft war unter den Verhafteten. Im Gefängnis arbeitete er noch eine Zeitlang an astrologischer Propaganda, bekam aber Ende 1944 Typhus und starb im Januar des folgenden Jahres auf dem Transport nach Buchenwald.

Es ist fraglich, ob Astrologie irgendeinen Einfluß auf die deutsche Kriegsführung gehabt hat, trotz Himmlers Sympathie dafür. Aber selbst Goebbels wurde angesteckt, denn er ließ sich in den letzten Kriegstagen Exemplare der Horoskope Hitlers und des Reichs in den bereits eingeschlossenen Führerbunker in Berlin schicken, um dem Führer zu zeigen, daß

zwar beide übereinstimmend den Kriegs-
ausbruch und den jetzigen katastropha-
len Rückschlag anzeigten, aber auch
einen überwältigenden Sieg für Deutschland im April und Frieden im August ver-
sprachen. Hitler entschied sich, nicht
auf den planetaren Umschwung zu warten und brachte sich um.

In Großbritannien spielten Zeitungs-
horoskope eine gewisse Rolle bei der
Aufrechterhaltung der nationalen Moral; aber die seltsamste astrologische
Geschichte aus der britischen Kriegszeit
ist die des Louis de Wohl, eines katholi-
schen deutschen Emigranten aus jüdi-
schem Haus, der den Krieg in London
verbrachte. Er überzeugte die Regierung,
zumindest einige ihrer Mitglieder, davon, daß er ihnen, kraft seiner astrologischen Kenntnisse, sagen könne, was
Hitlers Astrologen diesem zu tun rieten,
und so seine Pläne bloßlegen.

Das Unternehmen scheint ausschließlich für de Wohl erfolgreich gewesen zu
sein, der viel Geld mit seinen Syndikat-
vertriebenen Zeitungsartikeln machte,
für den Leiter der psychologischen
Kriegsführung ›schwarze‹ astrologische
Propaganda trieb und in der Uniform
eines britischen Hauptmanns einherstol-
zierte, für die ihm allerdings der Rang
fehlte.

In Amerika war die gleiche unbehagli-
che Mischung von ernsthaftem und
›populärem‹ Interesse an der Astrologie
zu beobachten, wie in den meisten Teilen Europas. 1898 hatte Luke Broughton

So wie 1825 Astrologen
in Indien überall
verfügbar waren, so
arbeitet Mr. M.S. Modi
(rechts) 1980 als
Astrologe, der allen
Gästen eines Hotels in
Agra zur Verfügung
steht.

(1828 – 1899), ein Astrologe und Doktor der Medizin, seine *Elemente der Astrologie* herausgebracht, das erste original-amerikanische Lehrbuch (auch wenn Broughton im englischen Leeds das Licht der Welt erblickt hatte). Und 1920 erfolgte der Auftritt der ersten, unabhängigen amerikanischen Populärastrologin, Evangeline Adams (1865 – 1932), die nach der aufsehenerregenden, zutreffenden Vorhersage eines Hotelbrandes in New York sprungartig bekannt wurde und während der darauffolgenden dreißig Jahre ein Riesenpublikum für ihre massenverbreiteten Kolumnen und Rundfunksendungen gewann (eine Zeitlang

THE BOWL
OF HEAVEN

By
EVANGELINE ADAMS

DODD, MEAD & COMPANY
NEW YORK   1926

war sie dreimal die Woche im Rundfunk zu hören).

Ihr Erfolg festigte sich noch durch einen Strafprozeß wegen Wahrsagerei im Jahre 1914. In der Gerichtsverhandlung gab man ihr ein anonymes Horoskop zum Auslegen. Nach Lektüre ihrer Interpretation erklärte der Richter, das Horoskop sei das seines Sohnes gewesen, und sie habe ihn in allen Punkten richtig beurteilt. In seinem Urteil sagte er, sie habe die »Astrologie zur Würde einer exakten Wissenschaft erhoben«, und sprach sie frei.

Dane Rudhyar (geb. 1895) war ein seriöser Typus, ein vorzüglicher Kompo-

Evangeline Adams, die bekannteste amerikanische Astrologin ihrer Generation und die erste, die aus dem Rundfunk Nutzen zog.

nist, welcher durch sein Interesse an orientalischer Musik und Philosophie zur Astrologie kam. Er war der Ansicht, daß »der Mensch durch Astrologie seine Wesensstruktur entdecken kann, die seine Individualität und sein Schicksal mit den oft verwirrend erscheinenden Ereignissen des täglichen Lebens prägt«. Seine *Planetisierung des Bewußtseins* (1970) bleibt wahrscheinlich das beeindruckendste, aus Amerika stammende, astrologische Werk.

Zwischen Miss Adams und Dr. Rudhyar gab es noch eine Vielzahl anderer Astrologen, professionelle und Amateure. 1960 fand Marcia Moore neunhundert Berufsastrologen zur Befragung im Zusammenhang mit einer Abhandlung, an der sie arbeitete. Nach der Schätzung eines Journalisten lebten im Jahre 1969 über zehntausend Menschen in Amerika von der Astrologie. Die meisten von ihnen machten wahrscheinlich Voraussagen, die von den seriöseren Astrologen angezweifelt worden wären.

Der Einbruch der Astrologie in die Tagespresse erfolgte in London erst 1930 durch R. H. Naylor (1889–1952). Er wurde vom Herausgeber des *Sunday Express* beauftragt, das Horoskop der neugeborenen Prinzessin Margaret Rose, Tochter des künftigen Königs Georg VI, zu stellen. Er kam der Aufforderung nach und entwarf in seinem Artikel nicht nur ein Charakterbild, in welchem die Prinzessin zu erkennen ist, sondern er sagte voraus, daß sich Ereignisse von ungeheuerer Bedeutung für die königliche Familie und die Nation nahe ihrem siebenten Lebensjahr abspielen würden. Tatsächlich hatten wenige Monate vor ihrem siebenten Geburtstag unvorhergesehene Ereignisse die Thronbesteigung ihres Vaters zur Folge.

Doch noch bedeutender für die Astrologie war ein weiterer Artikel, den der Herausgeber bei Mr. Naylor für die nächste Woche bestellte. Denn darin vermerkte dieser eine mögliche Gefahr für die britische Luftfahrt. Genau am Tage der Veröffentlichung stürzte das Luftschiff R-101 in Nordfrankreich ab. Das Sonntagsblatt machte massive Propaganda für Taylor, und er wurde über Nacht berühmt. Seitdem konnte es sich keine Zeitung oder Zeitschrift mehr leisten, auf regelmäßige astrologische Vorhersagen für die Leserschaft zu verzichten.

Erst kürzlich rangen Astrologen den Herausgebern die Einwilligung ab, verschiedene Planeten zu nennen und etwas über ihre möglichen Einwirkungen auf das Leben der Leser zu bringen. Aber Naylor war derjenige, der die ›Sonnenzeichen‹-Spalte erfand. Es galt, eine Technik zu finden, die jedem Leser das Gefühl vermittelte, mit einbegriffen zu sein. So teilte er seine Beiträge in zwölf Abschnitte auf, einen für jeden, der beim Durchgang der Sonne durch ein bestimmtes Tierkreiszeichen geboren war. Das ist beileibe kein besonders wichtiger Bestandteil astrologischer Vorausbestimmung, aber er ist für jeden Leser leicht auszumachen, da es auf den betreffenden Tag und nicht auf die genaue Uhrzeit der Geburt ankommt. Die fortgesetzte Ausrichtung auf das Sonnenzeichen hat allerdings der Astrologie erheblichen Schaden zugefügt, denn selbst Leute, die sich für intelligent und kritisch halten, stehen oft genug unter dem Eindruck, daß die Astrologen seriöse Charakteranalysen einzig und allein auf diesen einen Aspekt des Horoskops abstellen.

Journalisten reden oft von einem flotten Aufschwung des Interesses an der Astrologie. Was sie damit meinen, ist meist das Anwachsen eines nahezu rein abergläubischen Interesses an der Sache. In den sechziger und siebziger Jahren gab es Zeiten, wo man nur neben einem Fremden im Flugzeug zu sitzen oder mit jemandem auf einer Cocktailparty zusammenzustehen brauchte, um prompt gefragt zu werden: »Was sind Sie, Widder oder Stier?« Damals war das Sonnenzeichen fast das einzige an einem Horoskop, was allgemein bekannt war. Das ließ Tür und Tor offen für ›Astrologen‹, die in Wirklichkeit Hellseher waren. Maurice Woodruff, der Engländer, der so viele internationale Filmstars als Klienten hatte (Peter Sellers z.B. machte kaum einen Schritt, ohne ihn zu konsultieren) hatte viel mehr von einem Hellseher als von einem Astrologen. Caroll Righter in Amerika war ein wenig konventioneller, wurde aber sicher ebenso unkritisch um Rat gefragt – u.a.

von einem Filmstar mit Namen Ronald Reagan, dessen öffentlich erklärtes Interesse an Astrologie inzwischen abgenommen hat.

Klienten eines Woodruff oder Righter dürften kaum je etwas von Dane Rudhyar oder von John Addey (1920 – 1982), dem Engländer, gehört haben, dessen fortschrittliche Arbeit über etwas, das er mit ›die Harmonien der kosmischen Perioden‹ bezeichnete, von vielen Astrologen für entscheidend gehalten wird. In manchen Teilen der Welt herrscht ein weites, besser unterrichtetes Interesse, besonders im Fernen Osten, wo Indira Ghandi nie einen Hehl aus ihrem Zutrauen gemacht hat. Desgleichen viele prominente indische Politiker und Staatsbeamte, trotz einer erheblich fatalistischeren Astrologie, als sie im Westen tragbar wäre. In Sri Lanka spielt die Astrologie eine bedeutende Rolle in Staatsdingen.

Alles in allem gesehen, scheint das Vorurteil der einzige Faktor zu sein, der einer ernsthaften, wissenschaftlichen Betrachtung der astrologischen Theorie im Wege steht. Im Gespräch unter vier Augen würde selbst der allerskeptischste der Skeptiker dem Verdacht beistimmen, daß, ungeachtet umfangreicher statistischer Beweismittel, die zur Verfügung stehen, die vorhandenen Fakten nicht genügend auf ihre Glaubwürdigkeit hin geprüft worden sind. Bis vor nicht allzu langer Zeit sind solche Beweismittel von den Astrologen selbst

John Addey, der berühmteste britische Astrologe der zweiten Hälfte des 20. Jahrhunderts, dessen Theorie der *Harmonien von kosmischen Perioden* für modernes astrologisches Denken entscheidend ist.

zusammengetragen worden, was sie gewissen Zweifeln aussetzte. Auf der anderen Seite aber haben die Kritiker sich wenig geneigt gezeigt, sich das Material auch nur anzuschauen, oder auch nur einmal den ernsthaften Versuch zu machen, zu verstehen, was das, was sie kritisieren, eigentlich ist. Vor etwa drei Jahren brachten zweihundert Wissenschaftler auf einem europäischen Kongreß eine Erklärung heraus, in der sie die Öffentlichkeit warnend darauf aufmerksam machten, daß der Glaube an Astrologie wertlos sei und Gefahren mit sich bringen könne. Bei einer Befragung unter ihnen stellte es sich heraus, daß der allergrößte Teil der Befragten meinte, Astrologen arbeiteten nur auf der Grundlage der Sonnenposition bei der Geburtsstunde. Außerdem ist nie bekanntgegeben worden, daß die Mehr-

349

zahl von ihnen die Erklärung *nicht* unterschrieb.

Manche Wissenschaftler ziehen es vor, ›astrologische‹ Tatsachen zu ignorieren, wenn sie ihnen unvermutet auf ihrem eigenen Gebiet begegnen. Chirurgen haben Statistiken aufgestellt, aus denen hervorgeht, daß es bei bestimmten Mondphasen besonders schwierig ist, Blutungen bei chirurgischen Eingriffen zum Stehen zu bringen, und Ärzte in Blutspendezentren stellen mit Verwunderung fest, daß die Blutspender bei Vollmond stärker Blut verlieren als sonst. Wenn man ihnen sagt, daß Astrologen das schon vor Ewigkeiten festgestellt haben, sind sie sprachlos. Meteorologen verkünden, es gäbe eine Wechselbeziehung zwischen der Stellung bestimmter Planeten und wetterverändernden Vorgängen auf der Sonnenoberfläche, beharren aber darauf, daß das nichts mit Astrologie zu tun habe.

Hie und da kommt es aber doch vor, daß Leute, die überhaupt nicht an der Materie interessiert sind, so von etwas überrascht und gefesselt werden, daß sie sich mit einem Mal damit beschäftigen. Der Bekannteste von diesen ist vielleicht der französische Statistiker Michel Gauquelin mit seiner assistierenden Gattin Françoise. Gauquelins Interesse kam, als er sich entschloß, die Statistiken nachzuprüfen, auf welche Krafft seine *Abhandlung über Astrobiologie* basierte, die 1930 herauskam. Mit Hilfe eines Computers wies Gauquelin nach, daß diese ungenau korreliert waren. Aber es tauchten einige interessante Fakten dabei auf, und Gauquelin beschloß, zwei von ihnen näher auf den Grund zu gehen: der These, daß in ›ungeraden‹ Monaten geborene Menschen introvertiert, in ›geraden‹ Monaten Geborene extrovertiert seien. Das war doch sicher wieder eine von diesen idiotischen, typisch astrologischen Behauptungen, auf die kein vernünftiger Mensch hereinfiel!

Um es kurz zu machen, Gauquelin machte sich auf und arbeitete die Horoskope von Tausenden von Sportsleuten, Schauspielern und Wissenschaftlern durch, die auf Grund ihrer Berufserfolge

Geoffrey Dean und Arthur Mather bei der Arbeit an *Die Neuesten Fortschritte in der Geburtsastrologie*, eine unvoreingenommene und kritische Untersuchung moderner astrologischer Theorien.

ausgesucht wurden. Statistisch war die Tendenz zu erkennen, daß Sportsleute geboren wurden, wenn der Planet Mars, astrologisch gesehen, dominierte; Schauspieler bei Jupiter, Wissenschaftler und Ärzte bei Saturn. Gauquelins Ergebnisse sind von Hans Eysenck nachgeprüft worden. Er stimmt mit ihnen überein.

Es hat noch mehr Zufallsbestätigungen des astrologischen Anspruchs gegeben. Maki Takata hat den Einfluß von Sonnenfleckentätigkeit auf den Flockulationsexponenten (den Gerinnungsgrad von Bluteiweiß) untersucht und eine nahe Übereinstimmung gefunden; Gorgio Piccari hat darauf hingewiesen, daß

Tom Shanks bedient einen ›Prime‹-Computer in San Diego, Kalifornien, den größten Computer, der ausschließlich für astrologische Zwecke zur Verfügung steht. In unter zwei Sekunden kann er ein komplettes Horoskop berechnen.

Sonnenflecken ebenso wie Mondumlauf verschiedene chemische Reaktionen beeinflussen; Y. Rocard hat kürzlich gezeigt, daß Männer und Frauen eine hochgradige Empfindlichkeit gegenüber dem magnetischen Feld der Erde haben – jenen Sinn, vermittels dessen Tauben auf dem Heimflug über viele Kilometer hin zu ihrem Taubenschlag zurückfinden. All dies hat eine ganz offensichtliche Beziehung zur Astrologie, genauso wie deutlichere Wechselbeziehungen zwischen planetaren Bewegungen und Geschehnissen auf Erden (so wie sie etwa das Beispiel der Untersuchungen H. Nelsons zeigt, s. S. 303).

In den letzten Jahren haben Astrologen sich sehr bemüht, ihre Arbeit kühl und kritisch zu betrachten. Ein ziemlich umfangreiches Buch, *Die Neuesten Fortschritte in der Geburtsastrologie* (1977; zweite Auflage in Vorbereitung) gab Erfolge wie Mißerfolge wieder und legte falsche Thesen, astrologische Märchen, mangelhaft angelegte und durchgeführte ›Experimente‹ und unbewiesene Behauptungen mit einer derartigen Schonungslosigkeit und Objektivität bloß, daß viele Astrologen es als Angriff auf ihr Metier verurteilten. Weit davon entfernt, stellt es einen geradezu einzigartigen Versuch dar, den Gegenstand seriös zu beurteilen und kritisch, wenn auch nicht von vornherein ablehnend, zu untersuchen. Nach dem Buche gibt es nur verhältnismäßig wenige Gebiete der Astrologie, die eine verantwortliche und konstruktive Nachprüfung verdienen (sie sind jedoch weit verbreitet und schließen die Sonnenzeichen-Elemente sowie auch unbekanntere Theorien ein). Wie die Verfasser, Geoffrey Dean und Arthur Mather, es ausdrücken:

»In jüngeren Jahren vermochten sachgemäß überwachte Experimente viele Behauptungen der Astrologie nicht zu bekräftigen und haben zweifellos bewiesen, daß ein Großteil ihrer scheinbaren Gültigkeit mit der nachweislichen Leichtgläubigkeit sowohl der Ausführenden wie gleichermaßen ihrer Klienten zu erklären ist... Auf der anderen Seite haben dieselben Experimente gezeigt, daß nicht alles trügerisch ist. Es bleibt genug, was weder durch Leichtgläubigkeit noch Zufall erklärt werden kann, um weitere Untersuchungen zu rechtfertigen.«

Keiner, der ernsthaft vom Beweismaterial Kenntnis genommen hat (und es gibt jetzt umfangreiches Beweismaterial), könnte dem widersprechen.

Es sind Fortschritte zu verzeichnen. Die Astrologische Gesellschaft in Großbritannien und der Amerikanische Astrologenverband halten Jahreskonferenzen und wöchentliche Zusammenkünfte ab. Sicherlich werden Theorien vorgebracht, die ausgesprochene ›Spinnereien‹ sind, aber es wird auch ein Gutteil ernsthafter Arbeit geleistet. *Correlation*, eine regulä-

Eine Konferenz im Institut für Psychiatrie in London im Jahre 1981 wurde von Delegierten vieler Länder besucht. Von links nach rechts am Speisetisch: Jacob Venker (Holland), Dr. David Nias (UK), Dr. Michel Gauquelin (Frankreich), Simon Best (Neuseeland, Herausgeber von *Correlation*), Prof. Allan Smithers (UK), Tom Shanks (USA, Astro-Computerdienst), John Addey (UK), Austin Levy (Australien, *Astrosearch*), Jacques Halbronn (Frankreich, *Mouvement Astrologique Unifié*).

re Zeitschrift, die von der Astrologischen Gesellschaft herausgegeben wird, ist wahrscheinlich das seriöseste Organ auf diesem Gebiet. Nicht weniger als vierhundert Astrologen und Studenten haben sich im Laufe des vergangenen Jahres in London zu regelmäßigen, ernsthaften Studien zusammengefunden. In den meisten westlichen Ländern finden regelmäßige Treffen und Konferenzen statt, viele davon auf internationaler Ebene. Die britische Fakultät für Astrologische Studien hält geschlossene Kurse in London ab und betreibt auch einen Korrespondenzkurs, an dem schon Lernbegierige aus den meisten Ländern der Welt teilgenommen haben. Im Endexamen müssen verschiedene Fragebogen beantwortet werden, es wird streng und

anspruchsvoll zensiert und verhältnismäßig wenige bestehen jedes Jahr.

Jawohl – Sonnenzeichen-Bücher
erscheinen weiterhin und nehmen
immer noch den größten Teil aller verkauften Astrologiebücher für sich in
Anspruch. Aber viele davon bringen jetzt
Tabellen mit Planetenstellungen, so daß
der Leser imstande ist, ein im wesentlichen vollständiges Horoskop auszuarbeiten. Und Geschichtsforscher fangen an,
sich die von früheren Astrologen hinter-
lassenen Dokumente näher anzuschau-
en. Ja selbst die Wissenschaft beginnt,
ein widerwilliges Interesse an den Tag zu
legen, indem sie sich mit verschiedenen
Naturrhythmen, mit Kosmobiologie und
den Wechselbeziehungen zwischen Vorgängen auf der Erde und Planetenbewegungen beschäftigt. Es sieht so aus, als
würden die nächsten Jahrzehnte Klarheit
darüber schaffen, inwieweit die langle-
bigste wissenschaftliche Tradition auf
Aberglauben aufgebaut ist, und inwieweit sie mithelfen kann, das Wesen
unseres Daseins aufzuhellen.

Erklärung der wichtigsten Fachausdrücke

Aspekte
Winkel der Planeten, von der Erde aus gesehen, der Winkel zwischen zwei Planeten (einschließlich Sonne und Mond) bzw. zwischen Planet und bestimmten Fixsternen.

Astrolabium (Astrolab)
wahrscheinlich von Hipparch (2. Jh. v. Chr.) erfundenes, klassisches astronomisches, von den Arabern weiterentwickeltes *Winkelmeßgerät*; auch zur mechanischen Lösung von Aufgaben der sphärischen Astronomie. Mit dem Astrolabium konnten die meisten astrologischen Aufgaben rechnerisch und durch Beobachtung gelöst werden (heute durch Verwendung der *Ephemeriden* [s. d.] überholt).

Aszendent
ASZ, allgemein der Punkt der *Ekliptik* (s. d.), der für einen gegebenen Ort und Zeitpunkt gerade am Osthorizont aufgeht; meist sind Geburtsort und die genaue Geburtszeit gegeben. Der Aszendent ist der wichtigste Punkt der Ekliptik im Horoskop, und seine möglichst genaue Bestimmung ist die Grundlage nahezu jeglicher astrologischer Untersuchungen.

Chiromantik
Chiromantie, die Handlesekunst, mit der es möglich sein soll, aus Handinnenformen und -linien wahrzusagen bzw. die Zukunft zu deuten. Die Chiromantik ist eng verbunden mit alchemistischen und astrologischen Anschauungen, wobei einzelne Finger von bestimmten Planeten regiert werden. Ähnliches gilt auch für die Handinnenform *(Venusberg, Jupiterberg usw.)*.

Dekanat
allgemein die Unterteilung des Tierkreises (s. d.) in 36 gleiche Abschnitte von 10° Ausdehnung: jedes Tierkreiszeichen hat folglich genau drei *Dekane*. (Die noch

heute anzutreffende Unterteilung von Vulgärhoroskopen in Zeitungen erinnert daran.) Dekane wurden ähnlich wie die Tierkreiszeichen zu Prognosen aller Art benutzt, in Kombination mit der Häuserlehre (s. u. *Haus)* etwa zur medizinischen Prognose. In der heutigen Astrologie wird die Dekaneinteilung mehr im Sinne der ›Feingliederung‹ der Tierkreiszeichen benutzt.

Ekliptik ein Größtkreis der Himmelskugel, Schnittkreis der Erdbahnebene mit der Himmelskugel. Der Winkel zwischen Ekliptik und Himmelsäquator, die *Schiefe der Ekliptik,* beträgt 23° 27'. Die beiden Schnittpunkte sind *Frühlings-* und *Herbstpunkt* der Ekliptik. Der Teilung des Jahres in zwölf Monate entsprechend, ist die Ekliptik in zwölf Abschnitte von je 30° Länge (Sonnenweg je Monat) geteilt, die nach den zwölf Zeichen des Tierkreises (s. d.) benannt sind.

Ephemeriden die aufgrund der jeweiligen Bahnbestimmung mögliche Vorausberechnung der geozentrischen Örter eines Himmelskörpers in bestimmten zeitlichen Intervallen.

Geomantie *Punktierkunst,* die Kunst, aus absichtslos in den Sand gezeichneten Punkten und Strichen Figuren zusammenzusetzen und daraus Vorhersagen zu gewinnen. Die Verbindung von Astrologie (Stunden-Horoskop bzw. Geburtshoroskop [s. Stunden-Astrologie]) mit der Geomantie wurde dem Astrologen *Omar Tasmir* (lebte zur Zeit des Kalifen Harun al-Raschid) zugeschrieben.

Haus jedes Tierkreiszeichen, das einem Planeten zugeordnet ist. Sonne und Mond besitzen nur 1 Haus (Sonne = Taghaus, Mond = Nachthaus); die fünf klassischen Planeten haben dagegen sowohl ein Tag- wie auch ein Nachthaus. In seinem *Haus* hat der Planet eine erhöhte Stärke, er kann hier seine Macht voll entfalten. In der neueren Astrologie wird der Begriff Haus allerdings meist durch *Ort* oder *Feld* ersetzt.

Horoskop (-Darstellungen) im weitesten Sinne Darstellungen des Himmels, *Himmelskarte,* mit den wichtigsten Elementen wie Tierkreiszeichen mit Gradeinteilung, dem Feldersystem, den Dekanen, den Planetenpositionen (einschließlich der Aspekte), den Fixsternpositionen usw. (meist) im Augenblick der Geburt.

Konjunktion	*Zusammenschein*, ein Aspekt, bei dem die Gestirne die gleiche Länge haben, also 0° bzw. 360°. Je nach der Natur der Gestirne wird bei guten das Gute, bei schlechten das Schlechte verstärkt.
Konstellation	1) die Anordnung der Sterne zu Sternbildern. 2) im Planetensystem die Aspekte (s. d.).
Mundan-Astrologie	Teilgebiet der Astrologie. Im Gegensatz zur Individual-Astrologie macht sie Aussagen über das Schicksal von Ländern, Völkern, Städten, über Kriege, Epidemien, Überschwemmungen, über Wetter, Winde, über Könige und Herrscher.
Präzession	die Bewegung der Erdachse in ca. 25 800 Jahren um den Pol der Ekliptik. Sie ist Folge der Gravitationswirkung von Sonne und Mond auf den massereichen Äquatorwulst der Erde, die versucht, die Erdachse senkrecht zur Ekliptik zu stellen. Wegen der Präzession rückt der *Frühlingspunkt* im Jahr um 50" vor und ist letztendlich für die Inkongruenz der Sternbilder verantwortlich.
siderisch	auf Fixsterne bezogen, z. B. das *siderische Jahr* eines Planeten. (Im Okkultismus meint *siderisch* seit Paracelsus: aus nichtirdischen Kräften Entstandenes.)
Stunden-Astrologie	Teilgebiet der *Individual-Astrologie* mit den beiden Bereichen der Frage-Astrologie *(Interrogationen)* und der Stundenwahl-Astrologie *(Elektionen)*.
Synastrie	vergleichende Partnerschaftshoroskope.
Synchronizität	das von C. G. Jung im Gegensatz zum Kausalprinzip formulierte Prinzip, das einen Zusammenhang zwischen *seelischen* Gegebenheiten und *kosmischen* Konstellationen postuliert. Jung will damit gewissen ›Zufällen‹ auf die Spur kommen, wie z. B. ›Fällen von gleichzeitigem Erscheinen von identischen Gedanken, Symbolen oder psychischen Zuständen‹.
Tierkreis	*Zodiak, Zodiacus*, am Himmel die Zone beiderseits der Ekliptik (s. d.) von etwa 16° Breite, innerhalb deren sich die Sonne, der Mond und die Planeten (mit Ausnahme von Pluto) in ihren scheinbaren Bahnen bewegen; seit den Anfängen der Astrologie und Astronomie eingeteilt

in zwölf *Tierkreissternbilder* (von ungleicher Längen-
ausdehnung) und in zwölf gleichnamige Zeichen, *Tierkreiszeichen* von exakt je 30° Länge. Größe und Zahl der
Tierkreissternbilder variieren in der Antike erheblich
und wurden erst mit Beginn der mathematischen Astronomie mit zwölf Sternbildern (Zeichen) kanonisiert. In
der Astrologie spielen nur die Tierkreiszeichen eine
Rolle.

tropisch   auf den Frühlingspunkt bezogen, z. B. *tropisches Jahr*
oder *tropischer Umlauf.*

Tropische   die Tierkreiszeichen Widder, Waage, Krebs und Stein-
Zeichen   bock.

Personenregister

Kursiv gesetzte Seitenzahlen verweisen auf Abbildungen